山东省高水平应用型立项建设专业群
——山东体育学院特殊教育专业群经费资助

体力活动与骨健康促进

李　荀　王孝强　著

山东大学出版社

图书在版编目(CIP)数据

体力活动与骨健康促进/李荀,王孝强著.—济南:山东大学出版社,2018.11
ISBN 978-7-5607-6237-1

Ⅰ.①体… Ⅱ.①李… ②王… Ⅲ.①健身运动—关系—骨疾病—防治 Ⅳ.①G883②R68

中国版本图书馆 CIP 数据核字(2018)第 278892 号

责任编辑:毕文霞
封面设计:张 荔

出版发行:山东大学出版社
社 址 山东省济南市山大南路 20 号
邮 编 250100
电 话 市场部(0531)88364466
经 销:新华书店
印 刷:济南乾丰印刷有限公司
规 格:720 毫米×1000 毫米 1/16
15.5 印张 283 千字
版 次:2018 年 11 月第 1 版
印 次:2018 年 11 月第 1 次印刷
定 价:40.00 元

前 言

随着人类寿命的延长和人口老龄化的发展，骨质疏松症的发病率日益升高。2018 年 10 月，中华人民共和国国家卫生健康委员会发布了首次中国居民骨质疏松症流行病学调查结果。结果显示，我国 50 岁以上人群骨质疏松症患病率为 19.2%，其中男性骨质疏松症患病率为 6.0%，女性患病率则达 32.1%；女性骨质疏松问题尤为严重，65 岁以上女性骨质疏松症患病率高达 51.6%，显著高于欧美国家，与日本、韩国等亚洲国家相近。骨质疏松症已成为我国以及世界范围内中老年人群的重要健康问题，而当前对于骨质疏松症的治疗未有痊愈之策。因此，对骨质疏松症的预防越来越引起各方关注。

影响骨健康的因素很多，包括年龄、遗传、营养、体力活动、激素等。目前，体力活动与骨健康的关系越来越受到人们的关注。从不同层次分析，公众对骨质疏松症逐渐了解并加以关注，在大众体质健康测试中也逐渐增加了骨健康的测试指标，欲通过体力活动促进骨健康状况的人数也逐渐增多，而且当前健康相关的大学课程也逐渐重视骨健康这一领域。此外，以体力活动或运动与骨健康为主题发表的文章数量日趋增加。近年来，体力活动与骨健康的关系成为国内外研究的热点。

“运动是良医”(exercise is medicine)。规律性的体力活动作为一种健康的生活方式，可以有效地改善骨健康，是增加骨量和改变骨结构的有效手段。需要强调的是，针对不同的人群，并不是所有的运动都可以有益于骨健康。不同的年龄阶段、不同的骨健康状况以及不同的运动，包括不同的运动方式、运动强度、运动时间和运动频率，都会影响体力活动对骨

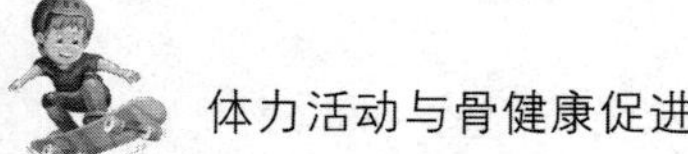

健康的干预效果。因此，我们编写了本书，旨在为研究体力活动与骨健康相互关系的人们提供参考资料。

本书从基础理论出发，先对骨生物学的基础知识进行了梳理，随后介绍了骨健康的影响因素及测量与评价。在此基础上，就体力活动与不同人群的骨健康展开系统阐述，总结体力活动对儿童青少年、成年人、中老年人以及骨质疏松症患者骨健康的重要性及益处，并提供促进骨健康的运动推荐。本书涉及交叉领域研究，可为进行骨质疏松症防治研究的相关人员及旨在促进骨健康的健康保健指导者和参与者提供思路，同时可为体力活动与骨健康领域的研究者、骨健康领域的运动指导者以及广大促进骨健康的运动参与者提供指导和帮助。

由于作者水平有限，书中可能存在缺点和不当之处，敬请专家和广大读者批评指正，以便再版时修改。

李　荀

2018 年 11 月

目　录

第一章　骨生物学

骨是人体重要的器官之一，构成了人体的支架，赋予人体基本的体形和结构，支持重量；保护机体重要的内脏器官，如脑、心脏、脊髓等；还作为“杠杆”，对全身各种运动起着重要的作用，是维持人生命及其活动的重要组织器官。骨为骨髓造血提供了场所，骨髓腔内的骨髓是人体的造血组织器官，为我们的生命活动输送能源，提供原动力。此外，骨也具有代谢活性，是体内钙、磷、镁离子的主要储存库，对于维持机体矿物质稳态起到了重要作用。骨伴随着人体的生长而生长，伴随着人体的衰老而衰退。人体从出生到死亡，其骨的大小、质量和密度等都时刻发生着不同的变化。一旦骨的形态和组织结构发生异常，将会影响人体的骨骼健康、生命健康及生活质量。要了解体力活动在骨健康中的作用，我们必须首先描述骨的基础理论知识。本章我们先来了解一下骨生物学的基本内容，包括骨的形态和结构以及骨的生理等内容。

第一节　骨的形态和结构

本节简要概述骨骼作为器官（宏观解剖学）和组织（显微解剖学）的基本解剖学，目的是熟悉常用的专业术语及其定义。

一、骨的解剖结构

骨作为一种器官，主要由骨组织构成，此外还含有丰富的血管、淋巴管及神经。正常成年人共有 206 块骨，重量约占正常成年人体重的 20%。骨的大小不等，形态各异，其功能亦有所不同。

（一）骨的分类

按照不同的分类方式，可将骨进行分类。

1. 根据形态划分

根据骨的形态划分，可将骨分为 4 类：长骨（long bone）、短骨（short bone）、

扁平骨(flat bone)和不规则骨(irregular bone)。

(1)长骨:为长管状,主要分布于四肢,在运动中起杠杆作用。长骨分为中间细长的骨干(diaphysis)和两端膨大的骨骺(epiphysis),包括锁骨、肱骨、尺骨、掌骨、股骨、胫骨、腓骨、跖骨和趾骨等。

(2)短骨:为立方体状,一般有多个关节面,往往成群地联结在一起,主要分布于承受压力较大,所需灵活性较大,运动较复杂的部位,包括腕部的腕骨、足部的跗骨等。

(3)扁平骨:为弯曲板状,主要构成颅腔、胸腔和盆腔的壁,起保护作用。包括头骨、下颌骨、肩胛骨、胸骨和肋骨等。

(4)不规则骨:为不规则状,如椎骨、髋骨等及含气骨。

除以上 4 种形态的骨外,其他还有籽骨,如髌骨和豆状骨。

2. 根据部位划分

根据部位划分,可将骨分为两大类:中轴骨(axial skeleton)和四肢骨(appendicular skeleton)。

(1)中轴骨:包括颅骨和躯干骨。

(2)四肢骨:由四肢带骨和四肢自由骨组成。上肢带骨包括锁骨和肩胛骨,上肢自由骨包括肱骨、桡骨、尺骨和手骨;下肢带骨包括髋骨和髂骨,下肢自由骨包括股骨、胫骨、腓骨和足骨。

3. 根据骨是否负重划分

根据骨是否负重,可将骨分为两大类:负重骨和非负重骨。负重骨主要包括颈椎、胸廓骨、腰椎、四肢远端骨、部分骨盆和部分跟骨,且跟骨可能是负担最重的骨。除此之外的骨,均属于非负重骨。

4. 根据骨密度测定划分

根据骨密度测定法,可将骨分为两大类:中央骨和周围骨。中央骨包括脊柱和股骨近端;周围骨包括前臂骨、跟骨和胫骨中段。

5. 根据骨结构密度划分

根据骨结构密度的不同,可将骨分为密质骨[又称“皮质骨”(cortical bone)]和松质骨(cancellous bone)。皮质骨坚固、致密,位于骨的表面;松质骨呈海绵状,位于骨的中间,与皮质骨相比,重量更轻,密度更小,体积更小,仅有皮质骨的1/4,但具有更大的表面积,在骨代谢中发挥重要作用。

6. 根据形成类骨质的胶原模式划分

根据形成类骨质的胶原模式,可将骨分为编织骨(woven bone)和板层骨(lamellar bone)。

当成骨细胞迅速产生类骨质时会产生编织骨,其特征为胶原纤维粗大,排列

紊乱，呈交错编织状，机械强度较弱。编织骨是不成熟的骨组织，最初出现在胎儿骨骼中，随后逐渐被重建，被更有弹性的板层骨所取代。板层骨的特征为胶原纤维平行排列，呈薄片状，较规则，机械强度较高。正常成年人骨生长停止后，几乎所有骨骼都是板层骨。而当存在非常快速的新骨形成时形成编织骨，如在骨折的修复中。在骨折之后，编织骨经重建被板层骨取代。因此，编织骨的出现常代表局部有成骨性病变。

(二)骨的构造

骨主要是由骨质(sclerotin)、骨髓(bone marrow)和骨膜(periosteum)3 部分构成。此外，还有血管和神经分布。

1. 骨质

骨质是骨的主要部分，其结构主体是骨组织(osseous tissue)，在骨内有两种存在形式，即骨密质和骨松质。

(1)骨密质：又称“骨皮质”，分布于长骨干以及其他各骨的表层。长管状骨骨干的骨皮质较厚，干骺端及骨骺的骨皮质较薄。骨皮质质地坚硬致密，耐压性较强，由紧密排列成层的骨板构成，并分布有血管及神经，血管供应骨组织营养和排出代谢产物。

根据排列方式不同，骨板可分为以下 3 种：

①环骨板：指环绕骨干内、外表面排列的骨板，分别称为“内环骨板”和“外环骨板”。外环骨板呈同心圆式环绕于骨干的表面，由数层骨板构成，较厚，其表面有骨外膜覆盖。在外环骨板处，由骨外膜内层的成骨细胞不断形成新骨。内环骨板呈同心圆式环绕于骨干的髓腔面，由数层骨板构成，骨板层数较少，且不如外环骨板平整(与髓腔内面凹凸不平有关)，其表面衬以骨内膜。

②骨单位：又称“哈弗氏系统”，数量较多，位于内环骨板和外环骨板之间，是骨皮质的主要结构单位。每个骨单位的中央有一中央管，又称“哈弗氏管”，内有血管、神经和少量结缔组织，10～20 层骨板环绕在中央管的周围，以中央管为中心，呈同心圆式排列。骨细胞位于骨板间或骨板内。

③间骨板：是一些形状不规则的骨板，填充于骨单位之间，横切面上呈弧形排列。它是旧的骨单位被吸收后的残留部分。

骨密质的上述构造特点，使其具有抗压、抗拉、抗弯以及抗扭转等力学特性，进而增强了骨密质的支持和保护等功能。

(2)骨松质：分布于长骨的骨骺部及各骨的内层，疏松多孔，由许多针状或片状的骨小梁(bone trabecula)相互交织构成，呈海绵状。骨小梁的形态结构不规则，其排列方向与骨所承受相应的压力和张力方向一致。与压力方向一致的，构成压力曲线；与张力方向一致的，构成张力曲线。骨小梁的这种配布，可使力向各方分散，使骨以最少的材料便能承受最大的压力，具有最大的坚固性。骨小梁的排列并不是一成不变的，当压力（重力）和肌肉拉力方向发生变化时，骨小梁的排列也发生适应性的变化。

2. 骨髓

骨髓是富有血液的柔软组织，充填于骨髓腔和骨松质间隙内，分为红骨髓和黄骨髓。

胎儿和幼儿时期，骨髓内含有发育阶段不同的红细胞，呈红色，称为“红骨髓”。红骨髓有造血功能。5 岁以后，骨髓腔内的红骨髓逐渐被脂肪组织代替，呈黄色，称为“黄骨髓”，失去造血功能。因此，临床上为判断骨髓造血功能，帮助诊断血液疾病，常选择髂骨和胸骨处行骨髓穿刺进行活检。

3. 骨膜

骨膜是一层致密结缔组织膜，薄而坚韧，覆盖于除关节面外骨的所有表面，包括外表面及内表面。骨膜内含有丰富的血管、淋巴管、神经等，主要功能是营养骨组织，并不断供应新的成骨细胞以备骨生长和修复之用。

根据骨膜在骨表面的分布，可以将骨膜分为内、外两层：

(1)骨外膜：位于骨的外表面，又分为内、外两层。骨外膜的外层称为“纤维层”，外层致密，由致密结缔组织构成，彼此交织成网，有许多粗大的胶原纤维横向穿入骨质，有固定骨膜的作用。骨外膜的内层称为“成骨层”，内层疏松，富含成骨细胞和破骨细胞，能够产生新骨质，破坏旧骨质。骨外膜在幼年期功能非常活跃，直接参与骨的生长发育；成年时转为相对静止状态，一旦发生损伤，如骨折，骨外膜又重新恢复功能，参与骨折处的修复愈合。因此，骨膜对骨的营养、生长发育和损伤的修复具有非常重要的作用。

(2)骨内膜：位于骨的内表面，贴附在髓腔面和骨松质间隙内，较为疏松，是网状结缔组织内层，富含成骨细胞和破骨细胞，有造骨和破骨功能，对骨的生长、再生和修复起重要作用，故又称“生发层”。此外，也有小血管从骨髓进入骨组织。

(3)骨的功能：骨具有既坚固又有弹性的物理特性，又具有轻便的特点。骨有多种功能：为机体提供结构支撑；为机体运动提供杠杆；保护机体重要器官；为骨髓造血提供环境；作为矿物质（如钙、磷）的储存库，维持矿物稳态。

二、骨的组织结构

从组织学角度来说，骨组织是一种坚硬、复杂的结缔组织，由大量钙化的细胞外基质及数种“骨细胞”(bone cell)构成。骨组织的特点是细胞外基质有大量钙盐沉积，因而构成坚硬的骨骼系统。

(一)细胞外基质

骨组织中钙化的细胞外基质，也称为“骨基质”(bone matrix)。骨基质中有

大量骨盐沉积，使骨组织成为人体最坚硬的组织之一。骨基质约占骨干重的35%，主要由有机成分（有机质）和无机成分（无机质）构成。其中，无机质占骨组织的70%；有机质占25%（其中2%～5%是细胞）；含水分极少，仅占5%。有机质包括大量胶原纤维和少量无定形基质，构成骨的支架，赋予骨的形态，使骨具有弹性和韧性；而无机质又称“骨盐”，以钙、磷离子为主，沉积在骨胶原纤维内，使骨具有硬度和脆性。两者的结合，使骨既有韧性又有硬度。因此，任一部分的变化都可能影响骨的机械性能，从而影响骨折风险。

随着年龄的增长，有机质和无机质的的比例也会发生变化。在儿童时期，两者的比例大约各占一半，故骨的弹性和柔韧性较大，而硬度较小，不易发生断裂骨折，但易变形，多出现骨的弯曲，常发生青枝骨折。因此，在幼儿及儿童青少年时期，应注意身体姿势的塑造。在成人期，有机质逐渐减少，无机质逐渐增多，两成分比例约为3∶7。该比例最为合适，赋予骨具有一定的弹性和较大的硬度。到了老年期，有机物和水的比例逐渐下降，无机质的比例相对增加，超过75%，使骨的脆性增加，弹性和柔韧性下降，抗冲击力下降；同时，由于激素和衰老的因素，常引起骨量减少、骨密度下降，易发生骨质疏松，当受到不适宜的外力时，易发生骨折，且骨折后不易愈合。因此，老年人在进行体育锻炼时，应注意预防跌倒、避免骨折发生。此外，根据解剖部位、饮食习惯和疾病的情况不同，骨组成成分比例也有所不同。

1. 有机质

有机质主要是由Ⅰ型胶原蛋白和少量的非胶原蛋白（non collagenous proteins，NCPs）组成，还有微量的Ⅲ型和Ⅷ型胶原蛋白。其中，Ⅰ型胶原蛋白占85%～90%，非胶原蛋白占10%～15%。

（1）胶原蛋白：胶原蛋白是骨基质的主要组成部分，是一种由三条多肽链组成的蛋白质，每个氨基酸链大约有1000个氨基酸。它的三重螺旋是由两个相同的α1链（由COL1A1编码）和一个α2链（由COL1A2编码）交叉连接在一起形成的三链绳状分子。每个分子与下一个分子平行排列，形成胶原原纤维，然后这些纤维分组形成胶原纤维。在胶原分子内部和之间的小间隙内允许生物活动发生（例如矿化）。胶原蛋白的主要功能就是在软骨成骨矿化过程中，直接促进骨与软骨交界处的矿化和基质退化。

在成骨不全症（osteogenesis imperfecta，OI）患者中可见Ⅰ型胶原的紊乱。这是一种先天性的骨质疏松症，其严重程度不同。患者可能出现肢体畸形、多发性骨折、牙本质不全和蓝色巩膜。大多数OI病例在COL1A1和COL1A2基因中具有显性突变，导致编码序列的过早终止或甘氨酸错义突变，其分别导致Ⅰ型胶原的单倍体不足或结构缺陷。此外，还发现其他基因的突变会影响Ⅰ型胶原的翻译后修饰和运输，并引起罕见的常染色体隐性OI。

(2)非胶原蛋白:非胶原蛋白由成骨细胞合成和分泌,占总骨蛋白含量的10%~15%,包括蛋白多糖(proteoglycans)、糖基化蛋白、羧化蛋白等。目前这些骨蛋白的具体生物学功能尚未明确,但已知这些骨蛋白具有多种功能,有助于组建细胞外基质,协调细胞基质和矿物基质的相互作用,并参与矿化过程调节骨矿物质的沉积,以及调节成骨与破骨细胞活性和骨转换等。

①血清源性蛋白:大约25%的非胶原蛋白是外源性的,且相当一部分是血清源性蛋白(serum-derived proteins),包括人血白蛋白和α2-HS-糖蛋白。由于它们具有酸性特质,因此可与羟基磷灰石结合而结合骨基质。尽管这些蛋白不是内源性合成的,但它们对基质矿化和骨细胞增殖都发挥效应。其中,血清源性的非胶原蛋白可有助于调节基质矿化;α2-HS-糖蛋白是胎球蛋白的类似物,可调节骨细胞增殖。其余的外源性非胶原蛋白主要由生长因子以及大量其他可能影响骨细胞活性的分子组成。

②糖基化蛋白:包括碱性磷酸酶(alkaline phosphatase)、骨粘连蛋白(osteonectin)、四连接素(tetranectin)、腱生蛋白(tenascin)、分泌型焦磷酸蛋白-24(secreted phosphoprotein-24)、骨膜蛋白(periostin)等。其中,碱性磷酸酶和骨粘连蛋白在骨组织中较为丰富。

碱性磷酸酶是一种常见且重要的非胶原蛋白,是一种广泛存在于多种组织中的糖蛋白酶。碱性磷酸酶首先通过磷酸肌醇连接于细胞表面,随后脱离细胞表面并存在于矿化基质中。骨特异性碱性磷酸酶则主要存在于成骨细胞和软骨细胞的表面,可以水解骨矿化抑制剂无机焦磷酸盐(PPi),并可以增加局部磷酸盐浓度,促进矿物沉积。碱性磷酸酶是骨形成的生化标志之一,在青春期生长突增期间,由于骨的快速生长,其分泌量增加,以增加青少年的骨形成。由于碱性磷酸酶反映了成骨细胞的生物合成活性,已被证实是一种敏感且可靠的骨转换指标,并且在佝偻病或骨折患者中明显升高。

骨粘连蛋白是近年来由骨基质中提取出的与成骨有关的特异性蛋白,是由骨细胞生成的最丰富的非胶原蛋白,约占25%。骨粘连蛋白和血小板反应蛋白2(TSP-2)、骨膜蛋白同属于基质细胞蛋白的成员,在骨细胞的增殖和分化中各司其职,并在调节矿化作用中扮演各种角色。

此外,还有一些重要的糖基化蛋白存在于骨基质中,如四连接素、腱生蛋白、分泌型焦磷酸蛋白-24、骨膜蛋白等。

③蛋白多糖:在骨形成的最初阶段,大分子基质蛋白如硫酸软骨蛋白多糖、多能蛋白多糖、糖胺多糖、透明质酸(未吸附于中心核蛋白)高表达并形成骨发生的基本背景。在接下来骨发生的过程中,多能蛋白多糖被两种小分子硫酸软骨蛋白多糖所取代,即饰胶蛋白多糖和双链蛋白多糖。它们由富含亮氨酸重复序列(LRR)的串联重复序列构成。饰胶蛋白多糖参与调节胶原微纤维的生成,并

主要分布在骨结缔组织的细胞外基质(ECM)内，而双链蛋白多糖主要分布于细胞周围区域。硫酸乙酰肝素蛋白多糖和基底膜蛋白多糖参与形成支架结构，并发现存在于软骨板生成的背景中，而细胞表面的磷脂酰肌醇多糖家族和硫酸乙酰肝素蛋白多糖相互联系从而影响骨骼的生长。另外，还有一些小分子基质的高亮氨酸蛋白多糖(SLRPs)存在于骨中，包括骨甘氨酸、角蛋白多糖、骨黏附蛋白多糖、光蛋白多糖、无孢蛋白多糖、纤维调节素等。尽管这些蛋白多糖的确切生理功能尚不完全明了，但对大部分结缔组织基质的完整性起着重要作用。例如，敲除双链蛋白多糖基因，骨小梁的发育过程会受到明显影响，证明双链蛋白多糖是骨形成的正调节蛋白；敲除骨骺蛋白多糖基因，或同时敲除骨骺蛋白多糖和双链蛋白多糖基因，会引起股骨缩短和早期骨关节炎。另外，这些蛋白多糖还可以通过结合和调节细胞外基质生长因子的能力从而影响细胞的增殖和分化。

④含谷酰基的蛋白质：骨基质中有 4 种非胶原蛋白是通过维生素 K 依赖性羧化酶进行翻译后修饰的，包括骨钙素、基质 γ 羧基谷氨酸蛋白(MGP)、骨膜蛋白(也属于一种骨基质糖蛋白)以及蛋白 S。其中，MGP、骨钙素和骨膜蛋白这 3 种蛋白均由骨组织产生，参与调控矿物质的沉积和重塑。

骨钙素是骨组织所特有的，由成骨细胞分泌，是骨中含量最为丰富的非胶原蛋白。骨钙素似乎参与了骨转换的调节。研究表明，骨钙素缺乏的小鼠与同年龄的正常对照组相比，其骨密度增加。骨钙素在骨代谢中的确切作用仍在研究中，但其可作为骨质疏松症患者骨转换的生物标志物，具有重要的临床意义。最近的研究也表明，骨钙素是一种刺激胰岛素分泌并增加组织能量消耗和胰岛素敏感性的激素。

⑤小整合素结合配体 N 端联结糖蛋白和其他细胞黏附性糖蛋白：骨细胞至少可以合成 12 种蛋白质来参与调节细胞黏附，其中包括小整合素结合配体 N 端联结糖蛋白(SIBL-ING)家族(包括骨涎蛋白、骨桥蛋白、牙本质涎磷蛋白、牙本质基质蛋白-1、基质细胞外磷酸化糖蛋白等)、I型胶原蛋白、纤连蛋白、血小板反应蛋白家族、玻连蛋白、原纤蛋白和骨黏附蛋白多糖(也属于一种蛋白多糖)。

骨涎蛋白是由特定类型的上皮细胞合成，在骨中含量丰富，并表达于肥大的软骨细胞、成骨细胞、骨细胞和破骨细胞，能够结合细胞，调节骨重建并发挥调节矿化的作用。骨涎蛋白的确切活动机制尚不明确，但敲除骨涎蛋白后会损坏成骨细胞和破骨细胞的功能。

骨桥蛋白除了发挥细胞黏附作用外还能结合钙离子(Ca^{2+})，通过多聚酸性氨基酸序列对 Ca^{2+} 具有极高亲和力。此外，还具有调节矿化，调节细胞增殖，调节对病毒感染的抵抗力等功能。

⑥其他成分：骨生长因子占非胶原蛋白的总量不到 1%，但它是骨细胞代谢的主要调节者。生长因子参与了调节骨细胞-基质间的相互作用和细胞的功能。

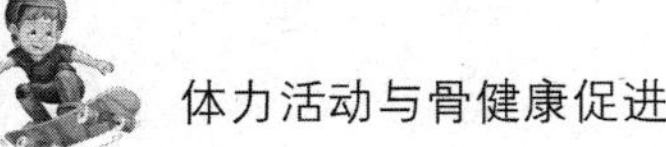

脂质仅占骨干重的不到2%，却在骨性能方面影响显著，尤其是磷脂酶。研究表明，中性鞘磷脂酶缺乏的小鼠表现为身材短小。此外，研究表明，磷脂酶D参与了在胚胎形成过程中骨的原始形成。

2. 无机质

骨矿物质是骨基质的无机质，又称“骨盐”，是一种纳米晶，以钙、磷离子为主，非常类似于自然界的矿物质——羟基磷灰石[$Ca_{10}(PO_4)_6(OH)_2$]，约占骨重量的60%。骨盐主要由钙盐和磷酸盐组成，此外也含有碳酸盐、镁和其他微量元素，由饮食和环境中摄取。骨盐的晶体较小，电镜下呈细针状，大都沉积在胶原纤维内，并沿纤维长轴平行排列，赋予骨的外部硬度、刚性和机械强度。

骨矿物质具有牢固的胶原结构，对组织提供更多机械阻力，作为钙、磷、镁等的来源维持矿物质平衡。在骨质疏松患者中，因为物理化学性质的原因，通常最小的矿物质晶体会在重构时丢失，而基质中较大的矿物质晶体保留下来，致使骨质疏松的骨脆性增加。当重构被破坏，相对于同年龄段的对照组，骨质疏松患者的矿物质晶体则仍然较小。

(二)骨细胞

典型的骨细胞(bone cell)主要有3种，即成骨细胞、破骨细胞、骨细胞，如图1-1所示。它们在骨的发育以及形成过程中具有不同的作用，共同完成骨骼的生成、维护和建造的过程。

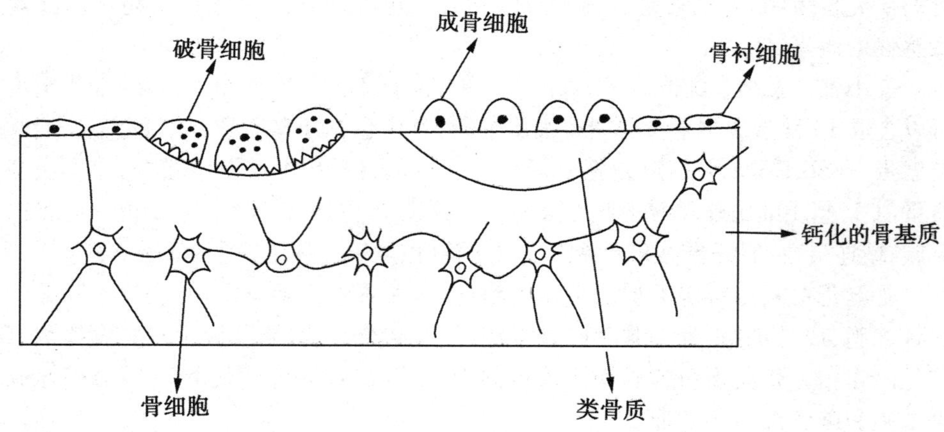

图1-1 骨细胞类型模式图

1. 成骨细胞

成骨细胞(osteoblast，OB)是一种功能型细胞，占骨组织细胞数的1%～6%，常存在于新生骨组织的表面。成骨细胞形态多样，主要与功能相关，在静止

期变为扁平状，活跃时变得丰满，呈多边形、立方形、圆形甚至柱状等。通常单层排列，相邻成骨细胞突起之间以及与骨细胞突起之间有缝隙连接。成骨细胞具有骨形成的功能，负责骨基质合成及其随后的矿化，能够合成和分泌组成类骨质的骨胶纤维和无定形有机基质，以及多种生物活性物质，如前胶原、黏多糖、糖蛋白、骨粘连蛋白、骨钙蛋白等，构成骨基质，并参与骨的矿化，调节钙、磷在骨的沉积和移出，以调控骨的形成和骨重建过程。在成人骨骼中，大多数未经历形成或再吸收(即未被重建)的骨表面由骨衬细胞充填。

成骨细胞起源于间充质干细胞(mesenchymal stem cells，MSCs)。具有多分化潜能的 MSCs 广泛存在于骨髓、肌肉和脂肪中，除能够分化为成骨细胞外，还能分化为软骨细胞、肌肉细胞和脂肪细胞。其中，成骨细胞分化起自骨髓基质中的骨源性细胞(osteogenic cells)。此外，成骨细胞还起源于间充质骨软骨前体细胞(osteochondrogenic precursor)，经历前成骨细胞(preosteoblast)、不成熟的成骨细胞(immature OB)，终至成熟成骨细胞(mature OB)。在此分化的过程中，受到多种激素、细胞因子及转录因子的调控，包括骨形态发生蛋白(BMP)、转化生长因子-β(TGF-β)、甲状旁腺激素及相关蛋白、成纤维细胞生长因子、胰岛素样生长因子-1 以及转录因子(transcripition factors)，如 Runx2(核心结合因子 α1)、Osterix(Osx)、同源盒蛋白(homeobox proteins)及激活蛋白-1(activator protein-1，API)家族成员等。

成骨细胞的生长分化经历了细胞增殖期、成熟期、细胞外基质钙化期，在此的过程中，能够顺序激活一些特异基因并合成分泌相应的骨蛋白。这些基因和蛋白可以作为成骨细胞分化的标志物，主要包括成骨细胞分化早期即开始合成和分泌的骨基质主要成分Ⅰ型胶原蛋白(typeⅠ collagen，ColⅠ，在成熟期开始分泌，是成骨细胞分化的早期标志物)、调节骨基质成熟稳定的骨碱性磷酸酶(bone alkaline phosphatase，bALP，在成熟期开始分泌并持续到基质钙化期，是成骨细胞分化的早期标志物)、骨唾液蛋白(bone sialopretein，BSP)、骨桥蛋白(OPN)和在骨基质矿化成熟中起重要作用的骨钙蛋白(osteocalcin，OC，在基质钙化期分泌，为成骨细胞分化的晚期标志物)以及某些激素的受体基因，如活性维生素 D 受体及甲状旁腺激素受体等。上述基因和蛋白的表达水平常用来评价成骨细胞的分化程度。

而当成骨细胞生长分化后，最终走向凋亡。随后，部分成骨细胞则被周围的矿化基质所包埋形成内部的骨细胞(osteocyte)，合成和分泌不同于成骨细胞的蛋白质，如 Wnt 拮抗剂骨硬化蛋白(sclerostin)及磷代谢调节因子成纤维细胞生长因子 23(fibroblast growth factor 23，FGF23)等，开始行使新的功能；而部分裸露于骨表面成为无活性的骨衬细胞。

2. 破骨细胞

成熟的破骨细胞(osteoclast,OC)是一种多核巨细胞,直径约100 μm,含有2～50个核;数量较少,占骨组织细胞数的1%～2%;主要散在附着于骨组织表面骨吸收部位;具有骨吸收功能,在骨发育、生长、修复、重建中具有重要的作用。

破骨细胞前体是骨髓/巨噬细胞,起源于CD34阳性的骨髓造血干细胞,是单核-巨噬细胞家族中的一员,是一种特殊的终末分化细胞,是唯一的骨吸收细胞。它可由其单核前体细胞通过多种方式融合形成巨大的多核细胞。

随着破骨细胞不断成熟,其可在骨表面变得极化。成熟破骨细胞紧贴骨组织的一侧有许多大小和长短不一的突起,称"皱褶缘",是其进行骨吸收的活动部位。在邻近皱褶缘处有一薄层胞浆,其中细胞器极小,只有些微隙(直径5～10 nm)或小泡,称为"透明带"。皱褶缘和透明带是破骨细胞的形成特征,二者共同构成成骨吸收的装置。破骨细胞在此通过释放有机酸和分泌溶酶体酶类(如组织蛋白酶K)溶解骨矿物质,分解骨有机质。为实现这一目的,破骨细胞能够将离子导入细胞,将离子浓缩到酸化的小泡中,并将这些离子输送到骨表面的再吸收微环境中。

在破骨细胞分化成熟的过程中,主要受到众多细胞因子及激素的调控。一般来说,活化破骨细胞、刺激骨吸收的细胞因子有巨噬细胞集落细胞刺激因子(multi-colony stimulating factors, MCSF)、核因子受体活化蛋白配体(RANKL)等,RANKL和MCSF是破骨细胞生成中必不可少的细胞因子;抑制破骨细胞增殖的细胞因子有骨保护素(OPG)等,激素有甲状旁腺素(PTH)、降钙素(CT)、1,25-二羟基维生素 D_3[1,25-$(OH)_2D_3$]、前列腺素、雌激素等。

破骨细胞分化的过程中,能够分泌一些蛋白质。这些骨蛋白可以作为破骨细胞的主要标志,主要高表达的有特异性抗酒石酸酸性磷酸酶5b(tartrate resistant acid phosphatase-5b, TRAP-5b)和组织蛋白酶K(cathepsin K)。对破骨细胞相关活性因子进行研究,能更好地了解骨代谢特征及骨吸收的分子生物学机制。

3. 骨细胞

骨细胞数量较多,占骨组织细胞数的90%～95%,是含量最为丰富的骨细胞类型,规则地分布于骨基质内部。骨细胞寿命较长,可以存活数十年。骨细胞是由成骨细胞转化而来,是终末分化的成骨细胞。当成骨细胞被埋入其新形成的骨基质中,成骨细胞就成了骨细胞,羟基磷灰石、碳酸钙和磷酸钙便沉积在骨细胞周围,类骨质最终变成钙化骨。

骨细胞呈扁椭圆形,胞体位于骨陷窝内;胞浆有多个丝状突起,突起位于骨小管内,突起通过骨小管向外延伸,与邻近的骨细胞和骨表面的成骨细胞和骨衬

细胞相通构成缝隙连接(gap junctions),进行细胞间信息交流,如有离子和小分子通过,交换营养和代谢物等。因此,尽管骨细胞被骨基质包围,但骨细胞并未孤立,而是形成一个广泛分布骨陷窝-骨小管的细胞间网络,以响应环境及机械应力的刺激,对其产生反应,发出骨吸收或骨形成的信息,并将信息转换到骨表面上的细胞,指导它们引发再吸收或形成反应,从而可以很好地发挥其在骨中的独特感知功能。此外,骨细胞对骨吸收和骨形成都起作用,可通过产生 RANKL 调节破骨细胞生成能力以及通过产生硬骨素(SOST)和 Dickkopf1(DKK1)调节成骨细胞生成能力,并参与调节钙、磷代谢,调节骨的矿化,是维持成熟骨新陈代谢的主要细胞。

骨细胞特异性标记基因被视为骨重塑的调节因子。SOST 基因缺失在人体导致高骨密度疾病,如 SOST 基因敲除鼠表现为骨形成和骨强度增强;而 SOST 转基因鼠呈现低骨密度。其产生的一些分化标志物在骨骼塑造和重塑中起协调作用,可调控骨吸收、骨形成。

4. 细胞间的调节

(1)经典 Wnt/β-连环蛋白(β-catenin)信号促使成骨细胞形成(osteoblastogenesis):Wnt 蛋白是一种分泌的糖蛋白,可与卷曲蛋白(frizzled)和低密度脂蛋白受体相关蛋白(low-density lipoprotein receptor-related protein, LRP) 5 或 6 组成的双受体复合物结合。在不存在 Wnt 的情况下,细胞质 β-catenin 存在结构性破坏,β-catenin 被 β-catenin 降解复合物磷酸化,随后被蛋白酶体定位于细胞质进行蛋白水解。当 Wnt 与细胞膜表面的受体结合后,激活细胞的第二信使,引起细胞质内 β-catenin 降解复合物的解离,导致 β-catenin 的积累,致使 β-catenin 进入细胞核内,启动基因的转录,从而发挥其生物学效应,影响细胞的增殖、分化。β-catenin 是 Wnt/β-catenin 通路中的关键因子,其量的积累是 Wnt 经典通路的关键环节,是应力刺激的关键调控点。目前,典型的 Wnt 信号通路是骨质疏松症潜在的骨代谢治疗研究的热点。

(2)硬化蛋白和 Dickkopf1 拮抗典型的 Wnt/β-catenin 通路:硬化蛋白(Sclerostin)是一种由骨细胞分泌的糖蛋白,通过与 LRP5/6 结合,防止 Wnt-frizzled-LRP5/6 复合物的形成,成为典型 Wnt 信号通路的抑制因子。硬化蛋白促进成骨细胞凋亡,对维持正常骨量和预防骨过度生长具有重要意义。

Dickkopf1(DKK1)在多种细胞类型中表达,但在骨细胞中高度表达。DKK1 还靶向 LRP5/6 和 Wnt-frizzled 的相互作用。DKK1 与 Kremen(DKK 受体)作用以从质膜中去除 LRP5/6,防止在 Wnt 激活过程中与 frizzled 的相互作用。DKK1/Kremen 与 LRP5/6 的结合促进了网格蛋白介导的复合物的快速内化。

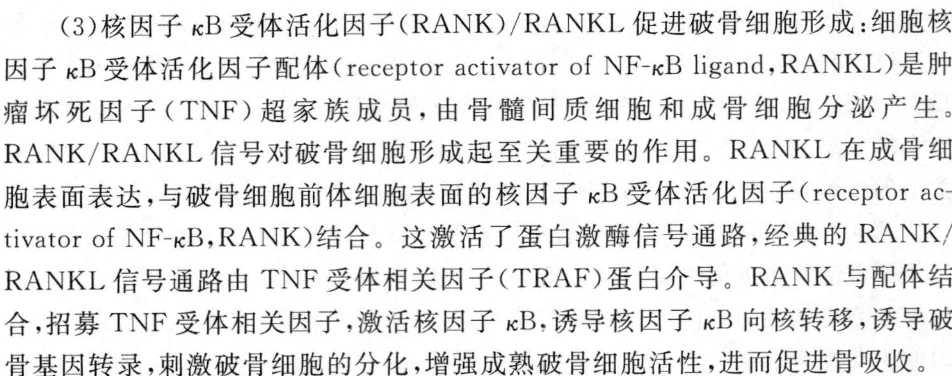

(3)核因子 κB 受体活化因子(RANK)/RANKL 促进破骨细胞形成:细胞核因子 κB 受体活化因子配体(receptor activator of NF-κB ligand,RANKL)是肿瘤坏死因子(TNF)超家族成员,由骨髓间质细胞和成骨细胞分泌产生。RANK/RANKL 信号对破骨细胞形成起至关重要的作用。RANKL 在成骨细胞表面表达,与破骨细胞前体细胞表面的核因子 κB 受体活化因子(receptor activator of NF-κB,RANK)结合。这激活了蛋白激酶信号通路,经典的 RANK/RANKL 信号通路由 TNF 受体相关因子(TRAF)蛋白介导。RANK 与配体结合,招募 TNF 受体相关因子,激活核因子 κB,诱导核因子 κB 向核转移,诱导破骨基因转录,刺激破骨细胞的分化,增强成熟破骨细胞活性,进而促进骨吸收。

(4)骨保护素拮抗 RANK/RANKL 信号:骨保护素(osteoprotegerin,OPG)主要由成骨细胞产生,与 RANKL 具有较高的亲和力,可与 RANKL 竞争性结合,阻止 RANK 与 RANKL 的结合,抑制破骨细胞的分化及其活性,减少破骨和骨吸收,以防止骨吸收过度,起到骨保护作用。因此,OPG、RANKL 在骨代谢的动态平衡中发挥重要的调节作用。在 OPG 缺乏症中,患者由于过度的骨破坏而产生严重的骨质疏松、骨痛、骨折和骨骼畸形,随后出现骨重塑紊乱。相反,OPG 的过度表达与动物骨质增生表型有关。

可迄今为止,成骨细胞和破骨细胞相互作用的确切分子机制仍不清楚,已知细胞间的调节如图 1-2 所示。

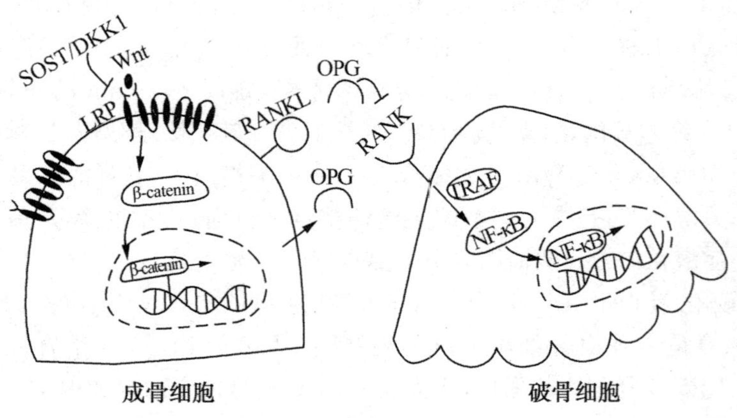

图 1-2 细胞间的调节

成骨细胞的形成是由典型的 Wnt/β-catenin 信号诱发的,但 Wnt/β-catenin 信号被 SOST/Dkk1 所抑制;成熟的成骨细胞表达 RANKL,RANKL 与破骨细胞前体细胞上的 RANK 相互作用,诱导破骨细胞的生成,RANK/RANKL 信号被成骨细胞分泌的 OPG 抑制。

三、骨微结构

骨小梁是骨中最重要的结构，由许多胶原按照一定的方式排列，并在表面覆盖大量的矿物质而成，是由杆状和板状骨小梁组成的连续三维网状结构。骨小梁的三维构筑及小梁间的连接程度统称为“骨微结构”(bone microstructure)。骨小梁并非无序排列，而是根据主要受力状态沿主应力方向排列，形成最优的受力结构。骨小梁的退行性改变可导致其穿孔，数量减少，小梁间隔增大，新骨不易形成，骨的抗压强度下降，最终使骨折危险性增加。因此，骨微结构成为评价骨质量的重要指标。

(一)骨微结构的定性观察

正常情况下，骨组织通过骨微结构间大小、形态及数目等的适应性变化，构建完整的抵抗外力体系。一旦上述结构(包括骨小梁形态结构、骨胶原密度、胶原排列和联结、骨矿物晶体结构等)不能做出适应外界应力刺激的改变，将导致骨强度改变，甚至骨折发生。

通过电镜，我们可对骨组织的超微结构进行观察，了解其形态学改变。在扫描电镜下可见正常成人股骨头骨小梁排列密集，连接性好，成圆形或椭圆形拱桥结构，厚度大，均匀，间距小，表面较光滑。而股骨颈骨折患者其股骨头骨小梁发生明显变化，失去正常拱桥状结构，连续性严重破坏，小梁变薄、变细，出现较多小梁断裂及游离末端，表面不光整。在扫描电镜高倍视野下可见正常成人股骨头小梁拱桥结构表面被覆胶原纤丝层，纤丝排列紧密，沿小梁方向走向规则、整齐，纤丝之间又有更细的纤丝斜形连接，以加固其结构。而股骨颈骨折患者其股骨头见胶原纤丝层已明显紊乱、稀疏，部分或基本全部消失，仅残剩粗细不一、排列不规则的胶原。可见，骨质疏松性股骨颈骨折患者的股骨头微结构遭到了严重破坏。

(二)骨微结构的定量分析

定性观察虽能评价骨组织微结构，但带有主观性，缺乏客观标准，可比性不强，故具有一定的局限性，需要进行定量分析。定量分析可采用经典的骨组织形态计量学定量分析、微计算机断层扫描技术(micro-CT)三维成像分析以及磁共振成像分析等方法进行。

骨组织形态计量学是骨微结构量化分析的经典方法，曾被喻为骨组织微结构量化分析的金标准。它是基于体视学技术发展而逐步发展起来的，研究骨重建的细胞和组织机制的一种较直接、细微的方法，可直接观察骨组织水平的微观形态，并进行定量分析。它不仅能对骨组织的组成单位如皮质骨的骨单位、松质骨的骨小梁这种静态指标进行计量，也可通过在活检前行四环素双标记的办法，利用四环素能与钙沉积骨特异结合并沉积在骨矿化前沿的特性，把时间因素标

记在骨的重建过程中，测定多组骨动力学组织参数。在荧光显微镜下，观测骨组织内两次标记的四环素荧光线间距离，单标及双标四环素荧光骨矿化前沿的标记率等动态变化，从而求得诸如骨矿化沉积率、骨形成率等动态骨形成参数，及单标四环素表面、双标四环素表面、单双标四环素表面比、矿化延迟时间、骨重建单位时间和纠正矿化沉积率等多项骨动力学指标。

通过骨组织形态计量学的测量分析，具体可获得以下数据：①静态参数：通过测量骨组织面积（T. Ar）、骨小梁面积（Tb. Ar）及骨小梁周长（Tb. Pm），可以计算出骨小梁面积百分比（Tb. Ar%）、骨小梁厚度（Tb. Th）、骨小梁数目（Tb. N）及骨小梁分离度（Tb. Sp），可从组织学水平对骨代谢进行评价。②动态参数：通过测量单荧光周长（sL. Pm）、双荧光周长（dL. Pm）的长度和双荧光标志物之间的宽度（IrL. Wi），可以计算出骨矿化沉积率（MAR）、标记周长百分数（L. Pm%）、骨形成率（BFR/BS, BFR/BV）等动态反映骨形成的计算参数。动态参数不仅可以用于动态评价骨骼的变化，还可用于解释静态参数变化的原因，了解骨代谢相关机制，评价骨质疏松干预措施的作用机制。③细胞参数：通过测量成骨细胞数目（N. Ob）、破骨细胞数目（N. Oc）以及成骨细胞、破骨细胞在骨小梁上的贴壁周长（Ob. Pm, Oc. Pm），可以计算出单位骨组织面积上成骨细胞数（N. Ob）、破骨细胞数（Oc. N）及单位骨小梁周长上成骨细胞贴壁周长百分数（Ob. Pm%）、破骨细胞贴壁周长百分数（Oc. Pm%），可从细胞水平对骨代谢进行评价。

（三）骨微损伤

早在 1960 年，骨微损伤就存在争论并持续多年。直到 20 世纪 90 年代初，众多学者利用伯尔（Burr）等的碱性品红骨大块染色技术才最终证实了微损伤的存在。骨微损伤是指骨因“疲劳”而导致的骨显微结构的改变，随增龄而增加，在应力下骨微结构发生较迅速的代谢适应性变化。主要机制是骨重建的发生，是成骨和破骨之间的动态变化过程，伴随着应力的传导、内部结构的调整，骨强度发生变化。老年骨质疏松者的骨微损伤不能完全修复，当其达到一定数量时，松质骨的力学强度下降，导致骨折发生。这种“疲劳”现象是指骨组织在受到低于断裂强度的较小应力成应变周期性作用下，骨组织会萌生微观裂纹并逐渐扩展，当损伤积累到一定程度时就会最终导致骨组织力学强度下降，导致骨折的发生。骨组织在日常的生理负荷周期性作用下会萌生两种常见的骨微损伤：“线性”和“弥散性”微损伤。两种微损伤具有同等的重要性，在形态上有一定的相似性，但在力学和生物学特征上有着显著的差异。

线性微损伤在骨组织切片上表现为长度 50～100 μm 的边界锐利的裂纹，是在步行和跑步等生理负荷的周期性作用下形成的。对健康人而言，生理负荷周期性作用下萌生的微损伤会随着骨重建被修复而不产生临床问题，但是当微

损伤积累的速度超过了骨重建的修复能力后，微裂纹会在应力的反复作用下逐渐扩展并最终导致骨折。弥散性微损伤在骨组织切片上表现为弥散性的片状微损伤区域，长度一般小于 10 μm。在所有微损伤中，弥散性微损伤是最早且最易萌生的。在生理负荷周期性作用的早期就会迅速出现弥散性微损伤。此外，当大小恒定的载荷持续作用于骨标本一段时间后，也会出现弥散性微损伤。线性微损伤和弥散性微损伤发生在相互独立的区域，弥散性微损伤常出现于张应力作用区域，而线性损伤则常出现于压应力或剪切应力作用区域。同时，弥散性微损伤的生理反应完全不同于线性微损伤。这些都说明二者在力学和生物学特征上有着显著差异。

第二节　骨的生理

骨骼赋予机体体型和结构，保护机体重要的内脏器官，并为骨髓和造血提供了场所。同时，骨骼经过机械设计，灵活轻便，适合运动。此外，骨也具有代谢活性，是体内钙、磷、镁离子的主要储存库，对于维持机体矿物质稳态起到了重要的作用。

一、骨的相关概念

骨量、骨密度、峰值骨量、骨质量和骨强度，这些术语都是常见的骨的相关概念，以下我们对其进行简要介绍。

(一)骨量和骨密度

1. 定义

骨量(bone mass)是指除去髓腔后骨组织的量，包括矿物质和有机质。通常用骨矿物质含量(bone mineral content，BMC)或者骨密度(bone mineral density，BMD)来检测骨量。

骨矿物质含量是指所测骨每厘米长所含有的矿物质，以 g/cm 或 mg/cm 表示；骨密度是指骨单位面积所含的骨矿物量，以 g/cm^2 表示。两者均是衡量骨质状况和骨健康的重要指标。一般我们常说的骨密度是指面积骨密度(area bone mineral density，aBMD)，即测量部位的骨矿物质含量除以扫描区的面积。体积骨密度(volume bone mineral density，vBMD)是指骨单位体积所含的骨矿物量，以 g/cm^3 表示，即测量部位的骨矿物质含量除以扫描区的体积。

2. 骨量随年龄的变化规律

人类骨骼的生长、发育和衰老是一个正常的生理过程。骨量是动态变化的，在生命的不同时期，人体骨量有不同的变化，具有明显的时间依赖性。国内学者通过调查分析，将骨含量随年龄的增长分为 6 个时期，分别为：

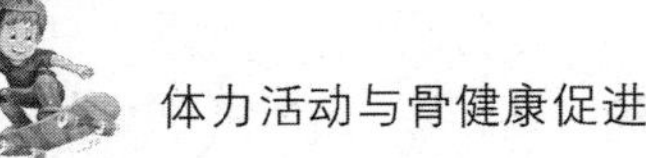

(1)骨量增长期:从出生至20岁,随年龄增长骨量持续增加。在此时期内,骨形成的速度超过骨吸收的速度,大量新生骨的沉积,使骨量增高。男性年均增长率为2.2%,女性年均增长率为1.9%,男性增长速度快于女性,由此引起男性峰值骨量大于女性。在该时期内,男性和女性分别有两个快速的骨量增长期,男性为7~8岁和15~16岁两个时期,女性为7~8岁和13~14岁两个时期。

(2)骨量缓慢增长期:20~30岁,骨量仍在缓慢增加,年增长率为0.5%~1%。

(3)骨量峰值相对稳定期:30~40岁,骨密度处于一生的峰值期,女性骨峰值低于男性。在该时期内,骨代谢处于相对平衡状态,骨量得以维持,该期维持5~10年。

(4)骨量丢失前期:女性从40~49岁,男性从40~64岁,由于骨吸收的速度超过骨形成的速度,骨量开始丢失,程度呈轻微。女性年丢失率为0.4%~0.6%,男性为0.3%~0.5%,女性稍大于男性。

(5)骨量快速丢失期:主要见于绝经后女性,由于雌激素水平的降低,骨量流失速度加快,出现较明显的骨量减少。尤其在绝经后的10年内,骨量丢失速率最为迅速,年丢失率为1.5%~2.5%,该期维持5~10年。男性不存在快速骨丢失期。

(6)骨量缓慢丢失期:65岁以后,女性骨量丢失速率降低到绝经前水平,男性亦较以前出现一些轻微的骨量快速丢失,骨量年丢失率为0.5%~1%。另外,部分学者观察到80岁以后的女性骨量呈现一缓慢回升的趋势,其原因尚不清楚。

人体的骨量主要是由两方面的因素决定:骨发育成熟时期骨峰值达到的最大程度,以及随后发生的骨量丢失速率。峰值骨量就如同人体内的“骨银行”,年轻时峰值骨量越高,相当于在“银行”中的“储蓄”越多,可供机体日后消耗的骨量就越多,若日后消耗的也少,那么“银行”中的“储蓄”仍较多,则不易引起骨质疏松。

(二)峰值骨量

1.定义

峰值骨量(peak bone mass,PBM)是指正常生理条件下骨成熟期所达到的最大骨量,也是个体在生命过程中所获得的最大骨量。骨量在30岁以前处于持续增长阶段,在后10年接近峰值,正常人一般在骨骺闭合数年后可以达到峰值骨量,在此之后数十年中骨强度处于平台期,这时骨骼的强度最大。当成熟期过后,骨量逐渐丢失,骨密度逐渐下降。由于生理因素的影响,女性的峰值骨量明显低于男性。峰值骨量越低或出现越早,发生骨质疏松的危险越大;反之,峰值骨量越高或出现越晚,发生骨质疏松的机会越小。据报道,峰值骨量增加3%~5%可降低骨折危险性20%~30%。预防骨质疏松,降低其危险性到最低程度

的方法主要表现在骨发育成熟时期使峰值骨量达到最高，以及尽可能降低成年人骨量丢失的速率。

身体不同部位的峰值骨量及到达峰值骨量的时间存在差异。颅骨骨量终身持续增加，没有峰值骨量，股骨近端 20 岁前出现峰值骨量，而全身峰值骨量的到达则出现于 6～10 年以后。闵(Min)等比较了韩国人桡骨远端和跟骨的峰值骨量，发现桡骨远端峰值骨量为 0.514 g/cm²(女性)和 0.598 g/cm²(男性)，均于 30 岁到达峰值骨量；而跟骨峰值骨量为 0.509 g/cm²(女性)和 0.629 g/cm²(男性)，女性于 30 岁到达峰值骨量，男性于 20 岁到达峰值骨量。个体在成长过程中，所获得的峰值骨量受遗传、环境、生活方式等多方面因素的影响。因此，不同国家、地区、种族间峰值骨量存在差异。

2. 峰值骨量的影响因素

峰值骨量是骨质疏松症的预测、诊断和管理的主要依据。个体在成长过程中所能获得的峰值骨量受多方面因素的影响。双能 X 线吸收测定法纵向分析男孩和女孩的骨矿物质含量累积峰值和身高速度峰值如图 1-3 所示。

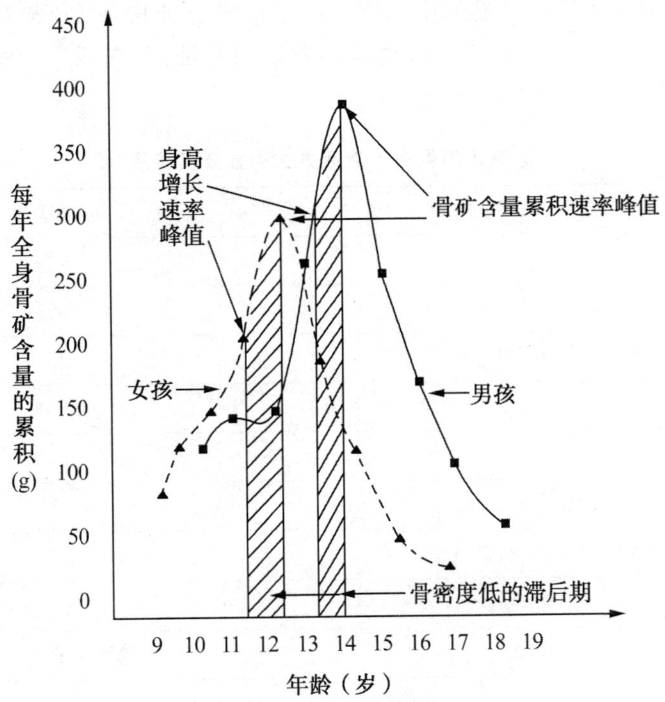

图 1-3 双能 X 线吸收测定法纵向分析男孩和女孩的骨矿含量累积峰值和身高速度峰值

研究发现，许多因素可以影响个体的峰值骨量，这些影响因素有外因和内因。内因包括遗传因素、种族、性别等；外因包括环境、生活方式、运动、营养（包括钙、维生素 D、蛋白质等）、药物、疾病等。

（1）内因：通常认为遗传因素决定了峰值骨量的 80%，且多基因参与骨量获得的调控，包括维生素 D 受体基因（VDRG）、骨钙素基因、雌激素受体基因（ERG）、Ⅰ型胶原 A1 基因（COLLA1）、转化生长因子 β1（TGFβ1）基因和胰岛素样生长因子-1 基因等，并且有明显的性别和种族差异。由于生理因素的影响，一般女性的峰值骨量明显低于男性。研究发现，皮质骨骨峰值可能具有明显的性别差异，松质骨特别是椎体部位骨峰值没有明显的性别差异。

（2）外因：研究表明，生活方式影响成人峰值骨量的 20%～40%。因此，优化影响峰值骨量和骨强度的生活方式是降低生命后期骨质疏松症或骨量低下风险的重要策略。国际骨质疏松协会为帮助个体在生命早期达到最大峰值骨量，发布了科学声明，在这一科学报告中对个体营养素、食物模式、特殊问题、避孕药和身体活动对青年骨量和力量发展的作用进行了系统评价，并应用证据分级系统来描述影响个体峰值骨量的生活方式因素的现有证据强度，表 1-1 给出了每个因素的等级汇总。其中，对峰值骨量影响最强的证据（A 级）是钙的摄入和体力活动。

表 1-1　影响峰值骨量的生活方式因素及其等级

生活方式因素	证据级别
宏量营养素	
脂肪	D
蛋白	C
微量营养素	
钙	A
维生素 D	B
钙和维生素以外的微量营养素	D
食物模式	
乳类	B
纤维	C
水果和蔬菜	C
可乐和含咖啡因的饮料	C

续表

生活方式因素	证据级别
婴儿营养	
母乳喂养的持续时间	D
母乳与配方奶喂养	D
配方奶喂养	D
青少年特殊情况	
口服避孕药	D
醋酸甲羟孕酮(DMPA)注射	B
酒精	D
吸烟	C
体力活动与运动	
对骨量和密度的影响	A
对骨结构的影响	B

注:证据级别分类:A:强;B:中;C:有限;D:不充分。来源于国际骨质疏松协会(International Osteoporosis Foundation, IOF)2016年数据。

钙可能是与骨健康相关的研究中最常用的营养素。钙是人体含量最丰富的元素之一,其中99%积存于骨骼和牙齿中,并且80%~90%的骨矿物质含量由钙和磷组成;由于人体出生时钙含量仅占成年后钙补充总量的2%~3%,因此,饮食中钙摄入量是影响骨骼系统生长的主要因素。钙缺乏会导致峰值骨量下降,从而引起患有骨质疏松及其相关骨折的危险性升高。当然,由于个体的骨量、钙摄入的年龄及个人钙吸收水平的不同,钙摄入后所起的作用也不同。因此,在评估钙需求时,大多数研究已经考虑了骨骼沉积和转换率的计算以及钙吸收和排泄的量。但是,关于目前推荐的钙摄入量对于最大峰值骨量和维持骨健康是否足够仍是当前争议的热点。除钙外,影响峰值骨量的营养因素包括蛋白质和其他营养素。蛋白质也构成骨骼的其他重要组成部分,蛋白质摄入不足同样会导致生长发育延缓和骨形成减慢;其他营养素,如维生素D是影响钙吸收最重要的元素,也会影响骨组织的发育和维持,尽管它们的作用尚未在实验室中进行广泛研究。

足够的体力活动对于骨的生长发育具有重要的调节作用,体力活动产生的力学刺激可以改变骨的密度和结构以满足功能需要,有助于获得最大峰值骨量。开始运动的年龄很大程度上影响成年骨量的获得,详见第四章介绍。

此外，不良的生活方式，如吸烟、酗酒、饮用过多的咖啡或碳酸饮料，以及慢性疾病（如糖尿病、肝肾功能不全、甲状腺功能亢进）因素都将导致峰值骨量减少。

（三）骨质量

1.定义

“骨质量”一词已沿用30余年，但至今尚无明确清晰的定义。骨质量是骨生物力学概念，是除骨量外影响骨强度因素的总称，不仅能反映骨骼的结构，同时还能反映骨骼内在的生物力学性能。

2.骨质量的影响因素

骨质量由骨重建和骨转换率、骨几何学、骨微结构、骨基质、骨矿化、骨胶原、骨微损伤及其修复决定。

（1）骨重建和骨转换率：骨重建（骨转换）即骨的重塑，是骨骼更新的连续过程，在骨质量中起决定性作用。在这个过程中，去除局部的旧骨代之以形成的新骨，从而形成机械性能稳定的骨骼，同时维持钙平衡。骨转换加速过程中，骨形成速率慢于骨吸收速率，骨吸收陷窝数量不断增加，陷窝不断加深，从而引起不可逆转的骨小梁丢失，引起骨量、骨质量下降，导致骨骼脆性增加，骨折风险增加。

（2）骨几何学：骨骼的结构和大小直接影响其生物学性能。如长骨由于管状的密质结构使其具备了良好的抗弯曲能力，其外径和皮质厚度对骨强度起着决定作用。骨骼外径越大，其抗弯曲能力越大。骨外径小是独立于骨密度存在的骨折危险因素。因此，在拥有相同面积骨密度的骨骼中，直径较粗的骨骼有着较大的外径，其骨量分布更远离中心，所以有更强的抗弯能力和更高的轴向强度。长骨的外径增加10%，其抗压缩能力能提高50%，抗弯曲能力能提高70%。男性骨骼比女性更大，直径更粗，生物力学性能更佳，这可以解释男性骨折发生率低于女性。相对小的桡骨横截面积有较高的腕部骨折风险，而相对小的椎体骨的多孔海绵网状结构能迅速地吸收强大的垂直压力，有较高的椎体骨折风险，男女椎体的骨强度差别则源于其骨骼外形的大小差别。

（3）骨微结构：皮质骨和松质骨情况是骨微结构的观测指标。松质骨的骨小梁数量和厚度，其连接和方向都影响骨强度；皮质骨的宽度和孔隙度是决定骨强度的主要因素。骨小梁是最易出现骨量丢失和结构损坏的骨骼，因此骨折容易发生在骨小梁分布多的部位，如椎体、近端股骨和远端桡骨。

（4）矿化程度：骨基质的矿化是指交联Ⅰ型胶原基质被纳米晶体和碳酸磷灰石所矿化。骨重建率增加引起矿化不全，使得骨骼的刚度降低；而骨重建率过低，骨骼的刚度虽有所提高，但骨骼的修复微损伤的能力下降。

(5)骨胶原:骨胶原基质提供了骨骼的韧性,其在初步形成后接受矿化,并呈现不同的矿化程度。矿物质给予了骨骼的硬度,当骨骼中的矿物质大于65%时骨骼就会硬而脆。

(6)微损伤及其修复:微损伤是指骨骼在无结构损毁的基础上的一种变形。反复负重会造成骨骼的疲劳性微损伤,包括骨疲劳和微骨折。骨疲劳积累晚期,基质内可出现长度为30～100 μm的线性裂隙,这是一种潜在的损伤。微损伤会触发骨重建以修复受损组织。当骨重建速率过快时,可致新骨形成不足,骨内微损伤不能完全修复。但骨重建速率过慢又会使旧骨得不到清除和更替,骨内积累的微损伤堆积。以上两种情况都必然导致骨骼强度的降低。

上述因素相互依赖,某一因素的微小变化均可引起其他因素的相继变化。

(四)骨强度

1.定义

骨强度是骨的内在特性,是骨骼抵抗外力发生形变的能力,即在不发生形变的条件下所能承受的最大外力。骨强度代表了骨的韧性及载荷能力,从整体上评估力学性能。骨强度越大,骨骼抵抗外力发生形变的可能性越小;骨强度越小,骨骼抵抗外力发生形变的可能性越大。

骨骼应该具备在生理负荷下不会引起骨折的能力,能否完成这种“机械能力”是最终检验骨健康状态的指标。所以,对于骨质疏松来说,人们更为关心的是骨强度。在2001年美国国立卫生研究院(NIH)定义骨质疏松时,就强调以骨强度来诊断骨质疏松。骨强度综合反映骨骼的两个主要方面,即骨密度和骨质量,能较全面地评价骨的生物力学特性,对预测骨折风险有一定优势。

同其他力学材料类似,骨强度的结构基础取决于其材料特性和结构特性。其中材料特性包括矿物质含量、胶原的特性、矿盐结晶的大小和质量等;而结构特性主要包括骨骼的形状、大体结构和微结构(如皮质骨的厚度、穿孔度,小梁骨的体积、数目、厚度、分离度等)。

2.骨强度的测定

令人遗憾的是,目前尚无精确的方法测量骨强度,也无值得信赖的标准。虽然超声骨骼测量能在某种程度上提示骨强度的变化,但其准确性和实际临床意义有待进一步研究。临床上常应用双能X线骨密度仪测定面积骨密度(aBMD)来替代骨强度,作为骨折风险的预测工具。除可以测定aBMD外,还可以通过定量计算机断层扫描(QCT)得到体积骨密度(vBMD),从而可以忽略骨骼厚度和直径对骨密度的影响。但骨密度只能反映70%的骨强度,在骨折风险的预测和治疗效果的评估上有一定的局限性。

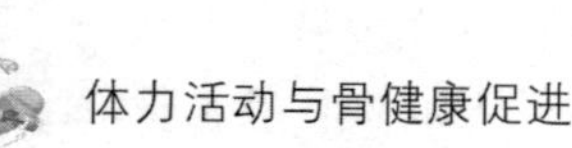

3. 骨强度的影响因素

影响骨强度的因素主要包括骨量和骨质量因素，即骨强度＝骨密度(70%)＋骨质量(30%)。此外，组织学因素对骨强度也有一定作用。骨密度是影响骨强度的主要因素，但只能反映70%的骨强度，目前针对骨质疏松的诊断仍是基于对骨密度的测量。日前，一些研究人员及国际组织正试图创建新的诊断标准来避免单纯依靠骨密度测量所带来的偏差。影响骨强度的另一因素是骨质量因素。骨质量可以反映30%的骨强度，其受多种因素影响，如骨重建和骨转换率、骨几何学、骨微结构、骨基质、骨矿化、骨胶原、骨微损伤及其修复等。

在人的一生中，骨量与骨质量是不断变化的。因此，骨强度也随之发生变化。女性更年期快速的骨转换造成快速骨丢失，必然使骨结构受到损伤，如骨小梁变细、断裂、穿孔甚至是连接骨小梁的缺失。而骨小梁的缺失是很难得到修复的，最终因力学强度降低而增加了骨折危险性。因此，更年期女性更容易发生肢体干骺端松质骨部位的骨折。

二、骨代谢

骨组织是动态活跃的组织，不断地进行新陈代谢。人体正常的骨代谢是由成骨细胞的骨形成和破骨细胞的骨吸收构成的动态平衡过程，包括骨吸收和骨形成两个方面。成骨细胞和破骨细胞在骨代谢过程中起着重要作用。

该过程的顺序一般认为是：激活→骨吸收→骨形成。首先，黏附在骨表面参与骨吸收的破骨细胞大量被激活，破骨细胞将骨基质溶解，并把骨中钙移出，形成骨吸收；随后在骨吸收的表面形成成骨细胞，成骨细胞合成非矿化的骨基质，同时把钙转运至钙化区；最后，钙、磷结晶逐渐沉积在骨基质中，骨基质钙化，形成骨组织。在正常的骨中，这些过程主要发生在未成熟骨中，未成熟骨的塑形引起骨组织正常生长和发育所需要的骨的大小和形态的重大变化；在成熟骨中，这些过程不明显，但对维持组织的生物活性和钙的体内平衡也是必不可少的。这些过程主要发生于皮质骨和松质骨的表面。

在正常骨代谢的过程中，骨的形成和吸收一直就没有停止过，每天都有一定量的骨组织被吸收，又有相当数量的骨组织合成，两者保持着动态的平衡。当破骨细胞活跃，骨吸收大于骨形成时，可出现骨丢失，表现为骨量下降，发生骨质疏松，增加骨折的危险，如骨质疏松症、甲状旁腺功能亢进、肾性骨营养不良、变形性骨炎和转移性骨疾病；当骨形成大于骨吸收时，表现为成骨作用增加，尤其是在儿童青少年时期，表现为骨量增加；当骨形成远大于骨吸收时，则可能会出现骨质硬化等现象，如在骨折发展过程中。可见骨形成和骨吸收在骨骼发育和维持健康骨骼中扮演着重要角色。

(一)骨吸收

尽管长期以来人们一直认为破骨细胞是参与骨的有机基质和骨矿物质释放的主要细胞,但这种清除微量陷窝周围骨质中的认识引起了人们的关注(尽管还存在争论),而多的证据表明单核细胞和组织巨噬细胞也参与了骨的吸收。

骨吸收需要3个连续的阶段。第一阶段包括破骨祖细胞在造血组织中的生成,随后在骨中沿血管散布并产生静止的破骨细胞前体细胞和破骨细胞。第二阶段包括破骨细胞接触矿化骨后的激活。成骨细胞可通过将矿物暴露给破骨细胞和前破骨细胞或(和)通过释放能激活这些细胞的因子来控制第二阶段。在第三阶段,活化的破骨细胞通过它们在刷状缘下隔离带内分泌的因子的活动重吸收矿化骨的矿物和有机成分。成骨细胞系的细胞在引发骨吸收中也有重要作用。骨表面上蛋白质和蛋白聚糖的清除是通过成骨细胞中原胶原酶和纤溶酶原活化因子的释放而完成的。纤溶酶原活化因子同样存在于破骨细胞。

破骨细胞似乎是骨调控血钙浓度的主要细胞。所有能提高血钙浓度的体内因子都同样能提高破骨细胞的活性,而且能降低血钙浓度的激素和药物都能抑制破骨细胞的活性。能直接或间接刺激现有破骨细胞或(和)能增加新破骨细胞生成的物质有甲状旁腺激素、维生素D活性代谢物、前列腺素E_2、甲状腺素、肝素和白介素-1;能抑制吸收的物质有降钙素、糖皮质激素、二磷酸盐、胰高血糖素、磷酸盐和碳酸肝酶抑制剂。破骨性吸收在一系列骨病的发病机制中起着主要作用,这些骨病包括代谢性骨病(如骨质疏松、伴有骨质溶解的骨肿瘤)、炎症性疾病、佩吉特(Paget)骨病和骨硬化症。

(二)骨形成

骨形成是指新骨发生和成熟的过程。成骨细胞是骨形成的主要功能细胞,负责骨基质的合成、分泌和矿化。

骨形成的发生包括两个阶段,即基质形成和矿化。基质形成发生在矿化之前,发生部位是成骨细胞和现有类骨质的交界面;矿化发生在类骨质和新生矿化骨的结合处,这个区域被称为“矿化前沿”。未矿化的基质层,即所谓类骨质缝,成人为8～10 μm。这是由于新生基质不会立即矿化,一般基质生成和矿化的间隔期通常是10天。在某些疾病状态,如骨软化症,类骨质缝的厚度会增大。

1.新生基质的变化

成骨细胞为典型的分泌细胞,其分泌的碱性磷酸酶在浆膜上浓度高,其活性与骨形成密切相关。骨基质蛋白的主要成分为I型胶原,占全部骨蛋白的85%～90%,其余的非胶原蛋白包括蛋白多糖、生长相关蛋白、细胞吸附蛋白和γ羟化谷氨酸蛋白,均由成骨细胞分泌。上述蛋白由成骨细胞合成分泌后,类骨质(未矿化的骨基质)经过复杂的且目前机制尚不清楚的胶原代谢过程,完成新生基质

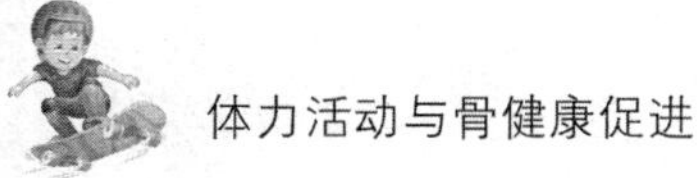

变化。其过程如下：

(1)胶原纤维铰链的增加。

(2)磷脂类结合到胶原纤维上。

(3)非胶原基质蛋白浓度的增加，特别是γ-羧基谷氨酸(BGP)浓度的增加。

(4)钙结合到这些基质蛋白上。

(5)硅和锌的聚集。

(6)氨基葡萄糖的先增加后减少。

经修饰后的骨基质才适合矿化，对此以前已有描述但尚未完全明确。现已明确的是，各种激素、骨形成蛋白、细胞因子和生长因子都会直接影响这一过程，而且通过改变钙和磷酸盐的供应间接影响着这一过程。

2. 骨矿化

骨矿化是羟基磷灰石在有机基质(类骨质)上沉积的一个调节过程。成骨细胞产生胶原蛋白和非胶原蛋白，构成类骨质，钙离子和磷离子形成羟磷灰石，骨钙素具有钙离子结合位点，吸附羟磷灰石沉积到胶原蛋白和黏多糖构成的支架上，羟磷灰石结晶逐渐有序地沉积，类骨质完全骨化，从而最终完成骨的矿化过程。

骨的矿化开始于膜结合的基质囊泡内，基质囊泡提供钙和磷酸盐形成羟基磷灰石晶体的微环境。然后，基质囊泡从骨形成细胞(例如成骨细胞)的细胞膜发芽并繁殖到细胞外基质中。在此，矿化促进剂(牙本质基质蛋白1和骨涎蛋白)、磷酸化蛋白激酶和碱性磷酸酶促进羟基磷灰石在位于胶原原纤维末端的“孔洞区”中沉积。

如果没有严格的骨矿化调控，可能会出现过度钙化或低钙化现象。低磷酸盐血症(hypophosphatemia，HPP)，又称“低磷血症”，是一种组织非特异性碱性磷酸酶(TNSALP)的遗传缺陷，患者的碱性磷酸酶活性低于正常水平，常导致骨骼低矿化、佝偻病、乳牙过早脱落、骨折频繁和肌张力低下等。低磷酸盐血症的生化标志是血液中碱性磷酸酶水平较低。

佝偻病(或称为“骨软化症”)是一种骨矿化障碍，特指骺骨闭合前未成熟骨中的类骨质钙化缺陷。患有佝偻病的儿童可表现为生长发育不良，下肢弯曲，干骺端扩大和骨折。佝偻病可根据主要缺乏的矿物质进行分类，特别是钙(钙缺乏性佝偻病)或磷(磷缺乏性佝偻病)。钙缺乏性佝偻病主要是由于维生素D的摄入、吸收或代谢不足引起的钙和(或)维生素D缺乏的继发病变。磷缺乏性佝偻病是由于磷长期低摄入或吸收不足而引发的。与磷酸盐调节(PHEX)基因突变相关的X-连锁低磷性佝偻病是最常见的佝偻病的遗传形式，估计发病率为1∶20000。与HPP相反，佝偻病通常与碱性磷酸酶升高有关。正常的血清钙和磷

浓度是健康骨矿化过程所必需的。同时，钙磷平衡受 PTH、维生素 D 和 FGF23 的调节以及它们对骨、肾和胃肠道作用的影响。骨骼维持矿物质代谢，作为体内矿物质的储存库以及 FGF23 表达最高的组织。

(1)PTH：甲状旁腺细胞的 PTH 分泌受到钙敏感受体(CaSR)的作用而持续抑制。钙敏感受体(CaSR)是一种 G 蛋白偶联受体，通过磷脂酶 C 依赖性途径以抑制 PTH 转录和细胞内钙介导的囊泡释放。随着离子钙结合 CaSR 的减少，抑制作用减弱，PTH 而被分泌。然后，PTH 作用于 G 蛋白偶联的 PTH 受体，通过其对骨骼、肾脏以及肠道的影响，并通过激活维生素 D 中的作用间接地增加血清钙的浓度。在肾脏中，PTH 通过增加远端小管和集合管中的钙的重吸收能力，以增加血清钙水平。此外，PTH 还可以减少近端小管中磷酸盐的重吸收能力。在骨中，PTH 通过刺激成骨细胞上的 PTH 受体以促进钙和磷从骨基质中释放出来。随后，这些细胞增加 RANKL 的表达并抑制其骨保护素(OPG)的分泌，低 OPG 和增加的 RANKL 协同作用以促进破骨细胞生成。

(2)维生素 D：维生素 D 是当机体暴露于来自太阳的紫外线 B 辐射时在皮肤中合成的，或者是通过富含维生素 D 的食物、饮料或补剂的饮食摄入的。维生素 D 在肝脏中羟基化，形成 25-羟基维生素 D(体内维生素 D 的主要储存形式)，并被肾脏中的肾脏 1α-羟化酶激活为 1，25-二羟基维生素 D。1，25-二羟基维生素 D(骨化三醇)通过刺激肠道吸收，以增加血清钙、磷的浓度。由于维生素 D 受体存在于成骨细胞、骨细胞和破骨细胞中，骨骼中的 1，25-二羟基维生素 D 也可以对骨骼产生直接作用。

(3)FGF23：成纤维细胞生长因子 23(fibroblast growth factor23，FGF23)是近年新发现的一种参与血磷代谢的细胞因子，是一种分泌性蛋白质，在磷酸盐和维生素 D 稳态中起着主要的作用。FGF23 主要由骨细胞分泌产生，并通过与 FGF 受体/Klotho 受体复合物结合，进一步发挥作用。FGF 受体是酪氨酸激酶受体，其可激活促分裂原活化蛋白激酶(MAPK)/细胞外信号调节激酶 1/2(ERK1/2)信号通路以调节基因转录。

当 FGF23 表达升高时，主要通过降低 1α-羟化酶活性和增加 24-羟化酶的表达来降低 1，25-二羟基维生素 D 浓度，以降低骨化三醇的含量。此外，类似于 PTH，FGF23 也可通过抑制肾脏近曲小管内的磷酸钠共转运蛋白(NaPi-2a 和 NaPi-2c)表达以减少磷酸盐的重吸收。

正常的 FGF23 表达可以有效地保持血磷稳态，但异常的 FGF23 表达则会引起血磷稳态失衡。研究表明，当 FGF23 活性丧失时，可导致高磷血症和骨化三醇水平升高(不适当的正常水平)，如家族性肿瘤样钙质沉着症(一种以牙齿异常和软组织钙化为主要特征的疾病)。相反，当 FGF23 基因功能获得突变，如常

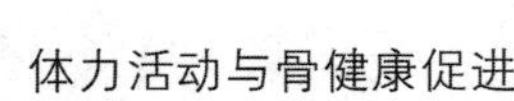

染色体显性遗传低磷性佝偻病，可导致肾脏磷酸盐过度消耗和骨骼矿化不足。

三、骨的建造和重建

骨建造（modeling）和骨重建（remodeling）是骨代谢的主要形式，其本质都是由成骨细胞介导的骨形成和破骨细胞为主体的骨吸收之间的骨代谢动态平衡过程。

（一）骨建造

骨建造发生在出生到成年期间，发生于骨内膜、骨外膜和干骺端软骨内的骨吸收和骨形成过程。在此过程中，成骨细胞与破骨细胞密切配合负责骨量的增加和骨形态的变化。骨建造是处于生长发育阶段的骨所特有的过程，18～20 岁时停止。

骨建造使骨具有宏观骨架结构，骨建造过程即骨被塑造成具有一定几何形状、不同长短、大小及积累骨量的过程。长骨骨干横截面中心是骨髓腔，由内向外依次为骨内膜、骨皮质、骨外膜。在骨外膜，成骨细胞以膜内成骨方式不断合成新骨，而实现骨径向生长，骨增粗；同时在骨内膜表面，破骨细胞进行骨吸收，使骨髓腔不断变大。骨外膜骨合成与骨内膜骨吸收同时进行，骨外膜的骨合成能力强于骨内膜的骨吸收能力，于是骨皮质逐渐增厚，骨量不断积累。这个过程即为骨建造。骨塑造过程的骨吸收和骨合成不是偶联的，骨形成大于骨吸收，骨量不断增加，直至达到骨峰值。

（二）骨重建

骨重建在一生中始终存在，主要发生在成年人，即破骨细胞吸收旧骨，成骨细胞又不断在原位形成新骨的过程，以维持骨量以及适应自身和外界不断变化的机械负载的影响，是一个骨组织自我更新和自我调整的生理过程，是维持骨组织代谢和力学功能的重要机制，是成熟骨组织的一种重要替换机制。

1. 骨重建过程

骨重建过程可以用单个骨重建单位（bone remodeling unit，BRU）来表示，又称“基础多细胞单位”（basic multicellular unit，BMU），其表示多细胞参与的细胞活动过程。它是指在骨的重建过程中破骨细胞与成骨细胞一个成对的、相偶联的细胞活动过程，许多破骨细胞和成骨细胞有秩序地在骨表面活动。骨吸收及骨形成总是相继发生在同一部位，而且是以相同顺序进行的。

这个过程包含骨形成和骨吸收的偶联，由 5 个阶段组成，需 4～6 个月时间完成。骨重建过程的 5 个阶段为：

（1）激活（activation，A）：在细胞因子和生长因子的作用下，破骨细胞前体细胞被激活并分化为成熟破骨细胞。

(2)吸收(resorption,R):破骨细胞开始吸收骨基质(旧骨),并在陈旧骨表面向深层挖凿平均深度为 40～60 μm 的骨吸收陷窝,达到清除陈旧骨的目的。吸收阶段需要 1～3 周时间来完成。

(3)逆转(reversal,R):骨吸收结束,破骨细胞随之消失,单核细胞取而代之。骨吸收完成后,通常在 1～2 周后骨形成才开始。

(4)形成(formation,F):成骨细胞出现在破骨细胞挖掘的陷窝表面上,制造新骨,填平陷窝。该过程包括成骨细胞合成新的骨基质和类骨质的矿化两个阶段。骨质的矿化是一个由快到慢的过程,初始矿化期为 5～10 天,是新鲜的基质矿化阶段,表现为骨矿化盐晶体在有机质特定部位聚集,类骨质的矿物化程度可达 70%。剩下的 25%则在矿化成熟期内完成,表现为晶体数量进一步增加,晶体体积发生变化,矿化基质进一步成熟。矿化成熟期时间长短不定,一般需要 3～6 个月时间来完成。

(5)静止(rest,R):成骨细胞在新形成的骨表面成为骨衬细胞。上述阶段的改建过程后,即进入休止期(静止期)。正常骨组织中,80%以上的松质骨表面和 95%的密质骨表面是处于静止状态的。当新骨发生老化后,再次进入骨的重建周期。

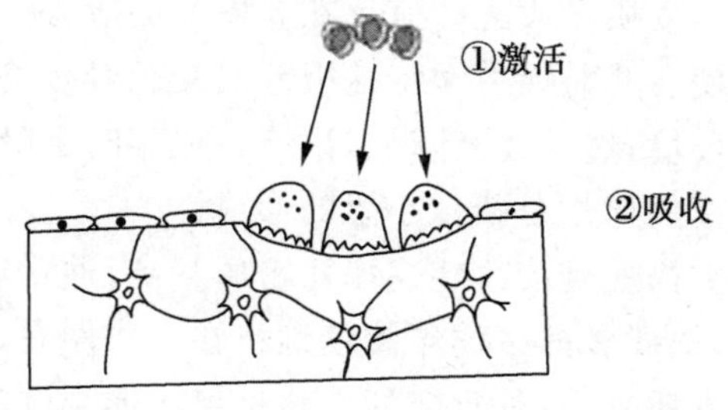

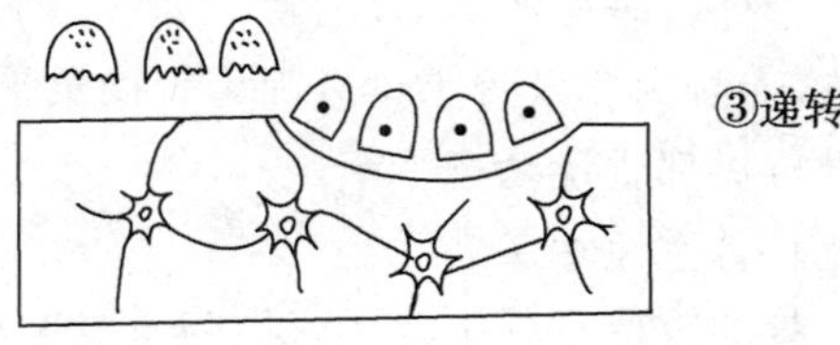

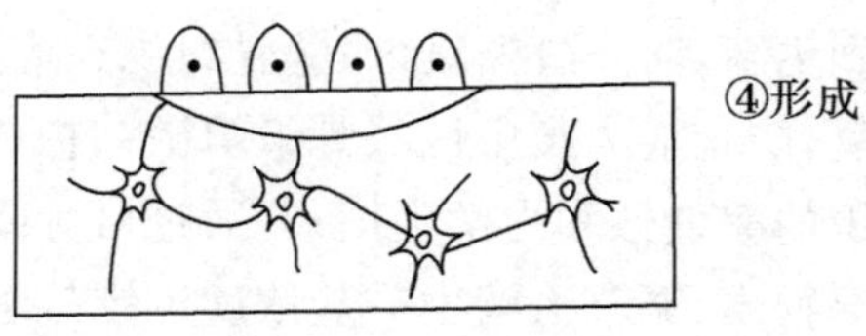

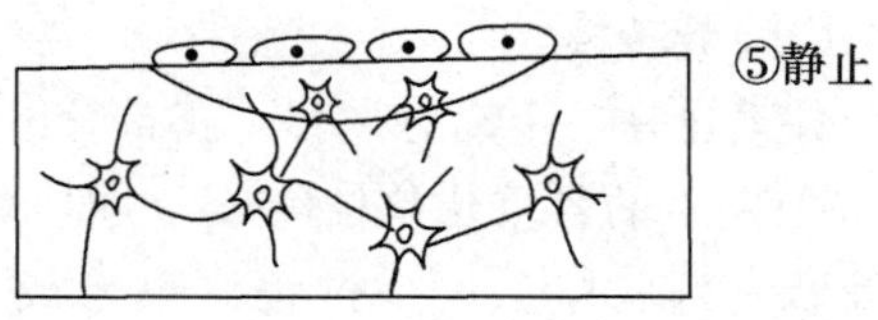

图 1-4 骨重建过程模式图

骨重建过程如图 1-4 所示。

2.骨重建方式

在每个骨重建单位中,骨吸收量与破骨细胞的数量和活性有关,骨形成量则与成骨细胞的数量和活性有关。其骨量平衡的结果有 3 种:一是成骨细胞填满破骨细胞留下的凹陷空间,成骨量等于吸收骨量,为重建平衡,表现为骨量零平衡;二是成骨细胞仅部分填充凹陷空间,成骨量小于破骨量,表现为骨量负平衡;

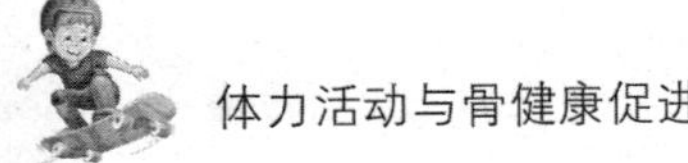

三是成骨细胞过量填充凹陷空间，成骨量多于吸收骨量，为重建正平衡，表现为骨量正平衡。

在骨重建中常见的有两种方式：成骨量与破骨量相当，不引起“净”骨丢失的骨保存方式；成骨量少于破骨量，导致永久性骨丢失的骨废用方式。

3.皮质骨和密质骨重建的区别

皮质骨改建的速率在3岁前的股骨干中每年可高达50%，其生理意义在于能使婴儿时期力学特性极差的交织骨被力学特性很强的板层骨取代，以适应外力环境；然后逐渐降低，最终在成年时下降到每年2%～5%。在松质骨表面，骨重建的产物是新骨小梁的形成。

松质骨的改建速率比密质骨高，通常在成年时可比皮质骨高5～10倍。所以，松质骨的平均年龄仅维持在4年左右，而皮质骨的平均年龄长达20年左右。在皮质骨中，骨重建的产物是新哈弗系统的形成。

骨外膜表面的BRU骨吸收量少于骨形成，哈弗氏管表面的吸收、形成大致相等，而骨内膜及骨小梁表面为轻微负平衡。整个吸收与形成的骨量大致相当，以维持局部骨量动态平衡。

4.骨重建意义

骨的重建过程维持了骨质与骨量的动态平衡，使骨骼的物理、化学性能得以保存和维持。骨的重建具有5方面的功能：①使骨量保持相对恒定；②使陈旧骨得到更新，防止骨骼衰老；③骨组织在应力负荷作用下发生的疲劳和微损伤得到修复，防止应力集中区域骨组织微结构的损害；④维持骨的形态和结构，保持骨组织的完整性和力学强度；⑤通过对骨组织的吸收和重建向血清中释放和吸收钙等物质，调节血清中矿盐浓度以维持组成成分的稳定性以及体内环境的稳定。第一项是保存骨量的功能，后3项是骨重塑、维持骨质量稳定的重要功能。

(三)骨转换

骨重建是一个动态过程。正常骨组织约有3500万个骨单位，在任何时间都有15%左右的骨重建单位(BRU)，即500万个BRU处于骨重建过程的骨吸收或骨形成阶段中。这一过程结束形成一个新的骨单位(bone modeling unit，BMU)，意味着一部分骨质得到更新，也叫“骨转换”(bone turnover)。骨转换即骨的新陈代谢，包括破骨细胞完成的旧骨吸收和成骨细胞完成的新骨形成。单位时间内表面上新出现的BMU数称为“激活率”，激活率越高骨转换越快，称为“高转换”。骨转换量的表达形式是骨转换率，即骨重建的速率，指单位时间内总骨量被新骨取代的百分率(%/年)。在正常激活频率下，整个转换周期约需600天，其中重建期120天，占20%，静止期480天，占80%。

发生在骨重建过程中的骨丢失就是重建负平衡和高转换的结果。BRU的激活率升高意味体内的BRU数量增加，出现高转换状态。在一个重建过程中，破骨细胞吸收的骨量是被成骨细胞形成的新骨所抵偿的。然而，由于吸收期短（1个月左右），形成期长（3～6个月），二者之间的时间差使每个重建单位出现暂时骨丢失，并且BRU的骨吸收不能完全为相同量的骨形成所代偿。在BRU负平衡状态下，其数量越多，骨丢失越快。因此，高转换会加速暂时骨丢失。

如果在骨小梁或骨内膜表面的某一部位连续出现负平衡的BRU时，该处的骨小梁可变薄或断裂，皮质骨变薄，出现骨萎缩或骨质疏松。目前多数认为，失重或废用状况和成年后的年龄相关性骨丢失（age related bone loss）与重建负平衡有关。这种BRU负平衡状态现象在骨小梁内表面尤为明显。这是因为骨重建空间在松质骨中可高达总体积的20%，参与骨重建的骨小梁表面为皮质骨的5～30倍。因此，导致成年后的年龄相关性骨丢失开始发生在松质骨。

骨形成和骨吸收的平衡决定着骨量和骨强度。儿童、青少年阶段骨建造和骨重建二者的骨合成与骨吸收处于高代谢水平，但骨合成大于骨吸收，因此骨量增多。成年后骨重建并不停止，骨合成与骨吸收趋于平衡。老年阶段骨吸收加快，强于骨合成，导致骨量逐渐降低，当降低到一定程度时，即为骨质疏松。

四、机械转导

关于骨骼对身体活动反应的观察有着悠久的历史，可以追溯到公元1638年的伽利略（Galileo）。自19世纪以来，这些观察都是根据沃尔夫定律（Wolff's Law）观察到的，该定律是以德国解剖学家、外科医生朱利叶斯·沃尔夫（Julius Wolff）的名字命名。沃尔夫描述了骨骼的形态和它的功能之间的关系，认为骨的形成与机械应力有关。虽然沃尔夫定律的基本宗旨存在不准确之处，但是骨适应机械载荷的基本理论是无可争辩的。尤其是有一项研究发现，参与单侧超负荷的体力活动患者的骨骼健康已经证实了存在极限的机械负荷的极端成骨潜能，职业棒球运动员的投掷手臂中肱骨骨干的强度与他们的对侧非投掷手臂相比几乎翻了一番。

近年来，弗罗斯特（Frost）等人提出，这种反应是由一种“力学调控”控制的。它通过调整骨骼结构，努力将骨骼张力保持在最佳水平。最近，特纳（Turner）提出，骨细胞对环境的变化有强烈的反应，但最终适应了稳定状态的信号。我们用“力学调控”这个词来指代根据一定阈值进行骨骼调节的概念，而“力学调控”这个词也用来描述允许这种情况发生的生理过程。以下内容解释了骨细胞如何感知机械负荷，以及它们对负荷的反应。

（一）机械转导的结构基础

细胞之间相互交流的方式是缝隙连接通道，指的是相邻的两个细胞相互沟

通胞浆的跨膜通道，分子质量少于 1 kD 的分子能自由通过。缝隙连接通道是由一个叫作“连接蛋白”(connexin)的家族成员形成的。在骨细胞中，连接蛋白 43 (connexin 43)是主要的连接蛋白。骨的大多数应力传导被认为是由缝隙连接介导的，连接蛋白 43 在骨细胞对应力反应中起着重要的作用，同时也参与小分子和外部环境的交换。骨细胞和骨衬细胞在整个骨中形成一个巨大的三维交流网络，这对机械转导至关重要。这些结构通常被称为“骨-骨衬细胞复合体”。骨-骨衬细胞复合体检测到骨所受的机械负荷(以某种方式弯曲或变形)，并向细胞发出信号，在适当的位置消除或添加骨。骨骼调整其结构以适应强加的需求的过程是机械转导。机械转导不涉及任何神经通路。

(二)机械转导的过程

完整的机械转导需要 4 个步骤：①机械偶联；②生化偶联；③生化信号的传递；④效应细胞的反应(见图 1-5)。通过这 4 个步骤将作用在骨骼上的应力信号转导为生物化学信号，并影响细胞的功能，最终导致骨骼组织出现相应的结构变化以适应应力环境的需要。

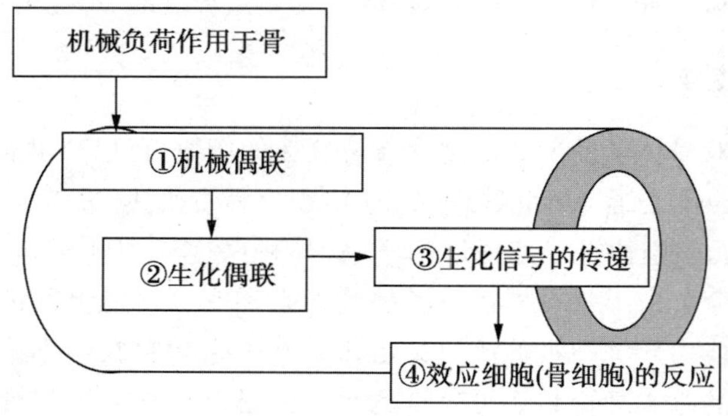

图 1-5　机械转导 4 个步骤示意图

1. 机械偶联

“机械偶联”是一个技术术语，用来描述机械负荷向细胞发出信号的过程。在骨中，它指的是局部机械力(如长骨上的弯曲力)经物理转导转变为可以被细胞检测的一种信号。骨的变形会引起在骨小管和间隙之间形成压力梯度，从而导致组织中液体的流动。这种液体可能流过骨细胞的细胞膜，在细胞膜产生流体剪切应力。

过度变形产生的流体剪切应力将激活细胞反应(稍后描述)。由于这些组织具有黏弹性，一旦应变大小和应变速率达到一定的阈值，就会发生机械诱导的骨形成。骨细胞也通过小管运输的流质获得营养。机械负荷减小或终止，骨的变形减小，因此流质通过骨组织的流动减少。这也可以激活一些细胞效应，但是通过不同的机制激活而不是通过增加的机械负荷。

正如反复弯曲一个顽固的指甲会破坏它一样，过度变形的骨头也会对细胞反应过程和细胞膜造成疲劳损伤。疲劳微裂纹产生的信号经骨重建通过程序化的骨细胞死亡（凋亡）机制激活自身的修复。

骨细胞和骨衬细胞可以检测到机械负荷，但是确切的信号构成还不清楚，最有可能是生长因子或细胞因子家族。

2. 生化偶联

骨细胞通过与整合蛋白（一种跨越细胞膜的糖蛋白）结合，附着在胶原基质上。这些整合蛋白也附着在细胞骨架上，细胞骨架将细胞外基质与细胞质和细胞核连接起来。细胞骨架维持细胞外基质的张力。因此，当流质流经一个细胞时，通过整合蛋白对细胞内的肌动蛋白细胞骨架和细胞核施加作用力，从而改变基因表达的反应。

当成骨细胞受到流体剪切应力时，细胞内钙离子（Ca^{2+}）被释放，并重组肌动蛋白细胞骨架。从内质网引发钙释放的机制包括蛋白磷脂酶 C(PLC)。研究发现，当使用抗生素时，PLC 的抑制作用完全抑制了成骨细胞内液体流动引起的细胞骨架重组。

理论模型和实验研究表明，骨液的流动是靠血管外压力施加于骨细胞实现的，对骨加压导致骨液通过骨细胞周围的骨小管流动，从而诱导细胞膜的剪切应力和变形。还有人提出了机械信息被初级纤毛（primary cilium）传递。初级纤毛是每一个细胞上都能发现的鞭毛状结构，骨细胞可以利用各种组合的方式来感应机械应力。

3. 生化信号的传递

当骨因运动而发生形变时，成骨细胞有两种刺激方式。第一种为活跃的成骨细胞和骨衬细胞可以通过成骨细胞基因表达的改变和骨衬细胞向成骨细胞的逆转直接对机械应力做出反应。如果这是刺激成骨细胞的唯一方法，骨头的反应会很慢；活跃的成骨细胞仅占成人骨表面的 5%。

成骨细胞对机械载荷做出反应的第二种途径涉及生化媒介化合物，被称为“第二信使”。这些物质是由与活动相关的骨骼变形和刺激成骨细胞活动产生的。

成骨细胞可以通过生化媒介化合物传递机械信息，但有证据表明它们也可以直接与骨细胞进行通信。骨细胞可以产生代谢生长因子，这些因子被运送到骨表面并吸收骨祖细胞（骨前体细胞）。

前列腺素，特别是环氧化酶（COX-2）在机械转导中起着至关重要的作用。

当大鼠在给椎骨施加压力之前，前列腺素通路被药理学阻断后，发现施加压力并未发生骨形成；对照组动物在没有药物干预的情况下，可以对新骨形成的负荷做出反应。这说明COX-2酶和它所产生的前列腺素对于机械转导至关重要。

4.效应细胞的反应

机械转导的最后一步需要一个效应器——可以产生新骨或重新排列的骨的一个组分。一些人认为这个效应器是成骨细胞和破骨细胞。另一些人提出，对骨强度变化反应的效应器实际上是骨建造和骨重建系统，它们提供了独立细胞单元无法实现的有组织的、位点特异性的形成和再吸收。

让我们首先回顾一下关于单细胞效应器的知识。在将机械负荷施加到骨(模拟物理活动)后，骨细胞和骨衬细胞释放出环前列腺素，紧接着5分钟后，糖-6-磷酸脱氢酶(G6PD)增加，6～24小时后，骨细胞中核糖核酸(RNA)合成和胰岛素样生长因子-1(IGF-1)信息增加。在负荷加载后的3～5天，骨表面的胶原蛋白和矿物质含量增加。第5～12天，由于骨形成表面的增加，骨形成率大大增加。因此，机械负荷激活了骨祖细胞分化和合成类骨质，这个过程大约需要4天。

(三)机械转导的作用

人类生长发育处于不断变化的过程中，身高、体重、身体比例、身体成分及体型等都在不断改变。这些躯体水平改变引起生物力学条件的改变，并伴随着体力具活动模式的改变，为生长中的骨骼提供了连续变化的机械应力环境。

骨骼机械适应(skeleton mechanoadaptation)从胎儿期就已开始，在那时肌肉产生的力量影响骨骼形状和强度的发育，并在出生后继续。机械应力是机体出生后维持骨发育和骨强度的必需条件。出生后和成体骨组织过适应性重塑(adaptive remodeling)能不断地适应机械应力，在这个过程中，随着应力增加出现新骨形成，随着应力的清除或不用应力出现骨丢失。

然而，青春期前和包括青春期在内的几年似乎是利用骨骼机械适应能力的最佳时机。在此期间进行体力活动，肌肉收缩产生的机械刺激是促进合成的(即促进骨形成和骨量累积)。在青春期，这种“把更多的钱存入银行”的潜力，可以抵消在成人后渐进的骨丢失和随后增加的风险(骨质疏松、骨折)。与此相反，随着年龄的增长，骨骼的机械敏感性逐渐下降，使得在青春期以后更难诱导适应。因此，在老年期进行体力活动，肌肉收缩产生的机械刺激对骨骼更多的是抗分解作用(即减少骨吸收以维持质量)。

有研究根据负荷大小、频率及运动间隔休息恢复时间，来评估运动对骨骼生成的潜能。从临床实用性总体分析而言，增加骨骼强度有特殊负荷要求，这使得目前为心血管健康或体重控制等设计的一般运动处方，对骨骼健康益处不明显。

骨骼对负荷的适应反应：根据实验研究，机械活动决定了出生后40%以上的骨强度。人体骨骼通过启动或抑制塑形及重塑机制，对机械刺激产生反应，以维持峰值应力在安全生理范围。这种骨强度的反馈调节被称为“力学调控系统”，其依赖于负荷特性。动物实验结果表明，在给予动态负荷时，骨骼合成速度增加。高强度、高频率以及不寻常应力刺激模式是促进骨骼生成的有效方式。随着应力幅值和频率的增加，所需骨骼生成刺激的机械负荷下降。在几个负荷刺激循环后，骨细胞机械感受敏感度变得饱和，但是在休息后又得到恢复。因此，将负荷刺激分隔成短时间、阶段性的，并安排适当休息时间可以优化骨骼对负荷的反应。

五、骨的发生和生长发育

骨起源于中胚层，通过骨生成方式形成骨组织，进而不断地生长和代谢，逐渐发育成熟。

(一)骨的发生

骨的发生开始于胚胎早期，大约在第8周，起源于中胚层的间充质细胞。骨发生的第一个显著标志是形成间充质细胞相互聚集，即由间充质祖细胞聚集在未来骨骼的发生部位形成骨骼元素，再经骨的形成进一步形成骨。

骨生成的方式有两种，一种是间接成骨，间充质细胞先形成透明软骨雏形，继而软骨不断生长并逐渐骨化成骨。这种人体大多数骨的生成方式，称为“软骨内成骨”(endochondral ossification)。另有少数骨是间充质细胞直接骨化形成的，这种直接成骨的方式称为“膜内成骨”(intramembranous ossification)。

1. 膜内成骨

膜内成骨是在骨膜原始的结缔组织直接形成骨。人体内只有少数骨骼以此种方式成骨，主要发生在一些扁平骨，如顶骨、额骨、枕骨、颞骨以及上颌骨、下颌骨和锁骨的一部分等。膜内成骨的形成过程开始于胚胎期的第8周。

胚胎时期，在将要形成骨的部位，间充质细胞增殖并聚集，凝缩成一个结实的原始结缔组织膜。膜内的间充质细胞最终分化衍变为成骨细胞，产生针状的骨样组织(骨胶原纤维和基质)，基质中逐渐沉积钙，不断钙化，形成骨中心。间充质细胞在膜内的一个或几个区域中衍变成骨细胞，随着骨化中心的扩大，这些针状骨质(骨小梁)逐渐增粗变厚，并相互衔接向四周伸展，形成海绵状骨，即松质骨。直至胎儿出生时，在结缔组织膜以外的间充质集合成为骨膜，骨膜下的成骨细胞同样分泌骨样组织，经钙化后形成骨小梁。这些骨小梁逐渐形成密质骨，即骨板。同时，破骨细胞将已形成的骨质破坏吸收，成骨细胞再将其不断地改造和重建，此过程反复进行，最终达到成体骨的形态。松质骨(海绵状骨)和骨板构

成扁骨。人体头颅、颜面骨都是经膜内化骨而形成的。从组织胚胎发生来说，膜内化骨的过程比软骨内化骨简单。因此，膜内化骨在临床上形成病变的可能性远较软骨内化骨小，且也不那样复杂。

2.软骨内成骨

软骨内成骨又称"软骨内化骨"或"软骨内骨化"，是指在预先形成的软骨雏形的基础上，使软骨逐步被替换为骨，是最常见的一种骨发生形式。除颅顶骨和面颅骨是由胚胎时期结缔组织膜直接形成的以外，其余大部分骨是由软骨骨化而来的。

此种成骨形式极复杂。以长骨为例，胚胎第8周时，胎儿时中胚层演变而来的间充质细胞，先凝缩成一块软骨，形成软骨性骨雏形；继之在软骨中部出现钙盐沉着而转变为骨组织，称"骨领"，骨领处的软骨膜即成为骨膜。骨领生成的同时，有血管侵入软骨体，间充质也随之而入，形成红骨髓。红骨髓内的间充质细胞分化为成骨细胞，开始造骨。这个骨化的起点，称为"初级骨化中心"，中心被破骨细胞破坏形成骨髓腔。从软骨干中部逐渐向两端进行骨化，出生后，软骨的两端又出现新的骨化点，称"次级骨化中心"，可骨化形成骺的骨质。骨膜、初级骨化中心和次级骨化中心不断造骨，分别形成骨干与骺，二者之间有骺软骨。此后，外周的骨膜不断造骨，使骨干不断加粗。骨髓腔内也不断地造骨、破骨与重建，使骨髓腔不断地扩大。同时，骺软骨也不断增长和骨化，使骨不断加长。成年后，骺软骨全部骨化，干骺融为一体，原来骺软骨部分形成一条骺线，骨的长径停止；在骨不断变化的同时，骨膜内成骨细胞不断新生骨组织，使骨不断增粗。随着骨的变长和增粗，骨干内壁的骨组织不断被破坏和吸收，形成了骨髓腔。

（二）骨的生长和发育

像其他组织一样，骨也是活的组织，不断地生长和代谢。正常骨组织的生长发育包括原有骨组织的部分吸收和新骨沉积，由破骨细胞在原有骨组织的某些部位进行侵蚀溶解，从而根据功能需要对骨形态和结构微塑形和改构，由成骨细胞产生类骨质(osteoid)，类骨质钙化后形成骨质。二者同时进行，相互协作，这样骨在生长过程中得以保持其原有特定的形态，以满足个体生长与发育的需要。青少年时期，成骨作用大于破骨作用，骨骼才能因此生长发育；成人阶段，成骨和破骨作用保持动态平衡；老年阶段，破骨作用大于成骨作用，骨的吸收超过了形成。

骨在生长发育过程中，不断变长和增粗。骨的纵向生长在干骺端增加的松质骨，使骨的总长度增加，而骨的横向生长则使骨的横径增加。随着骨的变长和增粗，骨的形状需要经过不断改建，才能适应身体的需要。最初形成的原始骨小梁，纤维排列紊乱，含骨细胞较多，支持性能较差。经过不断改建，骨小梁依照张

力和应力线排列，具有整齐的骨板，骨单位也增多，以适应机体的运动和负重。著名的沃尔夫定律说明了骨的动力性质：骨的形成和改建按照应力而改变。

骨在生长的过程中，不同类型的骨有所不同。扁骨如颅骨的生长主要是靠位于骨缝之间和骨外表面的骨外膜产生骨组织，同时其内面发生骨吸收，由于骨组织可塑性强，颅骨可随脑的生长而增大。长骨的生长过程较复杂，骨骺内软骨的放射性生长使其体积不断增大，继而发生软骨内成骨，故骨骺松质骨部分得以增大。由于骨骺生长速度快于骨干，故骨干两端膨大成漏斗形，是为干骺端。骨干长度增加主要是骺板成骨活动的结果，而骨干增粗则是骨领外面的骨外膜形成新骨的结果；同时其内表面发生骨吸收，使骨髓腔直径不断增大。骺软骨停止生长后，通过骨化而为骨组织所替代，连接骨与骨干，骨组织密度较高，成年后表现为骺线。骨骺闭合一般在 17～20 岁，但可因人而异。

儿童和青少年时期是骨骼快速生长发育阶段，典型特征是纵向生长；从幼儿到青春期后期，骨组织不断进行骨形成和骨吸收，完成骨塑造和骨再造，且以骨形成为主。儿童青少年时期的快速发育，能够使机体获得 90％的成人骨量；同时，骨骼发育也涉及骨骼大小、几何形状及特性的改变，这些指标也决定了骨强度，这些改变虽然规律相似但具有不完全相同的模式。此外，在骨骼不同区域及组织结构部位，骨代谢、骨矿化的速度和量也并不相同，这使骨骼发育更加复杂。

儿童和青少年时期中轴骨和四肢骨的发育进程并不相同。在青春前期，四肢骨生长和矿化比脊柱要快；在青春期的早中期，脊柱生长加速；在青春期的晚期，脊柱和四肢骨生长都减缓。这些观察结果具有临床意义，如儿童和青少年不同的慢性疾病发病时间，对骨的生长和矿化可能会表现出不同的效应。

骨量变化与年龄增长是有一定规律的。在生命的不同时期，人体骨量有着不同的差异。从出生至 20 岁，随着年龄的增长骨量持续增加，男性骨量增加的速率大于女性；在 20～30 岁，骨量仍在缓慢增加，男性与女性骨量的差距逐渐加大；在 30 岁左右，骨量形成达到高峰，此期持续 5～10 年；随后，随着年龄的增加，骨量逐渐丢失。

在儿童期和青春期早期，骨骼的快速纵向生长优先于骨量的快速积累。国外有数据显示，女孩在 7 岁时已达到其成年后身高的 80％，但仅获得 40％的峰值骨量；男孩在 7 岁时已获得其成年后身高的 70％，但仅获得其成年后 35％的峰值骨量。因为矿物质沉积高峰速率的出现时间要落后于身高增长高峰速率 8 个月，因此在围青春期骨骼矿化程度相对较低，导致骨折发生率增加。

在儿童青少年时期，骨骼的大小和骨量均快速增加，且骨量的变化与骨骼生长的程度有关。研究表明，在 6～16 岁，女孩和男孩整个身体快速长高，同时全身骨矿物质含量分别增加了 2.5 和 3 倍，脊柱骨密度几乎加倍。由此表明，骨矿物质含量和骨密度增加很大程度上是由于骨骼大小的增加。但体积骨密度(vBMD)的增加非常有限。有研究发现，QCT 测得的 vBMD 在青少年时期有所增加，但是仅限于中轴骨，且主要表现为骨小梁 vBMD 增加，这主要归因于骨小梁厚度的增加，而长骨骨皮质 vBMD 在整个儿童和青少年时期并没有改变。男孩和女孩皮质和骨小梁 vBMD 增加程度相同。

骨骼生长的程度和青春期启动时间存在性别差异，女孩青春期发动要早于男孩，但男性最终身高一般比女性高，大约高 13 cm。

在骨的生长过程中，基因因素和循环系统的全身调节因素是决定骨骼形态和结构的根本因素，而局部的调节因子和外力作用则是决定局部骨量分布的重要因素。当机体内外环境发生变化时，骨的形态、结构也可引起一定改变。例如，经常进行体力活动和体育锻炼能使骨变得粗壮；长期卧床和瘫痪的患者，骨质变得疏松；不正确的坐立姿势可以引起脊柱和胸廓的畸形。

(三)骨的衰老

骨与骨关节疾病，现已成为老年人的一种多发病、常见病。有报道 65 岁以上老年人每增加 5 岁，骨折的危险即增加 1 倍。根据华西医科大学 1989 年的调查，骨质疏松症的发病率女性 60 岁后为 39.41%，患有退行性骨关节症且大于等于 65 岁的老年人，高达 63%～85%。

老年人骨与关节疾病发病率显著增高的主要原因是骨骼与骨关节系统自身的老化与退变，导致了解剖上的一系列变化及生理功能的明显衰退。了解老年骨骼系统的这些变化，有助于人们对于老年骨与骨关节疾病的认识，并对疾病做出正确的诊断与治疗。

1. 骨量下降

骨的生长发育完成后，仍继续不断地进行骨的新生和吸收。人的一生中，从总的骨量来看，30 岁前男女均呈上升趋势，30～45 岁保持恒定，45 岁后呈下降趋势。

骨量下降与以下因素有关：

(1)年龄因素：骨量随年龄增加而降低。

(2)营养因素：饮食中缺乏蛋白质、维生素 C、钙。

(3)内分泌因素：①与性腺激素和肾上腺皮质激素的关系：性腺激素促进骨的合成，肾上腺激素对抗骨的合成，二者处于动态平衡。男性 60 岁后，睾酮明显减少，女性在绝经后雌二醇明显减少，然而，肾上腺皮质激素相对下降较少，二者动态平衡遭到破坏，骨吸收加快。老年人骨质疏松的轻重程度受性激素的影响，男女患病比例约为 1∶4，女性绝经 5～9 年后出现骨质疏松。②与甲状旁腺激素和降钙素的关系：甲状旁腺激素血中水平随增龄而增加，因此，骨的吸收增加，

血钙随之增加。血中钙来自骨，故骨中矿盐量减少，从而导致骨质疏松发生。血中降钙素可使血钙降低，骨的矿盐增加，女性在绝经期后降钙素的分泌降低比男性多，因此更容易发生骨质疏松症。③孕激素、前列腺素可促进骨的形成。

(4)运动：老年人体力活动较少或存在限制性体力活动的现象，如石膏固定、关节强硬等，引起老年机体体力活动不足，易引发骨量下降。

(5)疾病：内分泌疾病、慢性疾病。

(6)接触阳光少：老年人体弱，少户外活动。

(7)长期服用某些药物如糖皮质激素、肝素等。

2. 骨微结构明显改变

骨老化的特征是骨质吸收超过骨质形成。表现为骨密质萎缩，皮质变薄，骨小梁稀疏，髓质增宽，骨密度减低，胶质减少或消失，骨内水分增多，碳酸钙减少，重量减轻，进一步发展即出现骨质疏松。由于骨质中有机物消耗、矿物质增多、疏松，而导致骨的脆性增加，轻微外伤即可引起骨折。

3. 骨修复与再生能力的减退

随着年龄的增加，骨细胞与其他组织细胞同时老化，新陈代谢缓慢，造成老年人骨的修复与再生能力逐渐减退。新生儿股骨干骨折半个月左右即可坚固愈合，而中青年人常需 2～3 个月之久，老年人则需要更长时间，而且骨折不愈合的比例明显增加。

4. 骨的成分改变

幼儿骨有机质含量多，有机质与无机质比例为 1∶1，骨韧性大而硬度小，不易发生骨折，但容易变形；老年人的骨有机质含量少，无机质含量相对较多，比例为 1∶4，骨脆性大，容易发生骨折。

5. 骨骼容易发生变形和骨折

伴随着总的骨量减少，骨骼的持重能力明显减退，甚至不能承受正常的生理负荷，骨骼容易发生变形和骨折。老年人最常见的骨折部位是腰椎、股骨颈及桡骨下端。特别是股骨上端骨折，是老年人所有骨折中最为重要的骨折，尤其股骨颈骨折可以说是老年人的灾难，女性发病率 3 倍于男性。据统计，该病 70 岁以上死亡率明显上升，90 岁以上死亡率高达 50%以上。

6. 骨髓的改变

5 岁后，长骨骨干内的红骨髓被脂肪组织代替，失去造血功能，表现为脂肪髓增加。但在慢性失血过多或重度贫血时，黄骨髓可以转化为红骨髓，恢复造血功能。髂骨、胸骨和椎骨的红骨髓终生保存，可做骨髓穿刺。

本章小结

骨是维持人体生命及全身各种运动的重要组织器官，主要由有机成分和无机成分构成。前者主要由胶原蛋白、骨细胞以及少量的生物学上重要的非胶原蛋白组成，后者是由钙和磷酸盐形成的结晶羟基磷灰石组成。骨可分为质地坚硬致密的皮质骨和疏松多孔的松质骨。这两种类型的骨结构分别具有不同的功能，质地坚硬的皮质骨主要起到支持和保护作用；松质骨疏松多孔，代谢活动更为活跃。

成骨细胞、骨细胞和破骨细胞这 3 种类型的骨细胞在维持骨稳态方面发挥着不同的作用。成骨细胞是骨形成的主要功能细胞，负责骨基质的合成、分泌和矿化。骨细胞是一种成熟的骨细胞，能促进细胞间的交流，并能传递机械应力的信息。破骨细胞具有骨吸收功能，负责骨吸收。骨吸收和形成在骨建造和骨重建过程中紧密相连，共同维持人体正常的骨代谢平衡过程。

体力活动对骨产生影响有赖于机械转导的过程，通过力学偶联、生化偶联、生化信号的传递、骨细胞的反应这 4 个过程，将作用在骨骼上的应力信号转导为生物化学信号，并影响细胞的功能，最终引起骨组织出现相应的变化以适应应力环境的需要。

第二章　骨健康的影响因素

发育学上的骨健康是指骨的发育、形态以及功能的正常；生理学上的骨健康是指骨的营养、代谢以及骨量正常。从出生到死亡，人体骨的大小、质量和密度等都时刻发生着不同的变化。伴随着人体的生长，骨不断生长；伴随着人体的衰老，骨也不断衰退。在此过程中，由于各种因素导致的骨发育异常、发育受影响或过早的退化，都会对人们的生活质量造成极大的影响，其中最普遍的就是骨质疏松。

影响骨健康的因素主要有遗传因素和环境因素，遗传因素包括年龄、性别、种族、基因等不可控制因素，环境因素包括体力活动、营养因素、激素、体成分、生活方式、疾病和用药等可控制因素，如图 2-1 所示。骨健康主要取决于遗传因素，其所起的作用占 70％～80％，而环境因素所起的作用占 20％～30％。尽管环境因素所占的比例较小，但对促进骨健康、预防骨质疏松症的发生有重要作用。通过坚持规律的体力活动，尤其是负重性和冲击性的体力活动，饮食营养丰富，保持健康的生活方式等，可以促进骨矿沉积，延缓骨量流失，促进骨健康。

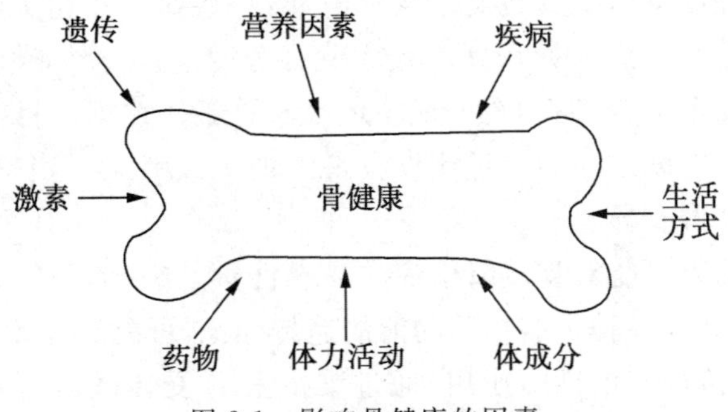

图 2-1　影响骨健康的因素

第一节　遗传因素

当患有骨质疏松症的女性(骨密度低于年龄正常均值2.5个标准差以上,见第三章)被首次诊断出来时,她们的最初反应可能是:“我是否可以通过运动或钙或药物来恢复我的骨健康状态?”不幸的是,几乎在所有情况下,这个问题的答案都是否定的。原因是年龄和遗传因素对骨矿物的影响最大;其他因素只能在相对较小的程度上改变它。但是现有的策略可以有助于维持骨骼矿物质,避免使其进一步流失。

一、基因

骨量相当大部分受基因的影响。基因是如何控制骨密度的目前还不清楚。从理论上讲,从遗传度估计和候选基因的评估来看,骨密度似乎是由一组基因控制的,而不是由一个基因位点,这被称为“多基因遗传”。可能起作用的候选基因包括维生素D受体基因、雌激素受体(ER)基因、载脂蛋白E4基因、白介素基因、甲状旁腺激素受体基因、胶原蛋白基因等。

维生素D受体基因又称“骨质疏松症基因”。1994年《自然》杂志封面的报道突出了维生素D受体基因与成人脊柱和髋部的骨密度的关系。这种维生素D受体基因型早期已被证实与骨钙素水平有关。在BsmI位点上的个体纯合子被指定为bb,而没有特定位点的纯合子被标记为BB。研究人员发现,bb个体具有更高的骨密度,而这一基因标记在遗传的峰值骨密度中所占的变异比例高达75%。虽然其他一些研究小组也报告发现了显著的相关性,但维生素D受体基因的遗传性程度立即受到质疑。从那时起,一些研究小组无法通过维生素D受体基因多态性解释成人骨密度的很大一部分变异。此外,莫里森(Morrison)和他的同事撤回了他们在《自然》杂志上发表的部分数据。目前对于维生素D受体基因型与骨密度之间的关系还没有最终的一致意见,但它最多可以解释骨密度中有几个种群变异。

由于许多基因可能对骨质疏松症的易感性贡献很小,研究人员已经开始扩大他们的目标,寻找各种骨骼相关功能的遗传标记,可能是导致骨质疏松症的因素。例如,在遗传控制中钙的作用(通过维生素D受体基因型),雌激素的作用(通过雌激素受体基因型),骨基质的作用(通过Ⅰ型胶原基因型),以及生长因子的作用,可能会被证明是等位基因变异。所有这些基因的小效应可累积到临床相关程度。基因-基因相互作用的发生也是很有可能的。

研究人员试图研究基因因素在人类特征中的作用。家族性研究表明,骨密

度受亲代骨量的影响较大，而且患有骨质疏松症的女性的脊髓和股骨骨密度与她们的母亲相似。在平均年龄为 31 岁的女性，在调整年龄、身高、体重和生活方式或环境因素等因素后，对 5 个骨密度变化的骨骼部位进行估计，发现遗传占 41%～61%。

一个更有力的家庭策略研究是双胞胎研究，因为同卵双胞胎拥有所有的基因，而异卵双胞胎平均只有一半的基因。对双胞胎的研究，无论是在成年人，还是在儿童和年轻人中，都表明单卵双胞胎的骨密度值比双卵双胞胎的骨密度值相差得少。这些研究表明，在骨密度上，特别是中轴骨上，有很强的遗传作用。然而，这些发现受制于"经典双胞胎模型"固有的某些假设。虽然双胞胎研究是强有力的工具，但它们也有一些局限性。研究结果可能略微高估了遗传力的影响，因为它们可能包含了一些无法调整的双成对中所谓的"共同环境"的度量。一个常见的假设是，双合子对和单合子对都具有同等的环境效应。然而，我们知道这种假设有时会被违背。因此，若考虑到人们所研究的人口的内在差异以及对环境、生活方式因素进行精确调整的难度，以及基因-环境相互作用，也就不足为奇了。

二、性别

在生长发育期早期，男孩和女孩的骨骼大小、质量或结构几乎没有明显差别。在青春期，男孩的纵向生长和骨量积累大于女孩，由此导致了更大、更长的骨骼和更高的骨密度。成年早期，男性的附属骨更宽(第二掌骨比女性宽 20%)，主要是因为男性的皮质较厚，径向和全身的区域骨密度也较高。值得注意的是，男性和女性间皮质骨的密度没有差别。然而，大脑皮层宽度的性别差异在一生中都很明显。

男性的椎骨横截面积也增加了 25%。随着年龄的增长，男性的骨膜移位得到了改善，导致骨宽度增加，从而获得了骨骼强度的优势。成年后，男性的全身骨矿物质含量为 3100～3500 g，而女性为 2300～2700 g，其中大部分可以用男性的整体体型来解释。男性青春期比女性晚，持续时间较女性长，这就导致成年男性与女性骨量的不同。

QCT 研究显示，年轻男性和女性之间的腰椎骨密度相似。研究人员还对年龄为 58～79 岁的男性和女性进行了面积和体积骨密度的比较。虽然男性在全身($p<0.001$)、股骨颈($p<0.01$)、腰椎($p<0.05$)的面积骨密度显著高于女性，但在估计的骨量(股骨颈或腰椎)上没有性别差异。

男性和女性在髋关节和腰椎骨密度峰值和随着年龄增长(绝经前)的下降率之间的相对差异很小。然而，男性也拥有其他生物力学优势，这也解释了他们骨

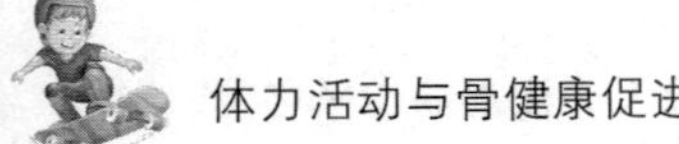

折率较低的原因。

女性和男性之间以及中轴骨和附属骨之间，骨丢失的方式也有所不同。首先，女性在一生中丢失的骨量要比男性多，这在很大程度上是由于女性在绝经期的某些骨骼位点发生快速骨丢失导致的。来自芬兰的一项研究显示，161 名男性和 324 名女性(年龄大于 75 岁)中，女性每年跟骨骨量减少 2.5%～2.7%，比男性减少的骨量(0.8%～1%)多。

女性的皮质骨也变得更加疏松，因为与男性相比，女性失去了更多的内皮骨，获得的骨膜骨也相对较少。纵向研究显示，男性在附属骨和中轴骨的骨量比之前下降得更快。然而，由于男性在成年时骨膜置换率较高，骨内膜骨吸收率较低，因此男性保留了骨骼优势(较低的髋部骨折发生率和椎体骨折患病率)。

在骨小梁部位，男性和女性之间骨质流失的比率也不同。然而，在女性中观察到的骨小梁损失是由于骨小梁的数量减少和剩余的骨小梁变薄，而男性则经历了普遍的骨小梁变薄。由于骨小梁骨丢失的性别差异，随着年龄的增长，男性的承重能力仍会得以维持。

三、年龄

人类骨骼的生长、发育和衰老是一个正常的生理过程。在生命的不同时期，人体骨量有着不同的差异。骨骼矿物质在儿童和青少年时期以不同的速度积累，在年轻的成年时期基本保持不变，然后随着年龄的增长而减少。

实际的骨丢失率因研究不同而表现各异，主要根据所测地点而定。有研究调查了 5689 名居住在社区的 65 岁以上的白人女性，结果显示，67～69 岁女性股骨近端骨丢失率为 2.5 mg/cm^2(95%置信区间:2.0～2.9)，85 岁以上女性为 10.4 mg/cm^2(95%置信区间:8.4～12.4)。

绝经后的骨丢失率似乎是每 10 年 10%，但是在 75 岁之后，下降到每 10 年 3%。在骨小梁处的丢失率比在皮质部位的股骨或桡骨部位的丢失率要高。

在对男性的大型横向调查中发现，桡骨每 10 年丢失率为 3.9%，腰椎为 1.6%，髋部为 3.3%。一般来说，男性的骨量每 10 年减少 5%～10%。在股骨近端，横向研究显示年龄与骨量呈负相关，但这种关系的斜率小于女性。

四、种族

越来越多的研究表明，种族因素对骨量有着重要影响，即不同人种之间骨量存在着差异。不同人种遗传因素不同，所处地域环境不同，饮食和生活习惯均不同，这些都可能是导致骨量存在差异的因素。目前，国际上普遍观点认为，不同

人种的骨密度存在差异，且黑种人＞白种人＞黄种人。这种种族差异有其儿童期根源，黑人青春期成熟较早及骨骼较大可能是部分原因。然而，在对骨大小、坦纳(Tanner)分期及年龄进行校正后，黑人骨矿物质含量仍然较大，黑人和白人在身体成分、骨骼更新及钙代谢有效性等方面也可能导致此差异。

也有人针对国内不同民族的骨密度进行研究。娜苏等对228个鄂尔多斯高原农牧区长期生活的蒙汉族居民骨密度进行了测量。研究发现，汉族骨矿物质含量、骨密度比蒙古族明显偏低，蒙古族则偏高。这可能是生活习惯以及饮食习惯导致了两者的差别。牧区蒙古族居民每天活动较多，接受日光照射时间较汉族人长，导致体内维生素D含量多于汉族人；蒙古族居民食肉和奶较汉族人多，导致体内的钙多于汉族人。但也有人对我国汉族和几个少数民族之间的骨密度进行研究后发现，汉族骨密度值与其他少数民族骨密度值之间没有显著差异。

第二节　营养因素

营养物质为骨代谢提供合成的原料。在整个生命过程中，营养因素始终对骨健康起着重要的作用。与骨健康密切的营养因素主要包括钙、维生素D、蛋白质以及其他营养物质，其中钙和维生素D是影响骨健康最重要的营养因素。

下面探讨营养因素在维持骨健康中的作用。

一、对骨健康有益的营养素

(一)钙

1.为什么需要补充钙

钙是一种生命所必需的矿物质。除了预防骨质疏松症，强健骨骼并保持健康外，钙还能使我们的血液凝结，肌肉收缩，心脏跳动。人体大约99%的钙都在骨骼和牙齿中。机体每天通过皮肤、指甲、头发、汗水、尿液和粪便等失去钙，但机体自己不能产生钙。因此，我们必须从饮食中获取足够的钙，以满足机体的需要。足量钙的摄入是骨健康的基本。而当我们机体得不到所需的钙时，钙就会从骨骼中流失。这种情况偶尔发生并无大碍，但如果发生得太频繁，则会导致骨质流失，引起骨量低下，使骨变得脆弱，更容易引发骨折。

2.每天需要多少钙

我们机体需要的钙量在生命的不同阶段会发生变化。当在骨骼快速增长的青少年时期时，钙的需求量很高；随着年龄的增长，步入老年期后，身体吸收钙的能力下降，此时，机体需要补充更高剂量的钙，以满足机体的需要。因此，机体需要的钙量和年龄有关。此外,我们每天需要的钙量还取决于性别。

基于此,不同国家建议的每日钙补充量也不同。以下为美国国家骨质疏松基金会(National Osteoporosis Foundation,NOF)、美国国家科学院医学研究所(Institute of Medicine,IOM)和中国营养学会推荐的机体每天所需的钙量(见表2-1～表2-3)。

表 2-1　美国国家骨质疏松基金会(NOF)推荐机体每天所需钙量

性别	年龄	每天所需钙量
女性	≤50 岁	1000 mg
	>50 岁	1200 mg
男性	≤70 岁	1000 mg
	>70 岁	1200 mg

注:以上包括食物和补剂获得的总钙量。

表 2-2　美国国家科学院医学研究所(IOM)推荐机体钙摄入量

年龄		钙摄入量(mg/d)
婴儿到青少年	0～6 个月	200
	6～12 个月	260
	1～3 岁	700
	4～8 岁	1000
	9～13 岁	1300
	14～18 岁	1300
女性	19～50 岁	1000
	绝经后女性(50 岁以上)	1200
	14～18 岁孕期或哺乳期	1300
	19～50 岁孕期或哺乳期	1000
男性	19～70 岁	1000
	70 岁以上	1200

表 2-3 中国营养学会推荐各年龄段机体钙参考摄入量

年龄段	钙参考摄入量(mg/d)	
0～6 月龄婴儿	200(AI)/1000(UL)	
7～12 月龄婴儿	250(AI)/1500(UL)	
	RNI	UL
1～3 岁幼儿	600	1500
4～6 岁学龄前儿童	800	2000
7～10 岁学龄儿童	1000	2000
11～13 岁青少年	1200	2000
14～17 岁青少年	1000	2000
18～49 岁成年居民	800	2000
50～64 岁成年居民	1000	2000
65～79 岁成年居民	1000	2000
80 岁及以上老年居民	1000	2000
18～49 岁孕早期女性	800	2000
18～49 岁孕中期女性	1000	2000
18～49 岁孕晚期女性	1000	2000
18～49 岁哺乳期女性	1000	2000

注:AI 表示适宜摄入量,UL 表示可耐受最高摄入量,RNI 表示推荐摄入量。

3.你吃了多少钙?

可以使用国际骨质疏松协会推荐的钙计算器来计算钙摄入量,如图 2-2 所示。计算器的内容如表 2-4 所示,计算结果示例如图 2-3 所示。

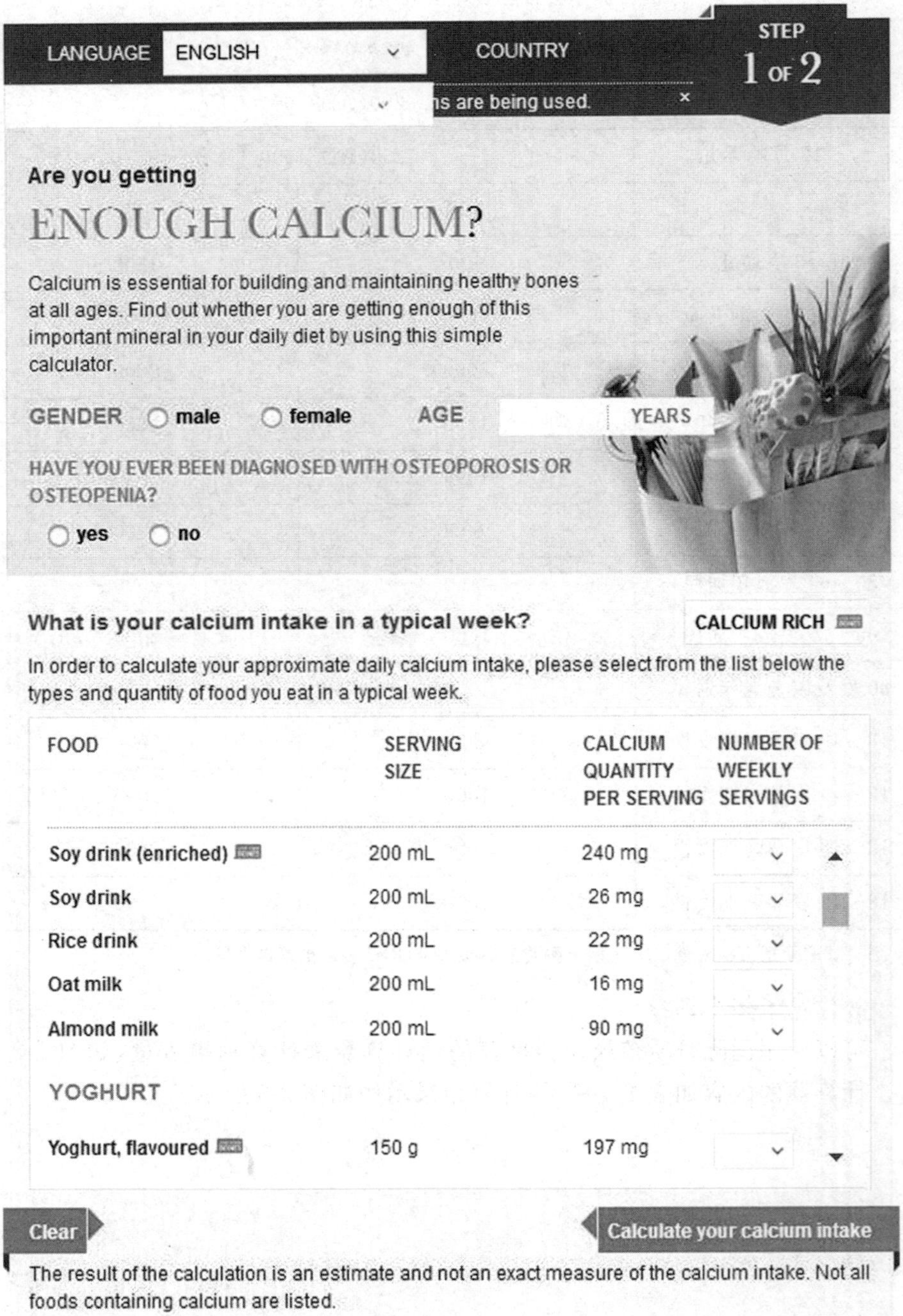

LANGUAGE ENGLISH COUNTRY

STEP 1 OF 2

ns are being used. ×

Are you getting

ENOUGH CALCIUM?

Calcium is essential for building and maintaining healthy bones at all ages. Find out whether you are getting enough of this important mineral in your daily diet by using this simple calculator.

GENDER ○ male ○ female AGE YEARS

HAVE YOU EVER BEEN DIAGNOSED WITH OSTEOPOROSIS OR OSTEOPENIA?

○ yes ○ no

What is your calcium intake in a typical week? CALCIUM RICH

In order to calculate your approximate daily calcium intake, please select from the list below the types and quantity of food you eat in a typical week.

FOOD	SERVING SIZE	CALCIUM QUANTITY PER SERVING	NUMBER OF WEEKLY SERVINGS
Soy drink (enriched)	200 mL	240 mg	
Soy drink	200 mL	26 mg	
Rice drink	200 mL	22 mg	
Oat milk	200 mL	16 mg	
Almond milk	200 mL	90 mg	
YOGHURT			
Yoghurt, flavoured	150 g	197 mg	

Clear Calculate your calcium intake

The result of the calculation is an estimate and not an exact measure of the calcium intake. Not all foods containing calcium are listed.

图 2-2 国际骨质疏松协会钙计算器的截图

表 2-4　　国际骨质疏松协会钙计算器的内容

补充剂		一份食物的量	每份食物钙的含量	每周摄入食物的份数
钙		500 mg	500 mg	
奶类	牛奶	200 mL	240 mg	
	奶昔	300 mL	360 mg	
	羊奶	200 mL	380 mg	
	可可奶	200 mL	54 mg	
	豆制饮品(浓缩)	200 mL	240 mg	
	豆制饮品	200 mL	26 mg	
	大米饮品	200 mL	22 mg	
	燕麦奶	200 mL	16 mg	
	杏仁乳	200 mL	90 mg	
酸奶类	调味酸奶	150 g	197 mg	
	含水果酸奶	150 g	169 mg	
	酸奶	150 g	207 mg	
奶酪类	硬奶酪	30 g	240 mg	
	软奶酪	60 g	240 mg	
	羊奶酪	60 g	270 mg	
	马苏里拉奶酪	60 g	242 mg	
	新鲜奶酪	200 g	138 mg	
	奶油奶酪	30 g	180 mg	
奶油、甜点类	奶油	30 mL	21 mg	
	牛奶、香草制成的奶油蛋羹	120 g	111 mg	
	香草冰激凌	100 g	124 mg	
	香草布丁	120 g	120 mg	
	大米布丁	200 g	210 mg	
	薄烤饼	80 g	62 mg	
	奶酪蛋糕	200 g	130 mg	
	华夫饼干	80 g	47 mg	

续表

补充剂		一份食物	每份食物钙的含量	每周摄入食物的份数
肉、鱼、蛋类	鸡蛋	50 g	27 mg	
	红肉	120 g	7 mg	
	鸡肉	120 g	17 mg	
	鱼(如鳕鱼、鳟鱼、鲱鱼、银鱼)	120 g	20 mg	
	金枪鱼(罐头)	120 g	34 mg	
	沙丁鱼(罐头)	60 g	240 mg	
	熏制鲑鱼	60 g	9 mg	
	虾	150 g	45 mg	
豆类	扁豆	80 g(生)/200 g(熟)	40 mg	
	鹰嘴豆	80 g(生)/200 g(熟)	99 mg	
	白豆	80 g(生)/200 g(熟)	132 mg	
	红豆	80 g(生)/200 g(熟)	93 mg	
淀粉类	意大利面(煮)	180 g	26 mg	
	大米(煮)	180 g	4 mg	
	土豆(煮)	240 g	14 mg	
	白面包	40 g	6 mg	
	全麦面包	40 g	12 mg	
	牛奶什锦早餐(谷物)	50 g	21 mg	
	印度烤饼	60 g	48 mg	
水果类	橙子	150 g	60 mg	
	苹果	120 g	6 mg	
	香蕉	150 g	12 mg	
	杏	120 g	19 mg	
	醋栗(干醋栗)	120 g	72 mg	
	无花果(干)	60 g	96 mg	
	葡萄干(干葡萄)	40 g	31 mg	

续表

补充剂		一份食物	每份食物钙的含量	每周摄入食物的份数
蔬菜类	生菜	50 g	19 mg	
	甘蓝、羽衣甘蓝	50 g	32 mg(生)	
	白菜、小白菜	50 g	20 mg(生)	
	西兰花	120 g	112 mg(生)	
	秋葵	120 g	77 mg(生)	
	水芹	120 g	188 mg(生)	
	大黄	120 g	103 mg(生)	
	胡萝卜	120 g	36 mg(生)	
	番茄	120 g	11 mg(生)	
坚果类	杏仁	30 g	75 mg	
	核桃	30 g	28 mg	
	榛子	30 g	56 mg	
	巴西核桃	30 g	53 mg	
	芝麻	15 g	22 mg	
加工食品类	乳蛋饼(奶酪、鸡蛋)	200 g	212 mg	
	奶酪煎蛋	120 g	235 mg	
	奶酪通心粉	330 g	445 mg	
	比萨	300 g	378 mg	
	意式千层饼	300 g	228 mg	
	芝士汉堡	200 g	183 mg	
其他	芝麻酱	30 g	42 mg	
	豆腐	120 g	126 mg	
	海藻	100 g	70 mg	
	裙带菜	100 g	150 mg	

LANGUAGE ENGLISH COUNTRY

STEP 2 OF 2

CHINA

Are you getting

ENOUGH CALCIUM?

YOUR ESTIMATED DAILY CALCIUM INTAKE IS **402 mg**

YOUR RECOMMENDED DAILY CALCIUM INTAKE IS **1000 mg**

What does this mean?

You many not be getting enough calcium. You may have gotten additional calcium through other foods not on the list. Many adults fall short of the calcium as well as the vitamin D that the body needs to absorb calcium. Both these nutrients are needed to help maintain healthy bones. To get more vitamin D, ensure frequent but safe exposure to the sun. To get more calcium, try these tips:

View calcium intake recommendations

Your week at a glance - amount of calcium in your diet

Find a recipe with your favourite ingredients. **Click on the foods you chose** (listed below) from your weekly diet to find related bone-healthy recipes.

FOOD	SERVING SIZE	CALCIUM QUANTITY PER SERVING	NUMBER OF WEEKLY SERVINGS	
Yoghurt natural	150 g	207 mg	x 7	**1449 mg**
Egg	50 g	27 mg	x 7	**189 mg**
Red meat	120 g	7 mg	x 5	**35 mg**
Chicken	120 g	17 mg	x 2	**34 mg**
Fish (e.g. Cod, Trout, Herring, Whitebait)	120 g	20 mg	x 3	**60 mg**
Red beans	80 g *raw*, 200 g *cooked*	93 mg	x 5	**465 mg**
Rice (boiled)	180 g	4 mg	x 14	**56 mg**
Apple	120 g	6 mg	x 4	**24 mg**

图 2-3　国际骨质疏松协会钙计算器计算结果示例的截图

4.钙的来源

(1)食物:食物是最好的钙来源。牛奶和乳制品,如酸奶和奶酪都富含钙,是最容易获得的钙的膳食来源,也是对骨健康很重要的蛋白质和其他微量营养素的良好来源。

其他钙来源包括:某些绿色蔬菜,如西兰花、羽衣甘蓝和白菜;一些水果,如橙子、杏和干无花果;含有可食用骨头的鱼类罐头(钙在骨头中),如沙丁鱼、金枪鱼和鲑鱼;坚果,尤其是巴西坚果和杏仁;豆腐以及其他食物含有少量的钙,如一些果汁、早餐食品、豆浆、谷物、零食、面包和瓶装水都添加了钙。这些食物为乳糖不耐症或纯素食者提供了合适的替代品。如果喝豆浆或其他富含钙的液体,一定要摇晃容器,因为钙会沉淀到底部。

在许多食物中添加钙的一个简单方法是加入一汤匙脱脂奶粉,其中含有大约 50 mg 的钙。在几乎任何食谱中加入几汤匙脱脂奶粉都很容易。

一般而言,含钙食物通常优于钙补充剂,因为有些数据已显示补充剂会增加患肾结石的风险。乳制品、豆类、深色叶类蔬菜、坚果和豆腐是钙的良好来源,也是钙强化食品。这些食物也往往是维生素 D 的良好来源。

此外,在日常生活中,要注意阅读食品标签,知道自己摄入了多少钙。

要确定某一特定食物中的钙含量,请查看营养成分表上的每日摄入量(DV)。食物标签上列出的钙含量是每日所需营养素的百分比。这个量是基于每天 1000 mg 的钙。例如,30%DV 的钙等于 300 mg 的钙;20%DV 的钙等于 200 mg 的钙;15%DV 的钙等于 150 mg 的钙。

(2)钙补充剂:补钙剂所需补充的钙量取决于你从食物中摄取了多少。尝试着计算从食物中获得了多少钙量,并根据实际需要补充以弥补任何不足。一般来说,如果你从食物中获得足够的钙,就不要再补充。摄入超过所需的钙并没有额外的好处,而且可能还会带来一些风险。

钙补充剂包括各种各样的剂型(例如可咀嚼的和液体的),不需要处方就可以得到,而且含量也有所不同。最好的补剂是满足便利性、成本和可用性的需求的补品。在选择补充剂时,还要注意食用的注意事项。

(二)维生素 D

维生素 D 是一种脂溶性维生素,可以促进肠道对钙和磷的吸收,确保骨组织的正确更新和矿化,对于骨骼的发育和骨量的维持有着至关重要的作用。低浓度的维生素 D,特别是 $1,25\text{-}(OH)_2D_3$ 在体内的数量减少和效能降低,以及钙吸收受损引起骨吸收过多,可能是导致老年人骨质疏松发生的重要原因。

维生素 D 是在皮肤暴露于紫外线 B 射线时合成的。在儿童和成人中,大多数人通常每天将手、脸和手臂暴露在阳光下 10～15 分钟就足够了。然而,通过

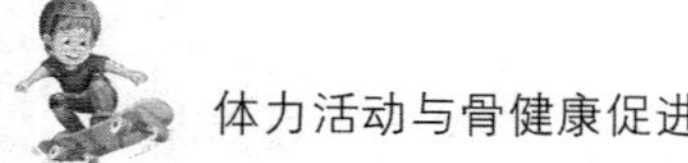

阳光产生多少维生素D取决于在一天中暴露的时间、生活的地方以及皮肤颜色。此外，在老年人中有许多不去户外的人，维生素D的合成就受到限制。因此，老年人更易发生骨质疏松，而适当补充维生素D则能够延缓骨质的丢失和降低骨折发生率。维生素D也可以从食物和补剂中获得，但食物来源相当有限，包括油性鱼类，如三文鱼、沙丁鱼和鲭鱼，鸡蛋，肝脏，以及一些强化食品，如人造黄油、乳制品和谷物。在皮肤中制造的维生素D的类型被称为“维生素D_3”（胆钙化醇），而通过饮食形式可以是维生素D_3或植物来源的密切相关的分子，称为“维生素D_2”（麦角钙化醇）。

饮食中适宜的钙和维生素D含量一直存在争议，摄入量的推荐值很大程度上取决于年龄，而女性则更多取决于更年期状态。在一项前瞻性随机试验中发现，服用钙和（或）维生素D的男性和绝经后女性，骨密度均得以改善；然而，这并不能理解为骨折风险降低。有荟萃（Meta）分析数据显示，单独补充维生素D并未引起骨密度的改善，由此强调了同时补充钙和维生素D的重要性。

钙和维生素D的膳食推荐量如表2-5所示。

表2-5　钙和维生素D的膳食推荐量

年龄（岁）	钙(mg/d)	维生素D(IU/d)
1～3	700	600
4～8	1000	600
9～18	1300	600
19～50	1000	600
51～70（男）	1000	600
51～70（女）	1200	600
＞70	1200	800
孕期或哺乳期女性（＜19）	1300	600
孕期或哺乳期女性（19～50）	1000	600

已有较多关于钙和维生素D不同剂量的研究。一般来说，根据均衡补充的有效性与肾结石潜在风险后的数据报道，推荐补充钙和维生素D的目标值是每天1000～1200 mg的元素钙和600～800国际单位的维生素D；并且，每天至少800国际单位的维生素D和1000～1200 mg的钙可以预防骨质疏松症。

中国营养学会推荐的各年龄段机体维生素D参考摄入量如表2-6所示。

表 2-6　　中国营养学会推荐各年龄段机体维生素 D 参考摄入量

年龄段	参考摄入量(μg/d)	
0～6 月龄婴儿	10(AI)/20(UL)	
7～12 月龄婴儿	10(AI)/20(UL)	
	RNI	UL
1～3 岁幼儿	10	20
4～6 岁学龄前儿童	10	30
7～10 岁学龄儿童	10	45
11～13 岁青少年	10	50
14～17 岁青少年	10	50
18～49 岁成年居民	10	50
50～64 岁成年居民	10	50
65～79 岁成年居民	15	50
80 岁及以上老年居民	15	50
18～49 岁孕早期女性	10	50
18～49 岁孕中期女性	10	50
18～49 岁孕晚期女性	10	50
18～49 岁哺乳期女性	10	50

注：AI 表示适宜摄入量，RNI 表示推荐摄入量，UL 表示可耐受最高摄入量。

相反，某些食物可能通过增加尿钙排泄而导致骨质流失。如咖啡因摄入量大于 300 mg/d(约 514 mL 的咖啡)将会加速老年绝经后女性的脊柱骨质流失。另外，在观察性研究中发现，各种类型的苏打制品消耗增加均与绝经后女性髋部骨折风险增加有关。然而，其内在的机制尚不清楚，可能与这些饮料中的磷酸和咖啡因含量有关。

(三)蛋白质

蛋白质是生命的物质基础，是构成机体组织、器官的重要组成成分，参与众多生理功能。蛋白质缺乏可引起机体各器官、组织系统的结构异常和功能紊乱。在骨骼中，蛋白质是构成骨基质的主要成分，蛋白质摄入不足，将会相应地引起骨基质合成不足，影响骨形成；而蛋白质摄入过多则促进尿钙排出，从而减少钙储备，影响钙的生物利用率。

但是近几年研究显示，蛋白质对骨健康的作用存在争议。有研究表明，蛋白

质的摄入有助于骨结构及骨健康的维持;但有研究持反对观点,认为蛋白质的摄入对骨健康有损害作用。这主要取决于研究所用的蛋白质的量和来源。

一些研究显示,随着蛋白质摄入的增加,骨密度增加,骨折发生率降低。迪瓦思(Devine)等对澳大利亚的 1077 名 70 岁以上女性进行饮食调查并对其随访观察 1 年,通过多元回归分析发现蛋白质的摄入量与跟骨的定量超声以及骨密度呈正相关关系。研究表明,蛋白质摄入量小于 66 g/d 的人群,相对于蛋白质摄入量大于 87 g/d 的人群,跟骨的定量超声以及髋部(整个髋部、股骨颈、股骨大转子、股骨粗隆间)骨密度均显著较低;研究者以 66 g/d 的蛋白质摄入量为分界线分为两组,结果发现,蛋白质摄入量大于等于 66 g/d 的人群,相对于蛋白质摄入量小于 66 g/d 的人群,跟骨的定量超声、髋部(整个髋部、股骨颈、股骨大转子、股骨粗隆间)骨密度均显著较高。由此得出结论,蛋白质的摄入量有助于骨量的维持,并提出建议,对于老年女性,蛋白质摄入量大于 66 g/d(大于 0.84 g/kg体重)可有助于骨量的维持。此外,有研究发现,饮食中钙的摄入与蛋白质的摄入量密切相关。一般而言,在不考虑其他因素的情况下,饮食中每天含有蛋白质 1.0～1.5 g/kg 去脂体重能够维持正常的钙稳态。

随着蛋白质摄入的增加,尿钙的损失也会增加。然而,这种效应并不像膳食蛋白质(相对于静脉注射氨基酸)明显,并且似乎可以通过增加肠道对蛋白质的吸收来补偿。此外,适量蛋白质的摄入对于维持骨组织结构以及骨健康有着重要的作用,但随着蛋白质摄入量的不断增加,过量蛋白质的摄入对骨健康有损害作用。

另一个需要考虑的是蛋白质摄入对酸碱平衡的影响。西方饮食中优质蛋白质的来源包括肉、蛋和鱼,通常被认为是酸性食物。酸性食物通常经过消化后最终形成酸性代谢产物留在体内,此时,骨矿盐可能会动员以平衡由形成酸的食物产生的内源性酸,因此也会引起部分骨质流失。但膳食酸性食物对骨骼的不利影响很小,可以通过食用碱性食物来克服,如水果和蔬菜等。而当摄入过高的蛋白质以及过少的蔬菜水果时,则会造成机体内酸性代谢产物明显增多,引起骨质流失。此外,还会影响钙的吸收。因此,有研究者认为,高蛋白饮食对骨骼的影响实际上更能反映出水果和蔬菜摄入量低。临床研究显示,动物来源和植物来源的蛋白质在维持骨健康方面并没有显著差异。

中国营养学会推荐的各年龄段机体蛋白质参考摄入量如表 2-7 所示。

表 2-7　　中国营养学会推荐各年龄段机体蛋白质参考摄入量

年龄段	推荐摄入量(RNI,g/d)
0～6 月龄婴儿	9(AI)
7～12 月龄婴儿	20
1 岁幼儿	25
2 岁幼儿	25
3 岁幼儿	30
4 岁学龄前儿童	30
5 岁学龄前儿童	30
6 岁学龄前儿童	35
7 岁学龄儿童	40
8 岁学龄儿童	40
9 岁学龄儿童	45
10 岁学龄儿童	50
11～13 岁青少年	60(男),55(女)
14～17 岁青少年	75(男),60(女)
18～49 岁成年居民	65(男),55(女)
50～64 岁成年居民	65(男),55(女)
65～79 岁成年居民	65(男),55(女)
80 岁及以上老年居民	65(男),55(女)
18～49 岁孕早期女性	55
18～49 岁孕中期女性	70
18～49 岁孕晚期女性	85
18～49 岁哺乳期女性	80

注:AI 表示适宜摄入量,RNI 表示推荐摄入量。

(四)其他维生素和矿物质

1.磷

磷是人体中非常重要的元素之一,足够的磷对骨健康非常重要。成年人体内磷的含量是500～600 g,其中80%的磷以羟基磷灰石的形式存在于骨骼和牙齿中,20%以有机磷的形式存在于软组织和体液中。

骨骼中的磷可促进骨基质合成和骨矿物质沉积,血磷水平的稳定是人体骨骼生长矿化的必要条件。低磷可刺激OC,促进骨吸收,延缓OB胶原合成,降低骨矿化速度。然而,过量的磷摄入也会对骨骼产生有害的影响,可使细胞内钙浓度降低,促进PTH分泌,骨吸收增加,骨营养不良,诱发骨质疏松。所以,磷水平的过高或过低对骨基质合成和矿化均不利。

磷存在于普通食品中(如乳制品、蔬菜、谷物),并用作食品添加剂(如火腿、加工奶酪)。因此,磷缺乏的现象较为少见,只要注意饮食营养丰富,一般情况下不会发生磷缺乏的现象。

2.维生素K

维生素K是骨钙素代谢中谷氨酸羧化的重要辅酶,是维持正常骨矿化所必需的。维生素K摄入不足,将会引起骨钙素代谢紊乱,进一步引起骨代谢失衡,影响骨健康。研究表明,在老年人,维生素K水平较低会增加骨折风险。流行病学研究也显示,维生素K有益于骨健康,并且维生素K摄入量越高,骨密度越高,骨折风险越低。

此外,有研究证实,维生素K对钙稳态也有积极的影响作用,并可能与维生素D协同作用。

膳食中维生素K的良好来源仍是绿叶蔬菜和乳制品。一些增加维生素K的来源包括绿叶蔬菜(如生菜、菠菜和卷心菜)、动物肝脏、一些奶酪和大豆制品。

3.维生素B及同型半胱氨酸

一些研究表明,血液中同型半胱氨酸水平较高可能会引起老年人骨密度降低和髋部骨折风险增加。维生素B_6和B_{12}以及叶酸,将同型半胱氨酸转变为其他氨基酸以供身体使用。因此,它们可能在骨质疏松症中起保护作用。

4.镁

镁在骨矿物质形成中起重要作用。在营养良好的人群中,镁缺乏很少见。老年人有时会出现轻微缺镁的风险,因为镁的吸收会随着年龄的增长而减少。

镁的膳食来源包括绿叶蔬菜、豆类、全谷物产品、坚果、种子和鱼等。

5.维生素A

维生素A在骨质疏松症中的作用是有争议的,其在骨健康中的作用还需要

进一步研究。

在动物来源的食品中，例如肝脏和其他内脏、鱼肝油、乳制品和蛋黄，维生素A以被称为“视黄醇”的化合物存在；在一些植物性食物中，例如绿叶蔬菜、红色和黄色的水果和蔬菜，含有维生素A的前体。摄入维生素A的量远高于建议的每日摄入量可能对骨产生不利影响，但如此高水平的维生素A摄入量可能只能通过过量使用补充剂来实现，一般食物来源的摄入量不太可能引起摄入过量的问题。目前许多国家都警告不要同时服用鱼肝油补充剂和多种维生素补充剂。

6. 锌

锌是骨组织更新和矿化所必需的。严重的锌缺乏通常与能量和蛋白质营养不良有关，并导致儿童骨骼生长受损。据报道，老年人缺锌可能会导致骨质状况不佳。

锌的来源包括瘦红肉、家禽、全麦谷物及豆类等。

二、对骨健康有益的食物

在开始介绍对骨健康有益的食物前，首先需要了解你是如何获得每天推荐的钙需要量，你可以做个简单的小测试(见表2-8)。

表2-8　关于“如何获得每天推荐的钙需要量”小测试

你是如何获得每天推荐的钙需要量
○乳制品
○非乳制品食物来源(如鱼、蔬菜等)
○强化食品(如含钙的饮料等)
○钙补充剂
○以上组合方式
○以上都不是

(一)对骨健康有益的食物

你吃的食物会影响你的骨健康，所以了解一下哪些食物富含钙、维生素D和其他对骨健康和整体健康都很重要的营养素，会帮助你每天选择更健康的食物。

下面举例来说明为维持骨健康我们每天应该吃的不同种类的食物(见表2-9)。

表 2-9 对骨健康有益的食物

食物		营养成分
乳制品(如低脂和脱脂牛奶、酸奶和奶酪)		钙,一些乳制品含有维生素 D
鱼	沙丁鱼和鲑鱼罐头(含骨头)	钙
	高脂肪品种,如鲑鱼、鲭鱼、金枪鱼和沙丁鱼	维生素 D
水果和蔬菜	羽衣甘蓝、萝卜、甘蓝、秋葵、大白菜、蒲公英、芥菜和西兰花	钙
	菠菜、甜菜、秋葵、番茄制品、洋蓟、车前草、土豆、红薯、羽衣甘蓝和葡萄干	镁
	番茄制品、葡萄干、马铃薯、菠菜、红薯、木瓜、橘子、橙汁、香蕉、芭蕉和李子	钾
	红辣椒、青椒、橙子、柚子、西兰花、草莓、球芽甘蓝、木瓜和菠萝	维生素 C
	深绿色多叶蔬菜,如甘蓝、羽衣甘蓝、菠菜、芥菜、芜菁和抱子甘蓝	维生素 K
强化食物	有些品牌的果汁、早餐食品、豆浆、米浆、谷类食品、零食和面包中有时会添加钙和维生素 D	钙、维生素 D

数据来源:国际骨质疏松协会(National Osteoporosis Foundation,IOF)官方网站资料。

最近的研究发现,橄榄油、大豆、蓝莓和富含 ω-3(omega-3)脂肪酸的食物,如鱼油和亚麻籽油,也可能对骨骼有益。虽然在确定这些食物和骨健康之间的联系之前,还需要进行更多的研究,但是这些食物对机体的总体健康有益,所以饮食中选择这些食物也是很好的选择。

研究还表明,适量饮用某些含酒精和不含酒精的饮料,如葡萄酒、啤酒和茶,也可能对骨健康有益,但还需要更多的研究来帮助我们更好地理解这些饮料和骨骼健康之间的关系。

如果你饮食均衡,每天摄入丰富的乳制品、鱼类、水果和蔬菜,应该就能获得足够的营养。但如果你不能从食物中获得推荐量,可能需要通过服用多种维生素或补充剂来补充你的饮食。

(二)关于骨健康饮食的几点注意事项

1. 豆类

虽然豆类含有钙、镁、纤维和其他营养物质,但它们也富含被称为“植酸”的物质。植酸会干扰身体吸收豆类中所含钙的能力。可以通过在水中浸泡豆子几个小时,然后在淡水中烹饪的方法来降低植酸的含量。

2. 肉类及其他高蛋白食物

摄入足够的蛋白质是很重要的，但对于骨健康和整体健康来说，摄入的蛋白质不要太多。许多老年人在饮食中得不到足够的蛋白质，这可能对骨骼有害。然而，含有多种肉类和蛋白质的特殊高蛋白饮食会导致身体失去钙质。可以通过摄入足够的钙来弥补这一损失。例如，乳制品虽然蛋白质含量高，但也含有对骨骼健康很重要的钙。

3. 高盐饮食

盐是人们日常生活中必不可少的调味品，但高盐饮食很容易导致钙的流失，降低骨量，诱发骨质疏松，是骨质疏松症的高危膳食因素。骨骼中的钠离子占体内总钠量的一半，钠能够与钙竞争重吸收，食用含有大量盐(钠)的食物会促进尿钙的排泄，导致机体失去钙，并可能导致骨质流失，因而钠的增高将增加骨质疏松的危险性。

尝试限制你每天吃的食物中添加的加工食品、罐头食品和盐的数量。要了解一种食物是否钠含量高，请看营养标签。目标是每天摄入不超过 6 g 的盐，如果每天的盐摄入量超过建议量 20%，钠含量就很高。

4. 菠菜和其他含草酸的食物

人的身体不能很好地从高草酸的食物中吸收钙，比如菠菜。其他含有草酸的食物还有大黄、甜菜和某些豆类。这些食物含有其他健康的营养成分，但它们不应该被算作钙的来源。

5. 麦麸

和豆类一样，麦麸含有大量的植酸，可以阻止你的身体吸收钙。然而，与豆类不同的是，100%麦麸是唯一一种似乎能同时减少其他食物中钙吸收的食物。例如，当把牛奶和 100%的麦麸谷类共同食用时，你的身体就不能吸收全部牛奶中的钙。面包等其他食物中的麦麸浓度要低得多，对钙的吸收不会有明显的影响。如果你服用钙补充剂，最好在吃 100%麦麸之前或之后的 2 个小时或更长时间服用。

6. 酒精

大量饮酒会导致骨质流失。每天饮酒应不超过 3 杯啤酒。

7. 咖啡因

咖啡、茶和软饮料(碳酸饮料)含有咖啡因，这可能会减少钙的吸收并导致骨质流失。每天喝 3 杯以上的咖啡会影响钙的吸收，导致骨质流失。应适量选择这些饮料。

8. 软饮料

一些研究表明，可乐，而不是其他软饮料，与骨质流失有关。虽然更多的研究将有助于我们更好地理解软饮料与骨骼健康之间的联系，但已经明确的是：

(1)软饮料中的碳酸不会对骨骼造成任何伤害。

(2)可乐中常见的咖啡因和磷可能导致骨质流失。

(3)与钙一样，磷也是骨骼的一部分。它是可乐、其他软饮料和加工食品中的一种成分，被称为“磷酸”。

(4)当人们选择软饮料而不是牛奶和加钙饮料时，实际上可能会对骨骼造成伤害。

(5)幸运的是，人们可以通过摄入足够的钙来弥补这些饮料引起的钙流失，以满足身体的需要。

第三节　体力活动

许多动物和人体研究数据已明确表明了任何年龄段的体力活动与骨健康之间的关系。体力活动对生命各个阶段如儿童、青少年、成年人、老年人群的骨量提供了重要的益处，不仅能够促进骨组织的生长发育，维持骨健康并预防和改善低骨密度状态，防治少儿佝偻病和中老年骨质疏松等骨疾病，而且对人体的健康有着长久的正面效应。

骨骼的机械载荷通常会导致特定部位的骨密度、形态或强度的变化，而失去机械载荷情况下(如卧床休息、固定、脊髓损伤或太空失重状态)会产生快速，甚至剧烈的骨吸收，增加骨转换生物化学标志物，形态学改变，如破骨细胞表面增多，骨折易感性增加等。在这些模型中，脊髓损伤引起的骨量减少最严重(其中，骨盆骨量下降高达 45%)，而且骨量的变化仅限于下肢和腰椎等负重骨。

体力活动水平不同，骨骼所受的机械载荷不同，则引起骨形态和强度的变化也会不同。有研究对运动员与非运动员人群的骨密度进行比较，结果发现，在运动活跃的运动员人群，骨密度显著较高，能高出 5%～30%，高出的量主要取决于运动员所从事运动训练的类型、强度和持续时间，以及运动员的特征等。非负重运动员，如游泳、自行车、竞技长跑运动员等，均表现为与对照组情况相似。同样，在较小的范围内，普通非运动员人群也经常发现习惯性活动和久坐不动的个体之间的差异。与此结果一致的是，另有研究发现，与体力活动较少的老年人相比，在日常生活中具有较高体力活动的老年人髋部骨折发生率低 30%～50%。

体力活动对骨健康的具体影响如下：

一方面，在不同的生命周期，体力活动对骨健康的影响具有各自的特殊性，从儿童和青春期达到峰值骨量，到中年保持骨量、骨强度、肌肉量、肌肉力量，再到老年优化步态和平衡、肌肉力量、虚弱、营养不良、神经心理功能等。

另一方面，开始运动的年龄、不同运动方式、强度、持续时间、频率等对骨健康产生不同影响。运动的最佳模式是在目标人群中使用科学合理、持续有效的运动处方，同时尽量降低产生副作用的风险。

1.开始运动的年龄

运动对骨密度的影响与年龄有关。成年人的骨量在30岁左右达到最高峰，30岁以前体育运动的效应以增加骨量和提高骨密度为主，而30岁以后体育运动延缓骨量丢失的效应要高于提高骨量的效应。青少年的骨骼正处于生长发育期，在此期间进行科学合理的运动能够促进青少年骨骼的生长，并提高峰值骨量。这表明运动增加骨密度的适宜时间是青春期前，在青春发育期合理地参加体育锻炼和适宜的负重运动，对提高峰值骨量有积极的作用。

2.运动方式

一般认为，经常运动，特别是抗阻练习和冲击性运动非常有助于骨量和骨密度的提高。近年来的较多数据显示，采用短时间重复性和多方向机械负荷的一些特定练习，能最大限度地提高骨密度。

3.运动负荷量

运动负荷量对骨量的影响是双向的。适当负荷的运动有利于骨量的提高，过量运动负荷对骨骼有不利影响。

4.运动频率和运动时间

每周训练次数最好为3～5次，如果少于3次，运动的效果不佳。同时，运动训练必须持之以恒。持续8～12个月的运动训练只能引起骨密度的少量增加，这是由于骨重塑周期需要持续4～6个月。因此，运动训练要引起骨量的显著增加必须有1年以上的运动时间。运动作为预防骨质疏松症的主要手段越来越受到人们的关注，合理的运动干预能有效地预防骨量减少和延缓骨丢失。

鉴于这种流行病学和实验背景，医疗保健专业人员必须了解运动在预防和治疗骨质疏松症以及骨质疏松性骨折中的基本原理和当前建议，并将其与治疗该综合征的其他有效策略相结合。

虽然关于体力活动和运动在骨健康中的最佳模式仍有许多未解决的问题，尤其是其对骨折预防的最终效果，但目前在这一领域的研究已广泛开展。不能期望身体活动将骨质极度减少的骨骼重建为正常的结构和强度，但现有文献支持早期、持续和适当的负荷模式在骨骼大小、形状，皮质壁厚度，骨小梁结构中的作用，最终抵抗骨折，以及从髋部骨折中恢复。随着生活水平的提高，许多人缺乏运动行为习惯，为骨健康埋下很大隐患。如习惯以车代步、电梯代替楼梯、缺乏运动等，均威胁骨骼健康，极易造成钙质的流失，导致骨质疏松症的发生。

第四节 激素的影响

骨代谢过程受到体内许多激素的影响，主要有雌激素、甲状旁腺激素、降钙素、生长激素、糖皮质激素等。这些激素发生异常时，便可引起骨代谢的紊乱。

一、雌激素

雌激素是维持骨代谢平衡的重要物质之一，直接和间接地影响骨骼。

雌激素在降低骨转换中的作用是复杂的，涉及多种细胞类型的相互作用和多种介质的调节。有一些作用要通过雌激素受体介导的破骨细胞进而发挥作用。当雌激素与受体结合时，会增加Ⅰ型胶原和转化生长因子-β(TGF-β)的生成。雌激素还通过控制局部产生的因子：细胞因子[如白介素-1(IL-1)、白介素-6(IL-6)]、生长因子、前列腺素的产生而发挥作用。细胞因子(IL-1、IL-6)、肿瘤坏死因子和TGF-β均是促进骨吸收和破骨细胞形成的有效刺激因子。这些细胞因子是由基质细胞和破骨细胞分泌的，其水平受到雌激素的抑制。这样，雌激素通过限制骨吸收从而起到维持骨量的作用。

雌激素也可能通过甲状旁腺、肠道或肾脏对骨骼产生间接影响。例如，甲状旁腺激素(PTH)对血清钙反应的设定点的改变，将通过减少骨转换来促进骨矿化。增加胃肠对钙的吸收也有同样的效果。雌激素可能通过刺激肾脏合成1,25-二羟基维生素 D_3 而增加肾钙潴留。雌激素对骨的另一个间接作用是通过刺激降钙素的释放。降钙素限制了骨的转换率和骨丢失，也影响肾钙的保存。

口服避孕药对正常月经期女性骨密度的影响尚不清楚，一些研究报告未见效果，另一些研究报告为正效应，有些对骨密度有负面影响。口服避孕药通常用于治疗女性运动员的月经紊乱，但在这种情况下骨密度是否有所改善仍不清楚。此外，口服避孕药中的雌激素是否有助于预防女运动员应激性骨折也不清楚。目前尚缺乏关于口服避孕药重要问题的研究数据。

激素替代疗法(HRT)是一种常用的治疗方法，每年仅在美国就有超过3200万张处方。这种疗法对骨矿物质有中度及持续的影响。然而，副作用的严重性(乳房压痛、盆腔不适和情绪变化)以及长期使用的相关问题使许多女性不愿选择使用雌激素。

此外，孕激素与雌激素在促进骨形成方面有协同作用。

二、睾酮

睾酮(testosterone，T)是雄激素的一种，雄激素能促进降钙素的分泌，又对

维生素 D 的合成有促进作用。睾酮对人体的影响是多种多样的。睾酮可能有助于男性比女性有更大的骨峰值，并有助于骨膜骨沉积。在规模较大的研究[534 名(69±8)岁的男性]中发现，生物可利用的(即测量自由的、生物可获得的)睾酮与桡骨远端、腰椎和髋部的骨密度呈正相关。这与澳大利亚和英国研究的结果一致。

雄激素的作用机制尚不清楚。已报道在成骨细胞的细胞核内或周围存在雄激素受体。

目前尚不清楚血清睾酮水平是否足以对骨骼健康做出贡献。少数研究表明骨量和睾酮之间存在关联，但这些研究结果还需要进一步证实，因为单次测定血清睾酮的精度误差为 10%～15%。

虽然男性的主要循环性激素是睾酮，女性的主要循环性类固醇是雌二醇和雌酮，但雄激素和雌激素在两性中循环，对男女的骨骼健康都有贡献。

三、生长激素与胰岛素样生长因子

生长激素(GH)以其在骨骺生长板上的作用而闻名，这种效应是由胰岛素样生长因子-Ⅰ(IGF-Ⅰ)介导的。生长激素的过量或缺乏与骨骼生长的明显异常有关，如生长激素过量与肢端肥大症。给健康人和垂体型侏儒注射生长激素可以增加肠道钙的净吸收。

生长激素和 IGF-Ⅰ随着年龄的增长而降低，可能是导致衰老过程中骨形成减少的原因之一。生长激素可能在青春期或青壮年时骨量的增生和(或)维持中发挥作用。生长激素的释放具有脉动性和昼夜节律性，夜间脉动波幅随睡眠时间的增加而升高。生长激素的释放模式也与年龄和性别有关，随着儿童进入青春期，脉冲的频率和幅度都在增加。

值得注意的是，运动、压力、睡眠以及能量代谢和激素的水平，均会增加生长激素的产生。例如，在饭后或锻炼，在慢波睡眠或没有明显的原因影响下，生长激素水平可能有 8～10 倍的波动。因此，运动可以调节生长激素水平，并通过这种机制影响骨矿物质。

在 35 岁以后，生长激素和 IGF-Ⅰ的分泌出现下降，这被称为“生长停滞”。在一组年龄很大的男性中，胰岛素样生长因子结合蛋白(IGFBP-3)与全身、腰椎和髋部的骨密度密切相关。

四、糖皮质激素

糖皮质激素(glucocorticoid)对骨和矿物质代谢有明显作用。体内此激素过多(如库欣综合征或长期使用糖皮质激素)常常导致严重的骨量减少，增大骨折的发生率，是继发性骨质疏松症的最常见原因。其发病率仅次于绝经后及老年性骨质疏松。糖皮质激素对骨形成的直接效应是复杂的，短期用药能刺激骨胶原合成，并增加碱性磷酸酶的活性，长期用药后则此效应被抑制。糖皮质激素促进骨小梁和皮质骨丢失的原因是：①直接影响成骨细胞和破骨细胞，以减少骨形成，并可能增加骨吸收；②抑制钙的胃肠道吸收；③钙升高，减少肾小管对钙的再吸收；④继发性甲状旁腺功能亢进，尽管这仍有争议；⑤肌病和体力活动减少；⑥对男女垂体和性腺功能的影响。

五、钙调节激素

（一）甲状旁腺激素

甲状旁腺激素（parathyroid hormone，PTH）的主要作用是调节钙磷代谢，使血钙增高，血磷降低，维持组织液中的钙离子于恒定水平。此外，PTH 对骨组织的作用是激活骨细胞、破骨细胞和成骨细胞，刺激并调节骨重建的速度。

甲状旁腺激素可直接影响骨，这一影响的结果可能是骨质吸收，也可能是骨形成。甲状旁腺激素的即时效应是促进破骨性吸收过程，这对钙的体内平衡是极为重要的；其长期效应是对骨质重建的影响。甲状旁腺激素对骨的影响是通过成骨细胞来调节的（该细胞含有甲状旁腺激素受体并且直接受甲状旁腺激素血液循环水平的影响），因为破骨细胞本身不能表达甲状旁腺激素受体。但是，成骨细胞却能和破骨细胞相互作用，因此在细胞层面上，甲状旁腺激素会影响破骨细胞、成骨细胞、骨细胞和骨表面细胞。注射该激素后几小时内就可引起破骨细胞数量及其相对于成骨细胞比率的增加。这一效应提示，甲状旁腺激素至少可以间接地激活现有的破骨细胞（可能与其对暴露于骨表面的成骨细胞的直接作用有关）或增加新破骨细胞的补充量（可能与骨外移行祖细胞在骨中的聚集有关）。研究还发现，破骨细胞形态的变化提示这些细胞的活性增强，包括细胞内核数量的增加。成骨细胞功能开始下降，从而抑制了骨形成。注入甲状旁腺激素后不久，聚集在骨表面上的成骨细胞就会分散开形成纺锤状，而且胶原合成也开始下降。然而，随后刺激成骨细胞却会导致骨形成的增加。

甲状旁腺激素在不同时期对不同骨细胞的这些已知影响与其在维持钙体内平衡中的重要作用是一致的。血钙水平的下降会导致甲状旁腺激素的释放，从而促进骨的吸收和钙从骨进入血液，进入循环中的钙可供细胞代谢所用。而后，由于甲状旁腺激素对肾脏的附加影响和对肠道的间接影响，补充钙源便可被人体利用，从而减少了对源自骨的钙质需求。此时，对成骨细胞的刺激可导致钙结合进骨内，这一点通过骨合成的增加可反映出来。

(二)降钙素

降钙素(calcitonin,CT)是甲状腺滤泡周围的C细胞分泌的一种包含有32个氨基酸的肽,主要作用是通过抑制骨吸收降低血钙,维持钙平衡。降钙素的分泌由循环钙水平控制:当血钙水平升高时,降钙素从甲状腺分泌出来,随后由于滤泡旁细胞中分泌粒的排出,使降钙素血浆浓度升高并使甲状腺中降钙素含量降低。

CT可抑制骨的吸收并可导致明显的低钙血症和低磷酸盐血症。CT对破骨细胞的骨吸收呈直接抑制作用,而对骨形成则无明显影响。在体外,CT通过抑制PTH诱导的破骨细胞形成,可暂时抑制骨吸收。CT降低血钙的机制,主要是刺激有机磷酸盐的水解,生成无机磷酸盐;在骨吸收处,磷酸盐增加将阻碍磷向细胞内转运,而在骨形成处则加强骨的钙化。除调节钙、磷代谢外,CT还可直接或间接调节镁、氯、钠的代谢,抑制肾小管钙、磷、钠、钾、镁、氯离子的重吸收,增加其尿中排出量。CT还可通过抑制1,25-二羟基维生素D的形成,间接抑制钙的胃肠道吸收。在临床上,CT主要用于高钙血症、骨质疏松症和佩吉特骨病等。

(三)维生素D

维生素D(vitamin D)是参与调节骨代谢的最有活力的体液因子之一。维生素D的主要生物作用是调节肠道对矿物质的吸收以及维持骨骼生长和矿化,维生素D缺乏时这些过程就会发生紊乱。维生素D泛指维生素D_2和维生素D_3。维生素D_2即麦角骨化醇,源自植物,可从饮食中获得;维生素D_3即胆骨化醇,存在于皮肤中。在人类,这两种形式的维生素D具有极相似的效能,所以将它们分开讨论几乎没有任何临床意义。

目前大家已普遍认同,维生素D调节骨代谢的功能是通过1,25-$(OH)_2D$对肠道、骨和肾脏的作用介导的。然而,大量的证据表明,1,25-$(OH)_2D$直接作用于成骨细胞以调节它的功能,在这些细胞里确实发现了1,25-$(OH)_2D$的特异性受体,并且该激素能诱导含酸的十羟基谷氨酸蛋白(BGP)的合成,并刺激碱性磷酸酶的骨特异性同工酶以及成骨细胞中胶原的合成。成骨细胞对这种激素的反应取决于细胞分化的状态,而且1,25-$(OH)_2D$可促进成骨细胞从不成熟向成熟的转变。

此外,维生素D也参加骨的再吸收。破骨细胞与成骨细胞不同,它不含有1,25-$(OH)_2D$的受体。因此,该激素在刺激骨吸收中不大可能对破骨细胞有直接影响。相反,1,25-$(OH)_2D$在骨吸收中的主导作用可能是受其具有促进造血祖细胞分化成能吸收骨质的细胞的功能介导的。因为有证据表明,1,25-

$(OH)_2D$ 与血性淋巴细胞的相互作用可调节这些细胞的功能，而且因为现已明确血性淋巴组织的细胞可生成能吸收骨质的体液因子，如白介素和前列腺素，所以维生素 D 对血淋巴细胞的作用可能是它在骨吸收中发挥作用的基础。

六、甲状腺激素

在骨骼成熟之前，过量的甲状腺激素（thyroid hormone，T_3、T_4）可以促进骨骼的纵向生长。在成年人中，甲状腺过多会增加骨的转换率，使血钙浓度上升，PTH 和 1，25-二羟基维生素 D_3 浓度降低。甲亢和甲减都与骨质疏松有关。过度活跃的甲状腺替代治疗使骨转换增加，也有助于骨丢失。通过监测血清促甲状腺激素水平，调整甲状腺素的剂量，以保持正常的促甲状腺激素水平，可以避免这种情况。

七、前列腺素

前列腺素（prostaglandin，PG）是具有多种功能的调节因子，对骨形成和骨吸收既有刺激作用，又有抑制作用，视其作用的微环境及作用于骨形成或骨吸收过程的哪一环节而定。前列腺素由成骨细胞合成，主要产物是前列腺素 E_2（PGE_2），也有前列腺素 I_2（PGI_2）和前列腺素 F_2（PGF_2）。其中，PGE_2 的骨吸收作用最强。外源性前列腺素 $F_2\alpha$（$PGF_2\alpha$）可促进骨吸收。已有动物和人体内研究表明，恶性肿瘤时的高钙血症及牙周病、类风湿性关节炎的炎性骨丢失，可能与 PG 有关；人工关节松动也被认为是 PG 的作用。在骨髓培养中，外源性 PG 可使破骨细胞样多核细胞数量增加。

第五节　体成分

体重与骨密度密切相关，是影响骨密度的重要因素；去脂体重和脂肪量对骨密度也产生一定的影响。以下我们来分析身体成分对骨健康的影响。

一、体重

体重是骨健康的重要影响因素。众多研究表明，体重与骨密度相关，体重较重者的骨密度较高。体重偏低是一个已经确定的导致骨质疏松症和骨折的重要危险因素之一。大多数研究发现，对骨量最有决定意义的因素是体重和年龄。

在儿童和成人的研究中已明确体重是髋部、脊柱和全身骨量的主要预测指标。横向研究表明，在老年人群，体重可能是比年轻人群更重要的骨密度预测因子。绝经后体重超过理想体重10%的女性在脊柱、髋部和桡骨的骨密度明显高于正常体重的女性。在绝经前女性中没有发现类似的现象，这表明体重增加可能是减缓绝经后骨质流失的一个因素。

在大型队列研究中，体重解释了负重骨(腰椎、股骨颈)和非负重骨(桡骨)的骨密度变异的20%。另有研究发现，与不负重的桡骨部位(8%或更少)相比，髋部和脊柱部位的变异比例更大(分别为17%和12%)。在一项骨质疏松症纵向研究中，与年龄、吸烟、咖啡因、饮酒或体力活动等因素相比，体重偏低和体重下降与骨密度降低的相关性更强。虽然各研究之间存在不一致的地方，但体重的减少通常与骨密度的降低有关。有几种机制可以解释这种现象：首先，脂肪组织的减少可能会减少内源性雌激素的产生。其次，体重减轻可能会刺激骨骼骨转换率增加和骨丢失，尤其是在脊椎和髋部的小梁部位。体重对骨骼是一种机械负荷，可直接作用于骨，转化为机械应力，进而影响骨密度。体重越大，机械负荷越大，骨所受的机械应力就越大。机械应力作用于成骨细胞和破骨细胞表面的机械应力感觉器，刺激骨形成，抑制骨吸收，从而提高骨强度，促进骨矿物质含量的增加，改善骨健康。尤其是下肢骨，体重越大，则对其产生的刺激就越大，那么骨在这种长期持续负重的情况下"锻炼"，就有利于增加骨密度，提高骨强度。再次，骨密度的变化可能是偶然性的，因为脂肪组织本身可能影响骨密度测量。衰老导致身体脂肪的重新分配和黄骨髓的增加，可能会导致双能X线骨密度法对老年人的错误估计。

对于身体活动和骨密度方面的研究人员来说，尤其重要的是要意识到这一点，因为在运动干预过程中发生的体重下降可能会使结果变得混乱。

但体重过大，势必会引起肥胖的发生。肥胖是导致代谢紊乱和心血管疾病的重要危险因素，过度的肥胖常伴发多种慢性疾病，如血压异常、脂代谢紊乱、糖尿病等。此外，有学者研究后发现，适量增加体重，有利于增加骨密度；而过度增加体重，骨骼负荷过大，超过承载能力，反而易于发生骨折。因此，单纯靠增加体重来增加骨密度、降低骨质疏松症风险不可取，目前仍不推荐通过盲目增加体重实现增加骨量和骨密度，但对于体重过低者来说，恢复正常体重对其改善峰值骨量低和骨丢失加速是很有必要的。在恢复体重的同时提高肌肉骨骼系统的适应性是中老年人群防治各类疾患的最好策略之一。

体重也可反映机体的营养状况，不良的营养状况直接影响骨重建。低体重有碍骨骼新陈代谢，高体重或体重指数(BMI)可以保护机体的骨量，促进骨健康，减少骨丢失和延缓骨质疏松症的发生，可降低骨折发生的风险。

此外，除机械负荷作用外，还有遗传、激素水平等因素在对骨密度起作用。

二、去脂体重

随着双能 X 线吸收测量技术的出现，研究人员能够区分构成体重的特定组织。其中，去脂体重被证明是年轻女性、中年女性和老年女性中最健康的骨密度预测因子。在一项对年轻女性(年龄在 0～26 岁)的横向研究中，在其他所有因素保持不变的情况下，每千克去脂体重与大约 1％的股骨近端骨密度相关。

有一些共识认为，去脂体重在不同的人生阶段可能有不同的意义。去脂体重可能是儿童和绝经前女性腰椎和全身骨密度最有利的软组织决定因素，而在婴儿期和绝经后可能不那么重要。研究表明，在 60～89 岁的老年女性，去脂体重与所有部位的骨密度是独立相关的。然而，在纵向随访中，去脂体重的变化并不能预测骨密度的变化。这可能是因为脂肪在年轻人和老年人的整体体重中所占的比例较大。

三、脂肪量

脂肪量是骨密度的独立预测因子，尤其是中轴负重骨和下肢骨密度，在某种程度上并不仅仅由骨骼上的机械负荷来解释。在儿童时期，脂肪量对骨密度的影响可能小于去脂体重。脂肪量是绝经前骨密度的一个重要决定因素，在绝经后变得越来越重要。脂肪量可以更好地预测绝经后女性的骨密度变化，而不是去脂体重。

绝经后女性将 10％～15％的循环性睾酮(雄激素家族的一种激素)在脂肪组织和 25％～30％的肌肉组织中转化为雌二醇。肥胖的女性似乎有更多的睾酮可以转化。正常体重的女性会将 1％～2％的雄烯酮转化为雌酮，而体重为 300～400 磅(136～181 kg)的女性则会转换 12％～15％。此外，随着年龄的增长，雄性激素向雌性激素的转化也会增加。

第六节　生活方式

生活方式对骨健康的影响非常重要，健康的生活方式可以有助于增加机体的峰值骨量，并且延缓骨量的下降，优化骨健康；而不健康的生活方式使机体峰值骨量较低，而且会加速骨骼的衰老，引起骨量下降。其中，吸烟、饮酒对骨健康的影响尤为重要。在生命不同阶段理想的和不理想的生活方式对骨量的影响如图 2-4 所示。

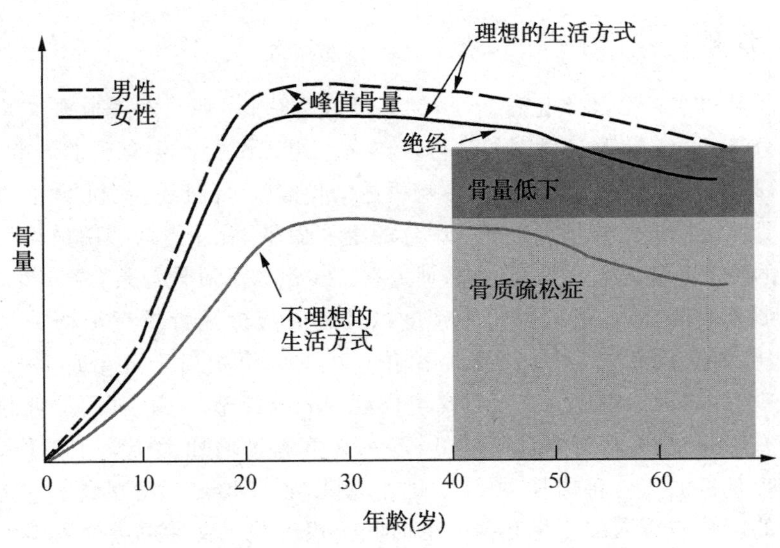

图 2-4 在生命不同阶段理想的和不理想的生活方式对骨量的影响

一、吸烟

吸烟对身体的各个器官系统都有负面影响，主要是由于氧化应激和加速动脉粥样硬化。吸烟还会增加细胞内氧化损伤，从而降低细胞功能。

吸烟可致人体骨密度降低、骨量减少，使更易患骨质疏松症。而每天吸烟量和吸烟年限是影响骨密度的两个重要因子。吸烟对骨量的影响一般只有在成年后期或老年期才表现出来，说明这是一个缓慢而需要较长时间的过程。有统计资料表明，若每天吸烟 20 支，25～30 年后骨量就下降 8%～10%。在绝经前女性中，吸烟通过刺激肝脏中的雌激素分解代谢来降低血清雌激素的浓度，这可能导致提早绝经，并且随着血清雌激素浓度的下降，骨质流失也明显增加。在老年人中，吸烟会对椎骨和髋部骨折产生不利影响(Jutberger，et al，2010)。

吸烟与骨密度降低和骨折风险增加有关。有一些基本的、临床的和观察性的研究发现，长期吸烟患者易骨质流失，其病理生理学机制包括钙调激素分泌失调及代谢障碍，肠道的钙吸收，性激素(包括雌激素和雄激素)分泌失调，肾上腺皮质激素代谢障碍等。此外，还包括烟草对成骨细胞和破骨细胞产生的直接影响，引起骨吸收量增加，骨量减少。并且研究还发现，通过戒烟，上述机制得以改善。由此表明，通过不同的病理生理机制，吸烟是导致骨质疏松和骨质疏松性骨折的可逆危险因素。

因此，为了保护骨骼健康，应避免吸烟。

二、饮酒

在世界许多社会和文化背景下，饮酒都较为盛行，甚至发展成酒文化。酒的主要成分是乙醇。大量饮酒对机体许多器官和组织都会产生有害的影响，也包括骨骼。研究表明，大量饮酒不只会影响机体的骨健康，而且还会引起继发性骨质疏松症。骨质疏松症常被认为是酒精中毒的继发后果，慢性酒精滥用被认为是骨质疏松症的独立危险因素。然而，一些研究报道少量饮酒对骨健康有好处。

有研究表明，酒的摄入量与骨密度以及骨质疏松性骨折有密切关系。与戒酒者相比，每天饮酒量为0.5～1.0单位（注：1单位相当于8 g或10 mL的乙醇，相当于250 mL啤酒或25 mL高度白酒或80 mL葡萄酒；不同国家酒的酒精含量略有不同）的人群骨折风险较低；若每天饮酒量增加大于2个单位，则患骨质疏松性骨折的风险将增加40%。此外，莫雷尔（Maurel）等的综述表明，饮酒对骨骼的影响与摄入的剂量和摄入的时间长短有关。女性每天摄入1个单位以及男性每天摄入2个单位，对骨组织并未造成有害的影响。但是较高的摄入量（每天2～4个单位）可以破坏骨组织，尽管其确切的影响还取决于年龄、性别、饮用者的激素状态以及酒精饮料的类型。当每天饮用4个单位以上时，酒精则会对骨产生有害的影响。人体饮酒量、血液酒精浓度和相应的临床效果如表2-10所示。

表2-10　人体饮酒量、血液酒精浓度和相应的临床效果

饮酒量	乙醇含量	血液酒精浓度			临床效应
	g/kg	mmol/L	mg/dL	g/L(‰)	
2杯红酒	0.25	4～10	20～50	0.2～0.5	运动能力下降
4杯红酒	0.51	10～20	50～100	0.5～1	协调能力受影响
1瓶红酒	0.76	20～30	100～150	1～1.5	走路困难
1瓶+2杯红酒	1.01	30～50	150～250	1.5～2.5	昏睡
2瓶红酒	1.60	60	300	3	昏迷
2瓶+4杯红酒	2.28	80	400	4	呼吸衰竭

注：1杯红酒≈1饮酒单位。血液中的酒精浓度由于人与人之间存在广泛的差异和生理差异而产生各种临床效果。（数据源自：Maurel D B, Boisseau N, Benhamou C L, et al. Alcohol and bone: review of dose effects and mechanisms[J]. Osteoporosis International, 2012, 23(1): 1-16.）

乙醇对骨骼的影响涉及不同的作用机制，可分为直接作用和间接作用。首先，乙醇可以直接作用于骨组织，直接引起成骨细胞和破骨细胞数量和活性的变

化，并对成骨细胞和破骨细胞的氧化应激和凋亡产生影响。但对骨细胞的作用以及其标志物和分化基因如 Sost 的影响目前尚未知晓，有必要进行进一步的调查研究。此外，乙醇对骨骼直接作用部分是由于乙醇作用于 Wnt/DKK1 信号通路。Wnt/DKK1 信号通路可以响应机械应力变化，是骨细胞的重要调控者。其次，乙醇可以通过间接方式作用于骨组织。其作用的机制是：乙醇经消化道吸收进入血液后，可以阻断机体对钙的吸收，同时又促进尿钙和镁的排泄。此外，乙醇还会造成肝脏的肝细胞受损，使维生素 D_3 的合成减少，从而影响了肠道对钙、磷的吸收和利用，引起低血钙、低血磷和低血镁的表现。血钙浓度的降低引起对甲状腺抑制作用的减弱，使甲状旁腺激素分泌增多，从而促进骨吸收，进一步加重了骨质的流失。乙醇还是一种性腺毒素，过量饮酒或长期嗜酒，可引起性腺功能减退，造成性激素分泌减少，使骨丢失增加，骨生成减少，引起骨量下降。乙醇还可以间接通过减少能量摄入，引起体重下降、体脂含量及肌肉含量下降，引起骨量下降。乙醇对骨骼细胞的直接和间接作用如图 2-5 所示，慢性重度饮酒引起骨量丢失的机制如图 2-6 所示。

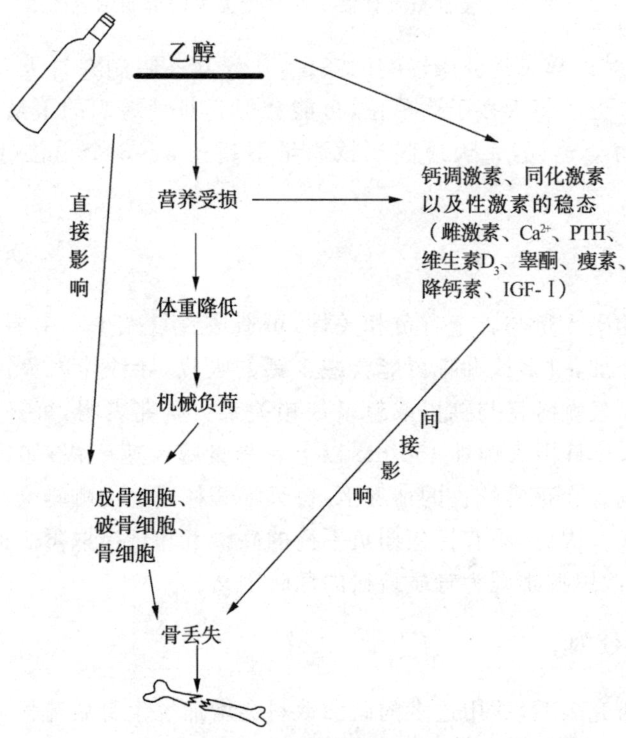

图 2-5　乙醇对骨骼细胞直接和间接作用的简化图

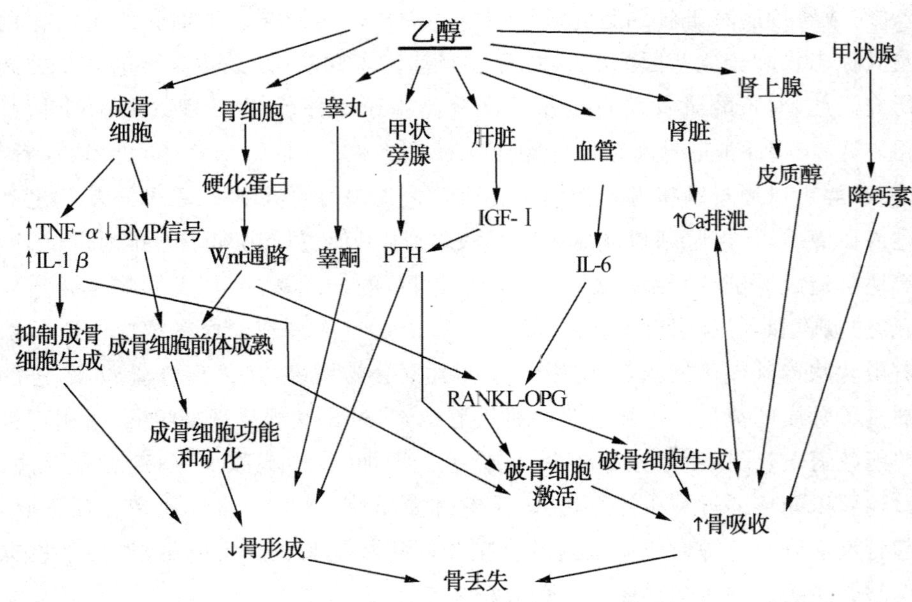

图 2-6　慢性重度饮酒引起骨量丢失的机制示意图

因此，针对乙醇对骨健康影响的考虑，建议女性限制在每天 1 个饮酒单位，男性每天 2 单位。每天多于 2 单位，可能会引起对骨组织的不良影响。美国国家骨质疏松协会建议，每天应限制饮酒量不超过 2～3 个单位，酗酒会引起骨丢失。

三、咖啡

咖啡因的摄入量与骨量有负相关性，可造成骨量减少。主要原因在于咖啡使尿钙排泄增加，过多饮咖啡可能会减少钙的吸收，导致体内负钙平衡，并导致骨质流失。而且咖啡量与钙摄取量呈依赖关系。研究表明，每日钙摄取量低于 800 mg 的人，每日摄入咖啡 450 mg 以上者骨量减少速度快；如钙摄取充分，则不受咖啡影响。在正常饮食的情况下，每天喝 3 杯以上的咖啡会影响钙的吸收，导致骨质流失。因此，易有钙代谢负平衡的高龄者和钙摄取量少的人，应适量选择咖啡，过度饮用咖啡则为骨质疏松的危险因素。

四、碳酸饮料

近年的研究表明，饮用过多的碳酸饮料会增加发生骨质疏松症的危险性，且碳酸饮料的摄入量与骨折有关，尤其是可乐的摄入量。一些研究表明，可乐与骨质流失有关，这可能因为可乐中添加了咖啡因以及含磷的食品添加剂，进而导致

骨质流失。高磷摄入可导致中等程度的继发性甲状旁腺功能亢进症，钙调节激素持续性紊乱，可能影响最佳骨峰值的获得或加速骨丢失。

第七节　疾病和用药

一些老年性疾病或者长期使用某些临床药物，都可以造成骨代谢异常，引起骨量丢失，导致骨质疏松症，增加骨质疏松性骨折的风险。

一、疾病因素

一些老年性疾病，如甲状旁腺疾病、甲状腺疾病（甲状腺功能亢进症、甲状腺机能减退症）、肾脏疾病、消化道疾病、糖尿病、动脉硬化、恶性肿瘤等，会导致人体骨密度下降，出现低骨量，进而引发骨质疏松症。

（一）甲状腺疾病

1. 甲状腺功能亢进症

甲状腺功能亢进症简称“甲亢”，是由于甲状腺合成释放过多的甲状腺激素，造成机体代谢亢进和交感神经兴奋，引起心悸、出汗、进食和便次增多以及体重减少的病症。其中，约半数患者可以出现低骨量与骨质疏松。甲亢时，反映成骨细胞功能的血清碱性磷酸酶（ALP）、骨钙素（BGP）等成骨指标升高，而反映破骨细胞功能的抗酒石酸酸性磷酸酶（TRAP）亦增加，尿钙排泄增多，结果骨吸收大于骨形成，出现骨密度减少，甚至导致严重的骨质疏松和骨折的发生。

2. 甲状腺机能减退症

甲状腺机能减退症简称“甲减”，是由于甲状腺激素分泌不足或甲状腺激素生理效应不好而导致的全身性疾病。由于甲状腺激素分泌减少，导致低代谢，神经血管兴奋性降低，从而发生骨矿物含量减少，导致骨量减少及骨质疏松等异常表现。骨 X 线表现为骨皮质变薄，骨小梁减少及骨密度减低。

（二）甲状旁腺疾病

甲状旁腺疾病，如甲状旁腺功能亢进症（简称“甲旁亢”），是甲状旁腺激素（PTH）分泌过多，导致钙磷代谢异常，引起血钙过高、血磷过低，进而导致骨量下降，引起骨质疏松症。

（三）糖尿病

糖尿病是一组以高血糖为特征的代谢性疾病，典型的临床表现为“三多一少”，即多饮、多食、多尿和体重减轻。糖尿病患者多伴有骨代谢和钙、磷、镁代谢紊乱，是重要并发症之一，临床表现为负钙平衡，骨矿物质含量减低，骨质疏松及关节病，严重者发生骨折。

(四)肾脏疾病

由于长期慢性肾小球或肾小管病变引起肾功能减退或肾衰竭而造成体内钙、磷代谢紊乱,进而导致骨量减少,骨密度降低,出现骨质疏松症。

(五)胃肠道疾病

胃切除术与肝脏疾病(包括慢性肝病以及各种原因所致的肝硬化)都可以引起骨代谢紊乱,造成低骨量和骨质疏松症。两类疾病都可以引起钙吸收不良、血磷降低、维生素 D_3 缺乏或者是维生素 D_3 生成 $1,25\text{-}(OH)_2D_3$ 减少,最终是骨密度降低,出现骨质疏松症。

(六)动脉硬化

动脉硬化主要是由于脂类代谢紊乱所致。此外,人体内的钙离子也是其致病因素之一。研究表明,沉积在动脉壁的钙离子可能来自于骨中,也就是说,由于钙的异常分布造成骨组织软化、疏松,血管壁组织硬化。

(七)恶性肿瘤

任何器官的恶性肿瘤都可以发生骨转移,引起广泛的溶骨破坏。原发性骨肉瘤也会引起骨骼的破坏,使血钙升高。

二、药物因素

临床上有许多药物,长期使用都可以引起钙磷代谢紊乱及骨的代谢异常,导致骨量丢失,出现骨质疏松症,增加骨质疏松性骨折的风险。常见的有糖皮质激素、抗癫痫药、大剂量的甲状腺素以及某些抗癌药物等。

本章小结

影响骨健康的因素主要有遗传因素和环境因素,遗传因素包括年龄、性别、种族、基因等不可控制因素,环境因素包括体力活动、营养因素、激素、体成分、生活方式、疾病和用药等可控制因素。尽管遗传因素决定了一个人是否会患有骨质疏松症,但生活方式因素在骨骼生长和强健骨骼方面起着关键作用。强健骨骼、预防骨量下降的最佳方式是从儿童时期便养成良好的锻炼习惯和健康的饮食习惯,并在成年期一直保持。同时请注意可能影响骨健康的其他因素(如激素、疾病和用药等),如果风险增加,请咨询医生。根据诊断测试的结果,你的医生可能会开药和补充剂以防止骨质流失。

第三章　骨健康的测量与评价

人体骨骼是承受人体负重、活动的组织，运动时与肌肉组合形成杠杆作用。骨骼的生物力学不仅与骨强度直接相关，也与骨形态及骨密度密切相关，取决于骨量、骨的大小、几何和骨微结构。

骨量是衡量骨健康状态的主要指标，但骨健康不仅仅是指骨密度正常，还包括骨质量。骨量和骨质量是影响骨强度的两个独立因素。虽然骨密度是诊断骨质疏松的重要指标，但它仅能代表骨强度的60%～80%。若要反映骨强度，还需要考虑骨质量。骨质量是指除了骨量外能影响骨强度的因素，包括骨几何形状、骨髓性质、骨组织代谢转换率、骨微结构、骨有机基质及矿物成分、微骨折及骨折修复能力等，这些因素均能影响骨强度，并且与骨质疏松症性骨折的发生密切相关。骨质量主要反映了骨除骨量外的生物力学特征，是骨脆性的决定因素，可独立于骨密度而起作用，甚至比骨量更为重要。故当评定骨折风险时，需要同时考虑骨量、骨质量等反映骨强度的因素。

对骨组织测量的方法较多，主要有骨密度测定法、骨强度测定法、骨形态计量测定法等。双能X线吸收法、定量超声、定量计算机断层扫描、定量磁共振成像(MRI)、Micro-CT等方法，都可以用来检测骨量或者骨微结构、骨强度的变化，以反映骨健康状况。

此外，骨是具有新陈代谢的活组织，是由破骨细胞吸收骨、成骨细胞生成等量新骨取代的骨转换过程。在骨转换过程中，骨转换生化标志物(bone turnover biochemical markers，BTM)发挥重要调节作用，并且骨矿物质也会发生一定的变化。因此，也可以通过骨转换生化标志物以及与骨矿相关的生化检查，来评价骨健康状态。

本章将介绍几种常见的测量骨健康的方法。

第一节　骨健康的影像学测量

影像学提供了关于骨的重要信息。本节主要介绍研究和临床中最常用的3种骨成像方法：双能X线吸收测定法（dual energy X-ray absorptiometry，DXA）、定量超声测定法（quantitative ultrasound，QUS）和定量计算机断层扫描（QCT）。这些方法在临床上应用已经具有一定的广度、深度和普及程度。

一、双能X线吸收法测定

最近10年来，双能X线吸收法几乎用于量化所有的骨结果。目前，临床中普遍应用双能X线吸收法测定骨密度来诊断骨质疏松症，且目前该测量方法为诊断骨质疏松症的金标准。

（一）测量原理

双能X线骨密度仪采用X线球管作为射线源，产生两种能量的X线，即低能量X线和高能量X线。X线穿透人体时，不同组织（骨组织、肌肉组织、脂肪组织）的密度和厚度不同，对X线吸收量不同，所以X线的衰减程度亦不同。通过探测器和计算机系统对衰减程度进行量化，即可获得骨矿物质及体成分含量数值。测量中使用了两种不同能量的X线，故可获得两种线性衰减值，以消除软组织的影响，从而可比较准确地测量全身及身体各部位的骨量、骨密度及体成分。

（二）测量部位

双能X线骨密度仪可测部位较多，理论上感兴趣区内的所有骨均可以测量。骨质疏松引发的骨折常位于脊柱、髋部和桡骨远端等松质骨较多的部位。结合世界卫生组织（WHO）对骨质疏松症的诊断标准，故一般在骨健康检查及骨质疏松诊断中，常选择脊柱、髋部和桡骨远端进行骨密度测定。其中，脊柱的重点区在腰1～腰4，髋部的重点区在股骨颈，桡骨的重点区在桡骨远端的1/3处。

双能X线骨密度仪不仅可以对成人进行测量，还可以对儿童及小动物进行测量。

目前国际市场上有多种周围型双能X线骨密度仪（peripheral dual energy X-ray absorptiometry，pDXA），主要检测除髋部或脊柱外骨骼的骨密度，通常测量手腕、手指或脚后跟。

（三）测量指标

骨量测试结果包括实际测试结果［包含面积骨密度（areal bone mineral den-

sity，aBMD；单位 g/cm^2）、骨矿物质含量（bone mineral content，BMC；单位 g）]，以及标准化的 T 值（T-score）或 Z 值（z-score）。

体成分指标包括脂肪量、肌肉量、体脂百分比、肌肉百分比等。

（四）指标评价

对于绝经后女性和 50 岁以上男性，测试指标常采用 T 值进行评价。T 值是指被测者的骨密度或骨矿物质含量与同民族、同性别、同地区的正常参考值数库中的峰值骨量之差除以标准差（SD）。若被测者骨密度低于峰值骨量 2.5SD，则表示 T 值为－2.5；若高于峰值骨量 1.0SD，则表示 T 值为＋1.0。

对于儿童、健康绝经前女性以及小于 50 岁的男性，测试指标常采用 Z 值进行评价。Z 值是指被测者的骨密度或骨矿物质含量与同民族、同性别、同年龄的均值之差除以 SD。被测者的骨密度或骨矿物质含量小于均值为-Z 值，大于均值为＋Z 值。Z 值不能用于诊断骨质疏松症。

WHO 在 1998 年和 2004 年发布了骨质疏松症的诊断标准（见表 3-1）。其明确表述为：绝经后女性和 50 岁以上男性，使用双能 X 线吸收法测得的脊柱、髋部、前臂远端骨密度，参照白种人年轻女性峰值骨量减少 2.5 个标准差（－2.5SD）及以上，作为骨质疏松症的诊断标准。

表 3-1　WHO 基于双能 X 线吸收法测量骨密度结果的判断标准

诊断标准分级	T 值
正常	≥－1.0SD
骨量减少	－2.5SD～－1.0SD
骨质疏松	≤－2.5SD
严重骨质疏松	≤－2.5SD 并发生一处或多处骨折

数据来源：World Health Organization. Guidelines for preclinical evaluation and clinical trials in osteoporosis，1998；World Health Organization. WHO scientific group on the assessment of osteoporosis at primary health care level，summary meeting report，2004.

对于儿童、绝经前女性和 50 岁以下男性，其骨密度水平的判断建议用同种族的 Z 值表示。Z 值＝（骨密度测定值－同种族同性别同龄人骨密度均值）/同种族同性别同龄人骨密度标准差。将 Z 值小于等于－2 视为低于同年龄段预期范围或低骨量。

由于黄种人峰值骨量比白种人低等原因，我国参考 WHO 标准，以汉族女性双能 X 线吸收法测量峰值骨量（M±SD）为正常参考值，制定了适合国内的判断标准（见表 3-2）。同时，参考日本 1996 年修订版的标准，我国也可用腰椎骨量丢失百分率作为判断标准（见表 3-3）。

表 3-2　　2000 年和 2014 年国内 T 值的判断标准

诊断标准分级	2000 年标准	2014 年标准
正常	T 值≥－1.0SD	－1.0SD≤T 值≤1.0SD
骨量减少	－2.0SD＜T 值＜－1.0SD	－2.0SD＜T 值＜－1.0SD
骨质疏松	T 值≤－2.0SD	T 值≤－2.0SD
严重骨质疏松	T 值≤－2.0SD 并发生一处或多处骨折；或 T 值≤－3.0SD 无骨折	T 值≤－2.0SD 并发生一处或多处骨折

数据来源：中国老年学学会骨质疏松委员会。

表 3-3　　2000 年和 2014 年国内腰椎骨量丢失百分率的判断标准

诊断标准分级	2000 年标准	2014 年标准
正常	骨量丢失≤12%	－12%≤骨量丢失≤12%
骨量减少	13%≤骨量丢失≤24%	13%≤骨量丢失≤24%
骨质疏松	骨量丢失≥25%	骨量丢失≥25%
严重骨质疏松	骨量丢失≥25%，并发生一处或多处骨折；或没有骨折但丢失大于 37%	骨量丢失≥25%，并发生一处或多处骨折；或没有骨折但丢失大于 37%

数据来源：中国老年学学会骨质疏松委员会。

故当评定骨折风险时，需要同时考虑骨量、骨质量等反映骨强度的因素。

通过骨矿物质含量及骨密度的测定也可反映骨质疏松性骨折的危险性。研究表明，骨质疏松性骨折与骨矿物质含量及骨密度降低直接相关，并确定低骨密度是预测骨质疏松性骨折的重要危险因素之一，是预测骨折危险性的重要依据。长期的纵向研究证实，腰椎正位骨密度降低 1SD，骨折风险增加 2.6～5.8 倍。因此，骨量越低，表明骨质疏松性骨折的风险越大。

在双能 X 线吸收法骨密度测量的临床使用过程中，应注意诊断标准的适用范围和局限性。首先，双能 X 线吸收法骨密度测量的诊断标准采用的是 T 值，而 T 值的结果取决于不同双能 X 线骨密度仪所设定的正常参考数据库。国内目前使用的双能 X 线骨密度仪以进口产品为主，由于每个生产厂家所设定的参考数据库不同，其计算出的 T 值也就不同，所以患者在不同机器检测的结果略不同。

(五)优点和缺点

1. 优点

双能 X 线吸收法骨密度测量的优点包括辐射暴露水平低，准确度和精密度高，测量时间短，能够提供软组织成分和骨矿物质含量数据，并能够让患者接受。此外，它还具有多功能性，可以测量中轴骨和周围骨一系列部位的骨矿物质含量

和身体成分。其临床使用的实用性和有效性已被明确证实。

2.缺点

(1)虽然双能X线吸收法骨密度测量被认为是目前诊断骨质疏松症的金标准,能够对骨量进行精确评估,但不能评估骨微结构或力学特性的情况,故其在骨折风险评估方面虽有重要的价值,但仍有不足之处。

(2)双能X线吸收法骨密度测量是平面投影技术,实际测量的是骨矿物质含量和面积骨密度(aBMD),使用aBMD来预测骨强度和骨折风险仍然存在一定局限性。

(3)双能X线吸收法骨密度测量所测骨量为扫描区内所有骨的总和,并不能区分骨皮质和骨松质。

(4)当被测部位骨质增生、骨折、骨周围组织钙化、位置旋转或椎体压缩时,双能X线吸收法骨密度测量测得的骨密度将受到影响,尤其是老年人群,容易造成误诊。此种情况下,可以通过脊柱的侧面投影测量骨密度来消除。

二、定量计算机断层扫描/周围骨定量计算机断层扫描

(一)测量原理

定量计算机断层扫描(quantitative computed tomography,QCT)骨密度测量是在临床电子计算机断层扫描(CT)机的基础上加上QCT测量体模和分析软件对人体的骨密度进行测量的。由于骨内矿物质对X线的高衰减率,CT图像中骨组织的CT值较高,但不同矿物质含量的骨组织的CT值也不同。采用与骨内矿物质在吸收衰减X线的性能方面相接近的材料(常用磷酸氢二钾或羟磷灰石),作为已知密度的测量体模,与人体一起进行CT扫描,根据测量体模获得密度与CT值的转换关系,再把测量骨组织区域的CT值根据这一关系转换成骨密度。作为骨成像中一个较新的技术,该方法可以提供骨的三维图像。因此,所测量的骨密度是真正的体积骨密度(vBMD,单位 mg/cm^3),并且其测量结果不受测量感兴趣区周围组织影响。QCT是唯一一种可分别评估皮质骨及松质骨密度的定量方法,能精确地选择特定部位的骨进行测量。

外周骨定量计算机断层扫描(peripheral quantitative computed tomography,pQCT)是一种专门用于四肢(桡骨或胫骨远端)的QCT骨密度测量方法,只能做前臂和小腿的QCT骨密度测量。其优点是辐射剂量比常规CT小。pQCT也可区分皮质骨和松质骨,并且提供压缩、弯曲和扭转的结构强度(即分别为骨强度指数、断面系数、应力-应变指数)。最近,高分辨率的pQCT扫描仪已经用于临床研究,并且也广泛用于儿童青少年。这些扫描仪的分辨率可以使其用来测量其他骨强度特征,包括皮质间隙、板状骨小梁和杆状骨小梁。

(二)测量部位

QCT 测量部位以腰椎(松质骨)为主,也可以测量髋关节(皮质骨)或其他部位,只需做一个部位即可。腰椎和髋关节 QCT 扫描都可以和该部位常规 CT 检查相结合,一次扫描即可完成,患者不需要接受额外的辐射。

pQCT 常测定桡骨或胫骨远端。

(三)测量指标

QCT 的测量指标为骨密度;QCT 的脊柱侧位定位像可以用于评价椎体变形,发现骨折。

报告呈现:绝经后女性和大于等于 50 岁的男性应该报告面积骨密度(g/cm^2)、T 值和 WHO 髋关节诊断标准,以及脊柱松质骨体积骨密度(mg/cm^3)。应该报告骨折风险。一旦方法标准化,须采用绝对骨折风险,此外,其他流行病因素也可报告。绝经前女性、小于 50 岁的男性和儿童应该报告各测量部位的骨密度和 Z 值(QCT 骨密度与同年龄人群相比,可以得到 Z 值)。Z 值大于−2.0SD 为正常范围,Z 值小于等于−2.0SD 为低骨密度。WHO 的 T 值诊断标准不适用于这些人群。

(四)指标评价

腰椎 QCT 只选择测量椎体松质骨骨密度,髋关节 QCT 或双能 X 线吸收法测量的骨密度主要反映的是皮质骨骨密度。因此,两个部位的检查结果判读及标准有所不同。

髋关节 QCT 结果应选 T 值,可以根据 WHO 标准及我国国内标准来判断。

腰椎 QCT 结果不能用 T 值进行评价,而是采用骨密度绝对值。国际临床骨密度学会(ISCD)2007 年、美国放射学院(ACR)2018 年以及我国《中国人骨质疏松症诊断标准专家共识(第三稿 2014 版)》的腰椎 QCT 骨质疏松诊断标准一致,标准如表 3-4 所示。

表 3-4　　腰椎 QCT 骨质疏松诊断标准

	正常	骨量减少	骨质疏松
诊断标准	骨密度绝对值≥120 mg/cm^3	骨密度绝对值介于80～120 mg/cm^3	骨密度绝对值≤80 mg/cm^3

资料来源:国际临床骨密度学会(The International Society for Clinical Densitometry, ISCD)2007 年数据,美国放射学院(The American College of Radiology, ACR)2018 年数据,中国老年学学会骨质疏松委员会 2014 年数据。

(五)优点和缺点

1.优点

(1)QCT 借助于专用体模(或称“标准体”)的已知密度,测量的骨密度是真正的体积骨密度。

(2)QCT 能够区分皮质骨和松质骨。由于可以单独测量松质骨,所以 QCT 对人体骨质疏松变化较其他骨密度测量方法更为敏感。

(3)QCT 能够避免测量区域周围组织的干扰,不易受髋关节或脊柱严重退变和增生、血管钙化等因素的影响。

(4)QCT 采集到的骨三维图像,还可用于骨生物力学分析研究。高分辨 CT 和 pQCT 提供了显示骨组织内部结构的能力,因此能够同时进行结构和骨强度的分析。

2.缺点

QCT/pQCT 的辐射剂量比双能 X 线骨密度仪大,但与多数 CT 扫描相比,QCT 的剂量较小。

三、骨定量超声测定

定量超声测定骨密度也是比较常见的方法,目前在临床应用越来越广泛,尤其在体检筛查方面。

(一)测量原理

利用超声波的发射,测定其在骨组织中传播时所损耗的能量,包括其声波传导速度和振幅衰减。由于骨的微观构造、成分和质量不同,其衰减也不同,从而能反映骨矿物质含量多少和骨结构及骨强度的情况。

QUS 测量一般采用透射法,在被测量骨的两侧各放置一个探头,一个用于发射,一个用于接收。根据探头和被测对象的接触方式分为干法和湿法。干法即探头和被测对象之间以耦合剂相接触;湿法是将两探头固定在水槽两侧,将被测对象浸泡在水中进行测量。目前,常采用干法进行测定。

(二)测量部位

由于超声的穿透力有限,该方法现仅能用于软组织较薄的外周骨的测量,如足跟、指骨、桡骨、胫骨等。

足跟是当前最常用的初筛部位,也是目前最常用的骨超声测量部位。跟骨不仅松质骨含量高,能更早、更准确地预测骨质疏松和骨折风险,而且具有软组织较薄、外侧表面扁平和有较大的平行的优点,使得测量时可减少相应的误差。同时,足跟部较方便暴露,容易被患者接受。因此,定量超声测量跟骨骨密度的仪器较为多见。

(三)测量指标

1. 测量参数

在定量超声技术测量中，主要有两个参数：超声速度(单位 m/s)和超声衰减(单位 dB/MHz)。

反映超声速度的指标有很多，如超声传播速度(speed of sound，SOS)、超声波表现速度(apparent velocity oultrasound，AVU)、超声波传播速度(ultrasound transmission velocity，UTV)等，目前最常用的指标是 SOS。骨超声速度主要与骨密度、骨微结构、骨的弹性和脆性有关。通过超声速度，进而反映骨密度、骨微结构、骨的弹性和脆性等。

反映超声衰减的指标主要有宽波段超声衰减(broadband ultrasound attenuation，BUA)。超声波在骨组织中传播时，一部分能量消耗则会引起超声衰减。超声衰减主要受骨密度及骨微结构，即骨小梁数目、骨小梁间连接关系、骨小梁分隔距离及走向的影响。

2. 计算参数

通过两个测量参数可计算出其他参数，如定量超声指数(quantitative ultrasound index，QUI)、振幅相关的超声传播速度(amplitude dependent speed of sound，AD-SOS)、硬度指数(stillness index，SI)[SI＝(0.67×BUA＋0.28×SOS)－420]等，也可以从一定程度上反映骨密度、骨微结构、骨的弹性和脆性。

此外，也有学者使用背散技术进行骨超声测量，并衍生出一些新的指标，如频谱最大值偏移(spectral maximum shift of ultrasonic backscatter signals，SMS)、声阻抗分布(acoustic impedance，AI)、背散射系数(back scatter coefficient，BSC)。这些指标能反映骨松质的微结构，为评价骨松质的情况提供有利的客观数据。

(四)指标评价

测量时，可获得各部位的 SOS 和(或)BUA，与仪器中所储存的峰值骨密度及骨强度数据库分析得出相应的 T 值、Z 值以及骨强度数据。但目前无法确定普遍适用的 QUS 指标正常值及骨质疏松诊断标准，也无法进行统一的质量控制，因此限制了该方法在临床上的推广应用。

对于 T 值和 Z 值，可参考 WHO 和国内的标准进行判断。但需要注意的是，WHO 根据骨密度确立的 T 值标准对于 QUS 仪器并不适用。由于各仪器精密度及测量部位的不同，所得结果将会有很大的差异。如果以 T 值等于或小于－2.5 作为诊断标准，各超声仪器或在各测量部位检测所得出的骨质疏松症患病率将会相差 10 倍。到目前为止，尚无学者单用 QUS 结果作为骨质疏松症的诊断标准。

(五)优点和缺点

1.优点

利用骨定量超声测量法不仅可以测量反映骨密度的信息,也可体现骨强度,从而更加全面地评估骨折风险。就这点而言,其评估意义可能比双能X线吸收法测量法更大。

同时,由于超声具有无创伤、无辐射、设备便携、易操作、费用低等特点,加之其所测量的部位简单、易于暴露,故可以广泛应用于各年龄段人群骨健康的检查、骨质疏松症的筛查、儿童骨密度检测及定期监测。

2.缺点

由于超声穿透力有限,目前只能用于外周骨的测量,对于躯干中心的主要承重骨来说,特别是发生骨质疏松最常见的腰椎及髋部,很难采用定量超声测量仪进行测量。尽管有学者在尝试进行髋部和腰椎的超声测试,但目前技术尚不成熟。

目前尚没有精确测定整体骨强度的检测仪器。虽然超声可以反映骨几何形状、骨小梁数目、骨小梁结构、小梁排列方式,但其测量结果与这些骨骼参数的具体对应关系仍不是很明确,期待以后更多的研究来解答。

四、其他测量方法

其他测量方法,如计算机断层扫描技术(Micro-CT)、单光子吸收测定法(single photon absorptiometry,SPA)、单能X线吸收法(single X-ray absorptiometry, SXA)、双光子吸收法(dual photon absorptiometry,DPA)、磁共振成像(magnetic resonance imaging,MRI)、骨形态计量(bone histomorphometry)、X线片(X-ray)等,均可测量骨健康的不同方面。

总之,上述各种骨量测定方法,因为检测原理不同,设备不同,大样本数据库不同,加之各种影响因素,导致相互之间结果判定略有差异。但总体上,上述任何一种检测方法,在人体这个复杂机体、复杂因素的影响下,都应按照各自的检测标准进行判断。

第二节 骨健康的实验室检查

骨是具有新陈代谢的活组织,在整个生命过程中代谢非常活跃。由于成骨细胞和破骨细胞的活动,新骨不断形成,旧骨的一些生化物质同时又不断地释放到血液循环中。骨代谢的过程反映了破骨细胞与成骨细胞的活动,以及骨基质、骨矿物质的变化情况。

实验室检查是骨健康评估的重要组成部分。由成骨细胞和破骨细胞活动而释放至血和尿中的骨基质成分，通过生物化学指标可以反映人体骨形成和骨吸收情况，及时并动态地反映整体骨转换率。虽然不能用于诊断骨质疏松，但作为骨代谢的生化标志，将有助于检查骨丢失速率、骨质疏松症的诊断、骨折风险性的评估、病情进展和干预措施的选择和评估。

根据检查项目的不同，我们可将实验室检查分为两大类：与骨矿物质有关的生化检查以及与骨转换有关的生化标志物。最常见的与骨矿物质有关的实验室检查是血清钙、磷、镁。这些评估提供了矿物质状态。骨转换生化标志物可分为三类：骨形成标志物、骨吸收标志物和钙磷代谢调节指标。骨转换生化标志物是更加灵敏、特异和无创的早期指标，能在完整骨细胞分子水平上精确地评价骨转换。

一、与骨矿相关的生化检查

骨矿物质主要是由无定形钙磷混合物和钙磷羟磷灰石晶体构成，而镁、锌、铜、锰、铝、硅、锶等元素也参与骨矿代谢。其中，钙和磷在骨骼中的含量较多。钙在人体的总含量为1000 g，骨骼中含量占99%，其他软组织中占1%；磷在人体中的总含量为600 g，骨骼中含量占85%，其他软组织中占15%；镁在人体中的总含量为25 g，骨骼中含量占65%，其他软组织中占35%。

测定血、尿中有关矿物质的含量可间接了解骨矿代谢状况。常用的检测指标包括：①血清骨矿物质成分的测定：血清总钙和离子钙、血清无机磷、血清镁。②尿骨矿物质成分的测定：空腹2小时的尿钙、尿磷、尿镁；空腹24小时的尿钙、尿磷、尿镁测定及每克肌酐排出的尿钙尿磷比值。此检测受饮食、季节、日照、药物、疾病、运动等因素影响较多，需严格限定条件。具体如表3-5所示。

表3-5　血、尿中骨矿物质的参考值

项目	对象	参考值(mg/dL)	参考值(mmol/L)
血清离子钙	新生儿	4.3～5.1	1.07～1.27
	成人	4.5～4.9	1.12～1.23
血清总钙	儿童	8.8～10.8	2.20～2.70
	成人	8.4～10.2	2.10～2.55
血清无机磷	儿童	4.5～5.5	1.45～1.78
	成人	2.7～4.5	0.87～1.45
	>60岁(男)	2.3～3.7	0.74～1.20
	>60岁(女)	2.8～4.1	0.90～1.32

续表

项目	对象	参考值(mg/dL)	参考值(mmol/L)
血清镁		1.3～2.1	0.65～1.05
尿钙		100～300	2.5～7.5
尿磷		406～1313	13～42
尿镁		73～122	3.0～5.0

(一)钙

1.原理

钙(Ca)是人体内含量最多的矿物元素之一,在机体内主要以盐的形式构成骨骼和牙齿,使骨骼具有特殊的硬度和强度。血清总钙和游离钙是体内含量最多的阳离子,骨骼是体内最大的钙储备库。血钙在血液中主要以3种形式存在,即蛋白结合钙、离子钙和小分子阴离子结合钙。蛋白结合钙约占血清总钙的40%,小分子阴离子结合钙约占10%,这两种钙均无生理活性。离子钙约占血清总钙的50%,具有钙的生理活性。但不是所有离子钙均具有生理活性,离子钙中有生理活性的部分称为“活性离子钙”,另一部分无活性,称为“非活性离子钙”,后者在活化前无生理作用。离子钙能通过毛细血管进入细胞外液。

当人体缺Ca时,首先表现在血浆中。因为血浆低Ca时为了维持各种生理功能的正常进行,机体不得不动用骨骼贮存的Ca。如果机体经常缺Ca,会发生代谢紊乱,导致骨质疏松、骨软化等疾病。同时,Ca也是骨代谢过程中重要的调节激素及合成材料。因此,监测它们在运动中的变化能够了解骨组织代谢情况。

2.样本采集

血清、尿。

3.测量方法

血清总钙:乙二胺四乙酸(EDTA)滴定法,邻甲酚酞络合剂直接比色法;血清离子钙:离子电极方法。

4.应用

(1)血清钙降低:佝偻病、软骨病、甲状旁腺机能减退或不全、维生素D缺乏症等。

(2)血清钙升高:原发性甲状旁腺机能亢进、结节病引起肠道钙的过量吸收、维生素D过多症、多发性骨髓瘤、恶性肿瘤骨转移等。

原发性骨质疏松患者,如老年性骨质疏松症者,血钙一般在正常范围。

(二)磷

1. 原理

磷(P)在人体中具有重要生理功能，无机磷酸盐对骨基质矿化起到至关重要的作用。与钙一样，磷也是在肠内被吸收，储存在骨中，排泄到尿液中，并且容易在血液中测量。大部分的磷作为羟基磷灰石的一部分储存在骨中(85%)，是构成骨骼和牙齿的重要组成部分。此外，在软组织中发现总磷含量的14%～15%，在血液中磷的含量小于总磷含量的1%。磷以有机结合的磷酸(70%)和无机磷酸根离子(30%)两种形式在血液中循环，通常在血清中所测量的磷就是无机磷酸盐。磷酸盐对维持酸碱平衡具有重要作用。

2. 样本采集

血清、尿。

3. 测量方法

硫酸亚铁磷钼蓝比色法，雀绿直接显色法。

4. 应用

(1) 血清无机磷升高：甲状旁腺功能减退、过量维生素D治疗、过量紫外线照射、多发性骨髓瘤及某些骨病、骨折愈合期、巨人症、肢端肥大症等。

(2) 血清无机磷降低：甲状旁腺功能亢进、骨软化症、胰岛素过多症、佝偻病等。老年性骨质疏松症患者血磷一般正常。

(3) 尿磷升高：痛风、甲状旁腺功能亢进等。

(4) 尿磷降低：甲状旁腺功能减退、佝偻病、肾小球疾病等。

在儿童时期，循环磷浓度随年龄的增加而显著变化。一般情况下，婴儿的血清磷水平最高，这可能是由于骨骼和细胞生长引起的需求增加所致。随着儿童年龄增长至正常成人的年龄范围，血清磷水平会逐渐下降。重要的是要认识到，许多临床实验室在报告血清磷水平时没有提供特定的年龄范围，这通常导致将低磷水平误认为“正常”。由于磷酸盐对骨健康非常重要，尤其是在生长时期，因此在考虑年龄的情况下，评估血清磷水平是至关重要的。

此外，血磷水平与季节也有一定的关系。由于夏季受紫外线的影响，血清磷的含量比冬季高。

(三)镁

1. 原理

镁(Mg)是体内重要的矿物质，是含量较多的阳离子之一，是数百种酶促反应所必需的离子。它在骨健康中起着重要的作用，对于脑、心脏和骨骼肌的功能起着至关重要的作用。只有1%的总镁含量在细胞外空间；其余的均储存在细胞内，其中有50%～60%在骨组织中，其余在肌肉软组织中。在血清中，镁充当钙拮抗剂。循环镁浓度降低时，可急剧增加PTH的释放，但慢性镁缺乏则通过改变CaSR活化以抑制PTH的释放，并诱导终末器官对PTH的抗性，这可能

与难治性低钙血症相关。在镁补充完成之前,钙可能也无法正常化。在骨中,镁离子与羟基磷灰石结合,从而增加磷酸盐和钙离子的溶解度并改变晶体大小。此外,镁还能影响成骨细胞的增殖和促炎性细胞因子的释放;低镁水平可影响维生素 D 活性,可能会引起骨脆性增加和骨折的发生。

60%的循环镁呈游离的离子化形式(活性形式),10%与血清阴离子络合,30%与白蛋白结合。总血清镁是一种容易进行的测试,是目前评估机体镁状态的标准方法。与钙不同的是,离子镁水平一般不容易测得。由于只有 1%的总镁量存在于细胞外空间,尽管全身镁存储量明显减少,血清镁水平仍可能处于正常水平。对于钙,用 EDTA 污染的样本可能导致人为的低镁血症。此外,由于循环镁与白蛋白结合,如果患者白蛋白水平低,镁可能会错误地显示成低水平。与钙不同的是,血清镁的浓度通常不对人血白蛋白进行调节。

2.样本采集

血清、尿。

3.测量方法

甲基麝香草酚蓝比色法。

4.应用

(1)血清镁升高:关节炎、多发性骨髓瘤、肾上腺皮质功能低下等。

(2)血清镁降低:绝经后及老年性骨质疏松症、甲状旁腺机能亢进、营养不良、慢性酒精中毒、过量使用维生素 D 等。

老年性骨质疏松症患者尿钙和磷在正常范围内,尿镁略低于正常范围。

二、骨转换生化标志物的检查

骨转换生化标志物(bone turnover biochemical markers,BTM)来源于骨、软骨、软组织、皮肤、肝、肾、小肠及血液等处,包括由成骨细胞和破骨细胞各自特异性分泌的酶和激素,以及骨基质的胶原蛋白代谢产物或非胶原蛋白。这些标志物会释放入血或从尿中排泄,因此可在血清或尿液中测量。

在骨转换过程中,BTM 发挥重要调节作用。这些标志物虽然不是疾病特异性的,但在一定程度上,这些标志物代表骨组织新陈代谢的特征,是判定人体骨代谢功能状况的重要依据。目前,BTM 已广泛用于临床和骨健康的检测和研究,在评价骨代谢状态、骨质疏松诊断分型,预测骨折风险,监测干预手段的功效和作用机制等方面具有重要应用价值。

与骨密度及骨强度相比,BTM 的优点是变化程度大,变化周期短,可以对干预效果进行早期评估。如在治疗数周后,在抗吸收治疗期间可见 BTM 显著变化;而通过骨密度进行监测通常需要 1~2 年才能确定重大变化。由此,在采用骨转换生化标志物评定骨健康状况时,一般建议每 3 个月测试一次;而采用双能 X 线吸收法或 QCT 检测骨密度时,一般建议间隔时间为 1 年,病情发生变化

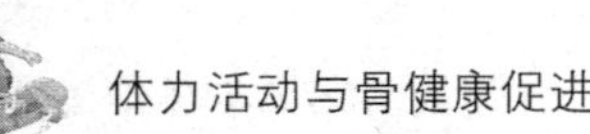

或为调整治疗方案可间隔时间为半年。由于依从性是慢性病长期治疗的一个重要问题，因此有人提出 BTM 可用于临床实践，以评估患者对治疗的依从性，并提供药物有效性的反馈。同理，在进行运动干预后，我们可以通过骨转换生化标志物进行早期监测和评估，以评估运动对骨健康的干预效果。

骨代谢标志物可分为 3 类：骨形成标志物、骨吸收标志物和钙磷代谢调节指标。目前临床上可应用酶标免疫分析（ELISA）、化学发光免疫测定（CLIA）、电化学发光（ECL）、放射免疫分析（RIA）、免疫放射分析（IRMA）、高效液相色谱（HPLC）及比色法等检测分析。由于测量方法的不同会导致各测试指标正常值不一致，结果应以具体测定方法及测定设备为准。

临床常用的骨代谢标记物如表 3-6 所示。

表 3-6　　骨代谢标志物

标志物名称		英文全称及缩写	样本来源
骨形成标志物	碱性磷酸酶	alkaline phosphatase，ALP	血清
	骨特异性碱性磷酸酶	bone specific alkaline phosphatase，BALP	血清
	骨钙素	osteocalcin，OC	血清
	Ⅰ型前胶原羧基末端肽	typeⅠ procollagen carboxyl-terminal peptide，PⅠCP	血清
	Ⅰ型前胶原氨基末端肽	type Ⅰ procollagen amino-terminal peptide，PⅠNP	血清
	骨保护素	osteoprotegerin，OPG	血浆、血清
骨吸收标志物	抗酒石酸酸性磷酸酶	tartrate-resistant acid phosphatase，TRACP	血浆、血清
	Ⅰ型胶原羧基末端肽	typeⅠ collagen carboxy-terminal peptide，CTX	尿、血清
	Ⅰ型胶原氨基末端肽	typeⅠ collagen amino-terminal peptide，NTX	尿、血清
	尿吡啶啉	urinary pyridinoline，Pyr	尿
	尿脱氧吡啶啉	urinary deoxypyridinoline，D-Pyr	尿
钙磷代谢调节指标	甲状旁腺激素	parathyroid hormone，PTH	血清
	降钙素	calcitonin，CT	血清
	维生素 D_3 及其代谢物	vitamin D_3，VD_3 25-hydroxyl vitamin D_3，25-(OH)D_3 1，25-dihydroxy vitamin D_3，1，25-$(OH)_2D_3$	血清
	雌二醇	estradiol，E_2	血清
	睾酮	testosterone，T	血清

(一)骨形成标志物

骨形成标志物在成骨细胞发育的不同阶段表达,可反映骨形成和成骨细胞功能的不同方面。骨形成标志物包括碱性磷酸酶、骨特异性碱性磷酸酶、骨钙素、Ⅰ型前胶原羧基末端肽、Ⅰ型前胶原氨基末端肽和骨保护素。

1. 血清总碱性磷酸酶和骨特异性碱性磷酸酶

(1)原理:血清总碱性磷酸酶和骨特异性碱性磷酸酶是最常用的评价骨形成和骨转换的指标。

碱性磷酸酶由来源于骨、肝脏、胎盘、小肠、胆等的同工酶组成,来源较为广泛。血清中主要含有骨特异性碱性磷酸酶和肝碱性磷酸酶两种同工酶。在成人血清中,骨特异性碱性磷酸酶和肝碱性磷酸酶各约占总碱性磷酸酶活性的50%。各种同工酶是同一基因产物,其差别主要在于翻译后糖基化修饰不同。由于血液中的碱性磷酸酶不仅来源于骨,因此测定血液中的碱性磷酸酶不具有特异性。

骨特异性碱性磷酸酶是在成骨细胞成熟期开始分泌并持续到基质钙化期,与骨基质矿化密切相关,是成骨细胞成熟和具有活性的标志。其生理功能主要是在成骨过程中水解无机磷酸盐,为羟基磷灰石的沉积提供磷酸,同时水解焦磷酸盐,降低焦磷酸盐浓度,解除其对骨盐形成的抑制作用,有利于骨的矿化过程。当骨骼矿化受阻时,成骨细胞合成大量碱性磷酸酶,使血清碱性磷酸酶明显升高。因此,检测血清中骨特异性碱性磷酸酶可直接反映骨形成状态。

(2)样本采集:血清。

(3)检测方法:总碱性磷酸酶常规检测方法精度高。骨特异性碱性磷酸酶常采用酶标技术和单克隆抗体检测方法。

(4)应用:成骨细胞的生长分化经历了细胞增殖期、成熟期、细胞外基质钙化期。在成熟期,BALP 大量分泌,呈强阳性;随着细胞逐渐发展至更成熟的成骨细胞,BALP 含量则逐渐减少至较低甚至零水平,表明 BALP 是成骨细胞成熟的早期标志物。BALP 水平与成骨细胞活性呈线性关系,被认为是最精确的骨形成标志物。

ALP 和 BALP 广泛用于评价骨形成情况和检测骨骼疾病。ALP 和 BALP 的增高主要见于高转换的代谢性骨病,如变形性骨炎、原发和继发性甲状旁腺功能亢进、甲状腺功能亢进、高转换型骨质疏松症、佝偻病、软骨病、骨转移癌等,并且 BALP 增高的程度大于 ALP。在一些轻型的代谢性骨病,如骨质疏松症,ALP 改变常发生在正常范围,因而应同时检测 BALP。在临床上对 BALP 的定期检测,可以为骨质疏松症的早期诊断、治疗效果的检测、病情预后等提供依据。

2. 骨钙素

(1)原理:骨钙素是成骨细胞在非增殖期合成分泌的一种特异性非胶原骨蛋白,由49个氨基酸组成,是维生素K依赖性钙结合蛋白。骨钙素占人体总蛋白的1%~2%,大部分沉积在骨基质中,只有大约20%通过骨吸收释放到血液进入血液循环。其生理功能在于调控骨矿物沉积和转移,抑制异常的羟磷灰石结晶形成,从而维持正常骨矿化,促进成骨细胞分化、成熟及骨细胞的形成。OC是成骨细胞的功能敏感标志。

成骨细胞活性以及成骨细胞合成和分泌OC的能力,直接影响血清OC的水平。因此,血清中OC水平变化,可代表骨组织中骨钙素的合成量,直接反映成骨细胞活性。

(2)样本采集:血清。

(3)测量方法:放射免疫和酶免技术。

(4)应用:血清OC只来源于骨骼,作为一个骨转换生化标志物,既特异又灵敏。当骨形成能力增强时,血清OC普遍增加,比碱性磷酸酶具有更高的特异性和灵敏性。

OC广泛用于评价成骨功能水平以及诊断和检测骨骼疾病。血清OC水平增高常见于儿童生长期、高转换代谢骨病、骨折、甲状腺功能亢进、甲状旁腺功能亢进等。血清OC水平降低常见于长期糖皮质激素治疗、甲状腺功能减低、甲状旁腺功能减低等。

血清OC的浓度存在明显的年龄和性别差异。骨生长发育过程中OC水平较高,在儿童期为成人的5倍,以后缓慢下降,30~35岁稳定在一定水平,并且女性明显高于男性。

血清OC的浓度受昼夜节律的影响,从早晨到中午逐渐下降,随后逐渐升高,峰值于午夜后出现,并受维生素D、月经周期、酒精和季节等因素的影响。因此,对于临床检测,应该严格控制采样条件。

3. Ⅰ型前胶原羧基末端肽和Ⅰ型前胶原氨基末端肽

(1)原理:Ⅰ型骨胶原是骨基质的主要骨胶原蛋白,是骨骼的主要有机成分。骨形成过程中,成骨细胞首先合成Ⅰ型前胶原,其分子氨基端和羧基端各有一小分子多肽链,分别为PⅠCP和PⅠNP。Ⅰ型前胶原分泌到成骨细胞外成为原胶原时,特异的内肽酶切下PⅠCP和PⅠNP,成为Ⅰ型骨胶原。PⅠCP和PⅠNP与Ⅰ型骨胶原等量合成,每合成一个胶原分子,就会有一个分子的PⅠCP和PⅠNP产生,因而PⅠCP和PⅠNP成了Ⅰ型胶原质沉积的特异性标志物。切下的PⅠCP和PⅠNP不再整合到骨基质,而是进入血液循环。因此,血清PⅠCP或PⅠNP水平代表成骨细胞新合成Ⅰ型骨胶原的量。当成骨细胞活性

增强时，胶原合成增多，血清 PⅠCP 或 PⅠNP 的水平升高，可以较为全面地反映成骨细胞介导的骨形成状况。

(2)样本采集：血清。

(3)测量方法：采用放免和酶免方法。

(4)应用：理论上 PⅠCP 和 PⅠNP 是骨形成的良好指标，监测这两个标志物可以早期发现骨合成减退，警惕早期骨质疏松的发生。但实际应用于临床时其敏感性差，血清 PⅠCP 水平与骨组织学上的骨形成相关性也较微弱，在临床上有明显骨高转换的疾病如佩吉特骨病、甲旁亢和甲亢患者 PⅠCP 并不升高。其应用还有待进一步观察。

4. 骨保护素

(1)原理：骨保护素又称“护骨素”“骨保护蛋白”“破骨细胞生成抑制因子”，是一种含 401 个氨基酸残基的蛋白质，是肿瘤坏死因子(tumor necrosis factor，TNF)受体超家族的新成员。在肝、心、肺、肾、胃、小肠、皮肤、脑、脊髓及骨骼中，OPG 均有较高水平的表达，其中在骨骼中，主要在骨髓基质细胞、成骨细胞、成纤维细胞等细胞中表达。OPG 主要作用是通过 OPG-RANK-RANKL 系统影响骨代谢，抑制破骨细胞发生，并促进成熟破骨细胞的凋亡。目前，OPG 已作为骨形成标志物。

(2)样本采集：血清。

(3)测量方法：ELISA 方法。

(4)应用：骨保护素广泛用于评价成骨功能水平以及诊断和检测骨骼疾病。随着年龄增加，绝经后女性血清 OPG 水平逐渐升高，主要原因是雌激素缺乏时破骨细胞功能活跃，机体为代偿骨吸收，骨形成增加，最终引起 OPG 升高。

血清 OPG 水平增高常见于类风湿性关节炎(RA)、强直性脊柱炎(AS)、前列腺癌、高转换代谢骨病、甲状腺功能亢进、甲状旁腺功能亢进等。

血清 OPG 水平降低常见于肿瘤转移引起的溶骨性破坏、长期糖皮质激素治疗、甲状腺功能减低、甲状旁腺功能减低等。

(二)骨吸收标志物

骨吸收是破骨细胞释放多种蛋白酶、有机酸降解骨胶原和溶解骨盐的过程。因此，分泌的酶类和骨胶原降解产物可作为骨吸收标志物。常用的骨吸收标志物包括抗酒石酸酸性磷酸酶、Ⅰ型胶原羧基末端肽、Ⅰ型胶原氨基末端肽、尿吡啶啉、尿脱氧吡啶啉。

1. 抗酒石酸酸性磷酸酶

(1)原理：抗酒石酸酸性磷酸酶是酸性磷酸酶 6 种同工酶中的一种，主要存在于巨噬细胞、破骨细胞、红细胞、血小板以及单核吞噬细胞等细胞中。其中，在肺泡巨噬细胞和破骨细胞中含量最丰富。在正常人血清中，TRACP 以两种不同的糖基化形式存在，即 TRACP-5a 和 TRACP-5b。其中，TRACP-5a 主要来源于炎性巨噬细胞，而 TRACP-5b 则主要来源于破骨细胞。TRACP-5b 与总 TRACP 的活性有强烈的相关性，表明总 TRACP 活性大部分为破骨细胞来源的 TRACP-5b 所体现。TRACP 作为骨吸收和破骨细胞活性的良好标志物，测定血清中 TRACP，尤其是 TRACP-5b 的浓度，有助于了解机体的骨代谢状况。

(2)样本采集：静脉血清。

(3)测量方法：酶免法(ELISA)、放免法、电泳法。

(4)应用：血清 TRACP-5b 水平升高见于骨吸收增加、破骨细胞活性增强的疾病，如高转换型骨质疏松，甲状旁腺机能亢进、佩吉特骨病等代谢性骨病，畸形性骨炎，恶性肿瘤骨转移等。该指标较为稳定，在病理状态下可中度升高，改变范围相对较小，其判断骨吸收的价值不如吡啶啉一类。

血清 TRACP-5b 水平降低常见于骨吸收及破骨吸收活性降低的疾病，如甲状旁腺功能减退等。

2. Ⅰ型胶原羧基末端肽

(1)原理：在骨基质中，Ⅰ型胶原占 90%以上，是人体最丰富的胶原蛋白形式。在骨组织的不断重建中，Ⅰ型胶原被降解为小片段，释放入血，部分出现于尿液中。测定血、尿中这些小片段的含量和变化可评价破骨细胞活性以及骨吸收状态。Ⅰ型胶原羧基末端肽是使用最为广泛的胶原降解标志物，反映了破骨细胞骨吸收活性，可作为骨吸收标志物。

(2)样本采集：血清、尿液。

(3)测试方法：ELISA、放免法。

(4)应用：CTX 水平升高可见于以破骨细胞活性显著增强为特点的代谢性骨病，如骨质疏松症、病、多发性骨髓瘤和肿瘤骨转移等。

3. Ⅰ型胶原氨基末端肽

(1)原理：Ⅰ型胶原氨基末端肽是Ⅰ型胶原交联氨基末端肽通过 3-羟吡啶交联物将相邻的两个胶原分子各自氨基末端的一条肽链与毗邻的另一胶原分子螺旋处相连而成。在骨基质吸收过程中，尿吡啶啉(Pyr)和尿脱氧吡啶啉(D-Pyr)进入血液，NTX 同时入血。进入血循环的交联产物不能再合成胶原，而是随尿排出，是骨降解后尿中出现的稳定的最终产物。

NTX 中含 α2(Ⅰ)链，是破骨细胞降解骨Ⅰ型胶原的直接产物。由于 α2(Ⅰ)链主要在骨胶原中，所以该法特异性较高，而 CTX 的肽链结构均为 α2(Ⅰ)型，为所有组织中的Ⅰ型胶原所共有。NTX 是反映骨吸收的特异和敏感的指标。

(2)样本采集:静脉血清、尿液。

(3)测试方法:ELISA 等。

(4)应用:出生时尿中 NTX 浓度最高,随着年龄增加逐渐下降,生长中止时处于相对恒定状态,绝经后女性显著高于绝经前。

NTX 水平的升高主要见于以骨吸收显著增强为特点的疾病,如骨质疏松症、甲状旁腺功能亢进症、甲状腺功能亢进症、多发性骨髓瘤和肿瘤骨转移等。

4. 尿吡啶啉与尿脱氧吡啶啉

(1)原理:吡啶啉和脱氧吡啶啉是由骨基质成熟胶原降解而来的不可还原的代谢产物,是 NTX 和 CTX 的终末代谢产物。吡啶啉和脱氧吡啶啉是胶原纤维之间的连接物,使胶原纤维共价交联稳定。胶原降解后,吡啶啉和脱氧吡啶啉释放入血,不经肝脏的降解直接排泄于尿中。吡啶啉存在于骨、软骨、牙齿、肌腱等结缔组织中,而脱氧吡啶啉仅存在于骨与牙齿的Ⅰ型胶原中,且绝大多数来源于骨。多数情况下,二者在尿中的浓度高度相关,尿中吡啶啉和脱氧吡啶啉的比值约为 4∶1。Pyd 和 D-Pyd 是一种较特异、敏感的反应破骨细胞活性和骨吸收状况的指标,是目前最有价值的骨吸收指标之一。

(2)样本采集:尿液。

(3)测定方法:ELISA、HPLC 及化学发光法。

(4)应用:Pyr 和 D-Pyr 含量升高常见于绝经后骨质疏松患者、原发性甲状旁腺功能亢进症患者、骨关节炎患者、佩吉特骨病患者、系统性红斑狼疮患者、肿瘤患者、骨转移的肿瘤患者。Pyr 和 D-Pyr 有可能是晚期肿瘤的一个敏感指标。

Pyr 和 D-Pyr 含量降低常见于糖尿病患者。

(三)钙磷代谢调节指标

1. 甲状旁腺激素

(1)原理:甲状旁腺激素(parathyroid hormone,PTH)是由甲状旁腺的主细胞合成分泌的,由一条含 84 个氨基酸的肽链构成,属于钙调激素,主要作用于肾脏和骨。其主要生理功能是调节机体的钙、磷代谢,动员骨钙入血,促进肾脏对钙的重吸收,调节血钙浓度增加;促进肾脏对磷酸盐的排泄,调节血磷水平下降;促进肾脏 $1,25\text{-}(OH)_2D_3$ 的产生,间接促进肠对钙的吸收,是调节血钙、磷水平的主要激素之一。PTH 还可增加破骨细胞的活性和数量,刺激成骨细胞释放 IGF-Ⅰ,精细调节骨的合成、分解代谢,对成骨细胞和破骨细胞的分化、成熟、凋亡发挥重要作用。

PTH 的分泌主要受血浆钙离子浓度的调节。血浆钙离子浓度升高,PTH 的分泌受到抑制;血浆钙离子浓度降低,则刺激 PTH 的分泌。

(2)样本采集:血清。

(3)测量方法:化学发光免疫测定法、放射免疫法和酶联免疫法。

(4)应用:PTH 可用于评价钙、磷代谢情况和检测骨骼疾病,能帮助判断甲状旁腺功能。

PTH 增高主要见于原发性甲状旁腺功能亢进症、异位性甲状旁腺功能亢进症、第三期甲状旁腺功能亢进症、继发性甲状旁腺功能亢进症、假性甲状旁腺功能减退症、佝偻病、骨软化症等。

PTH 减低主要见于特发性甲状旁腺功能减退症、甲状腺手术切除所致的甲状旁腺机能减退症、非甲状腺功能亢进性高钙血症,如恶性肿瘤骨转移等。

2. 降钙素

(1)原理:降钙素(calcitonin,CT)是由甲状腺滤泡旁细胞(C 细胞)分泌的一种由 32 个氨基酸组成的多肽激素。降钙素的主要生理功能包括抑制破骨细胞的生成,增强成骨过程;使骨组织释放的钙盐减少,促进骨盐沉积;增加尿磷,降低血钙和血磷。降钙素还作用于肾脏,抑制肾小管对钙、磷、氯、钠的重吸收。降钙素与甲状旁腺激素相拮抗,当血钙升高时,降钙素分泌增加,使血钙浓度下降。降钙素是用于诊断和监测甲状腺髓质癌的特异且敏感的肿瘤标志物。此外,降钙素可随年龄的增长而降低。

(2)样本采集:血清。

(3)测量方法:免疫放射分析法。

(4)应用:降钙素增高常见于甲状腺髓样癌、严重骨病、原发性甲状腺功能减退症、急慢性肾衰竭等疾病者。此外,新生儿、儿童和孕妇由于骨骼更新快,故血清降钙素水平可升高。

降钙素降低常见于甲状腺发育不全或甲状腺全切除者、重度甲状腺功能亢进者。此外,成年女性血清降钙素水平比男性低,且随年龄的增加而降低,停经女性降低更为明显。

3. 维生素 D 及其代谢物

(1)原理:维生素 D(Vitamin D,VitD)是一种脂溶性甾体激素前体,可分为维生素 D_2 和维生素 D_3。维生素 D_2 多含于植物性食物中,是由植物的麦角固醇经阳光照射而合成的;维生素 D_3 可由人体皮肤和脂肪组织的 7-脱氢胆固醇经过阳光照射合成。VitD 无生物活性,须在肝脏作用下经过羟基化过程,形成 25-(OH)D_3,继而在肾脏作用下再经过羟基化过程,形成 1,25-$(OH)_2D_3$ 才具有生物活性。维生素 D 活性代谢产物 1,25-$(OH)_2D_3$ 可提高小肠对钙、磷的吸收以及肾小管对钙、磷的重吸收;调节甲状旁腺激素动员骨内的钙、磷贮存;激活成

骨细胞产生骨基质;刺激破骨细胞活性,促进骨吸收,以维持体内的钙、磷平衡。

(2)样本采集:血清。

(3)测量方法:竞争蛋白结合法、酶联免疫法。

(4)应用:1,25-$(OH)_2D_3$ 增高常见于维生素 D 中毒;减低常见于维生素 D 缺乏性佝偻病、软骨病。

4.雌二醇

(1)原理:雌激素可促进降钙素分泌,抑制破骨细胞的活性,故雌激素不足,破骨细胞活性增加,可造成骨质疏松症,特别是绝经后女性。雌激素不足又能抑制肾皮质羟化维生素 D 的功能,导致血维生素 D 活性代谢物的生成减少,肠钙的吸收下降,骨吸收与骨形成的偶联作用破坏。血清雌二醇水平与骨密度呈正相关,测量血清雌二醇水平在观察绝经后骨代谢变化中有着重要的临床意义。

(2)样本采集:血清。

(3)测试方法:放免法。

(4)应用:血清雌二醇水平与骨密度呈正相关,可作为评价骨吸收的指标。

血清雌二醇低下常见于骨质疏松症、性腺发育不全、运动性闭经、闭经泌乳症、精神性厌食等。

5.睾酮

(1)原理:睾酮(testosterone,T)是雄激素的一种。雄激素能促进降钙素的分泌,又对维生素 D 的合成有促进作用。当出现雄激素与雌激素同比减少时,可导致骨质疏松与骨折危险性增加。血睾酮往往随着年龄的增长而缓慢降低,一般年轻男性很少患骨质疏松症。若在 40 岁前出现骨质疏松,则往往伴有男性性腺功能低下的疾病。

(2)样本采集:血清。

(3)测试方法:化学发光法。

(4)应用:雄激素与雌激素同比减少,可导致骨质疏松与骨折危险性增加。

第三节 骨质疏松症及骨折风险测试与评估

骨质疏松症是受多因素影响的复杂疾病,对个体进行骨质疏松症风险评估,能为疾病早期防治提供有益帮助。评估骨质疏松风险的方法较多,在此推荐国际骨质疏松基金会(IOF)一分钟骨质疏松症风险测试题和亚洲人骨质疏松自我筛查工具(osteoporosis self-assessment tool for Asians,OSTA),作为疾病风险因素的初筛工具。

随着骨骼变得更加疏松和脆弱,骨折的风险也会大大增加。骨质疏松性骨折是骨质疏松最严重的后果。在骨质疏松症患者中,即使轻微的外力也可能发生骨折,给患者带来巨大的痛苦,并严重限制患者的活动,甚至缩短寿命。在此,推荐简单易行的骨折风险评估工具(fracture risk assessment tool,FRAX),可以预估未来10年发生骨折的风险。

一、IOF一分钟骨质疏松症风险测试

(一)原理

IOF一分钟骨质疏松症风险测试是根据患者简单病史,从中选择与骨质疏松相关的问题,由患者判断是与否,从而初步筛选出可能具有骨质疏松风险的患者。该测试题简单快速,易于操作,但仅能用于初步筛查疾病风险,不能用于疾病骨质疏松症的诊断。

(二)测试过程

你是否知道你患骨质疏松症的个人风险因素?请参加IOF一分钟骨质疏松症风险测试并找出答案(见表3-7)。

表3-7　一分钟骨质疏松症风险测试

(19个简易问题,让你更了解自己的骨健康)

你的风险因子有些是无法调整的——这些也就是你无法改变的风险因子 这些风险因子是与生俱来、无法改变的,然而你必须警觉你有这些无法改变的风险因子,这是很重要的,这样你才会想要采取行动来减少骨流失	
1.父母是否曾被诊断有骨质疏松或曾在轻微跌倒后骨折?	○是　○否
2.父母中一人有驼背状况吗?	○是　○否
3.你的年龄是否超过60岁?	○是　○否
4.成年后是否曾经因为摔倒而造成骨折?	○是　○否
5.是否经常摔倒(去年超过一次),或者因为身体较虚弱而担心摔倒?	○是　○否
6.你40岁后的身高是否减少超过3 cm?	○是　○否
7.是否体重过轻?(身体质量指数值小于19 kg/m^2)(参考:如何计算身体质量指数)	○是　○否
8.是否曾连续服用类固醇药片超过3个月?(类固醇通常用来治疗气喘、类风湿性关节炎以及某些发炎的疾病)	○是　○否

续表

9. 你是否曾被诊断患有类风湿性关节炎？	○是　○否
10. 你是否被诊断患有过度活跃的甲状腺疾病、过度活化的甲状旁腺疾病、1 型糖尿病或营养(胃肠道)疾病(如克罗恩病或乳糜泻)？	○是　○否

女性朋友请继续回答以下问题：

11. 你是否在 45 岁或以前便已停经？	○是　○否
12. 除了怀孕、更年期或切除子宫后，你是否曾停经超过 12 个月？	○是　○否
13. 你是否在 50 岁前切除过卵巢而又没有接受激素替代疗法？	○是　○否

男性朋友请继续回答以下问题：

14. 你是否曾经因睾酮过低而出现阳痿、失去性欲和其他一些症状？	○是　○否

你的生活方式风险因子——这些是你可以改变的

这些是可以调整的风险因子，主要是因为饮食或生活方式选择不当才产生的

15. 你是否经常饮用超过安全分量的酒精饮品(每天超过 2 个单位)？(参考下面所列的“如何估算饮酒量”)	○是　○否
16. 你现在或曾经是否吸过香烟？	○是　○否
17. 你每天的运动量少于 30 分钟吗？(包含做家事、走路、跑步等)	○是　○否
18. 你是否避免乳制品或者对乳制品过敏，又不服用任何钙补剂？	○是　○否
19. 你每天从事户外活动时间是否少于 10 分钟(将部分身体暴露在阳光中)，而又没有服用维生素 D 补充剂？	○是　○否

请参考：

1. 如何计算身体质量指数(BMI)

身体质量指数(BMI)是一项基于身高和体重得出的指标，适用于成年男性和女性。

BMI＝体重(kg)/身高^2(m^2)

BMI 分类：低体重：＜18.5；正常体重：18.5～24.9；超重：25～29.9；肥胖：≥30

2. 如何估算饮酒量

1 单位的烈酒约含 10 mL(约为 8 g)纯乙醇(即酒精饮料中的活性化学成分)。过量饮酒会增加骨质疏松症和骨折的风险

啤酒或苹果酒(4％酒精含量)：250 mL(8.75 盎司)＝1 单位

葡萄酒(12.5％酒精含量)：80 mL(2.8 盎司)＝1 单位

烈酒(40％酒精含量)：25 mL(0.88 盎司)＝1 单位

注：每个国家的玻璃杯大小和饮料的酒精含量有区别，因此我们使用含量和百分比计量

注：这个测验的目的是为提高你对骨质疏松症风险因子的认识，本测验没有经过完整的科学验证。

(三)评价

上述问题,只要其中有一题回答为“是”,则提示存在骨质疏松症的风险,建议进行骨密度检查或 FRAX 风险评估测试。值得注意的是,答“是”只是表示你具有经临床研究证实的风险因子,而它们可能导致骨质疏松症及骨折,但并不代表你已罹患骨质疏松症。

二、亚洲人骨质疏松自我筛查

(一)原理

亚洲人骨质疏松自我筛查工具(OSTA)基于亚洲 8 个国家和地区绝经后女性的研究,收集多项骨质疏松危险因素,并进行骨密度测定,从中筛选出 11 项与骨密度显著相关的危险因素,再经多变量回归模型分析,得出能较好体现敏感度和特异度的两项简易筛查指标,即年龄和体重。根据年龄和体重,计算 OSTA 指数。

(二)计算方法

OSTA 指数=[体质量(kg)-年龄(岁)]×0.2。

(三)评价

结果评定如表 3-8 所示。

表 3-8　　OSTA 指数评价骨质疏松风险级别

风险级别	OSTA 指数
低	>-1
中	-4～-1
高	<-4

也可以通过简图(见图 3-1)根据年龄和体重进行快速查对评估。

OSTA 主要是根据年龄和体重筛查骨质疏松症的风险。但需要指出,OSTA 所选用的指标过少,其特异性不高,需结合其他危险因素进行判断,且仅适用于绝经后女性。

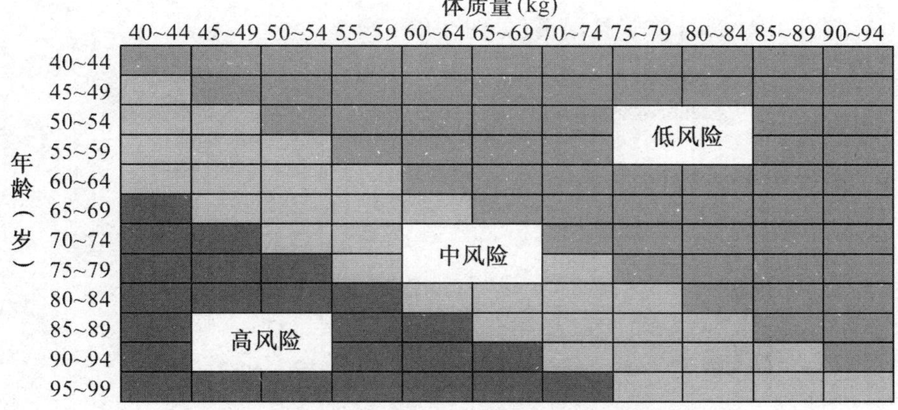

图 3-1 年龄、体重与骨质疏松风险级别的关系简图

三、骨折风险的测量与评估

骨质疏松性骨折是骨质疏松最严重的后果。常见的骨折部位主要位于脊柱、髋部和腕部。在骨质疏松症患者中,脆而弱的骨骼骨折阈值明显降低,在进行扭转身体、持物、开窗等室内日常活动中,即使轻微的外力也可以发生骨折,给患者带来巨大的痛苦,并严重限制患者的活动,甚至缩短寿命。

为评估患者的骨折风险,英国谢菲尔德大学卡尼斯(Kanis)教授等人于2008年研发推出了简单易行的骨折风险评估工具(fracture risk assessment tool,FRAX),其可以评价未来十年内发生骨折的风险。FRAX是一种经过科学验证的风险评估工具,现已纳入全球越来越多的国家骨质疏松症指南中。

(一)原理

该工具是基于患者的临床危险因素和股骨颈骨密度建立模型,通过研究一系列来自欧洲、北美、亚洲和大洋洲等大样本循证医学原始数据计算建立,以估计在未来十年内髋部骨折及主要骨质疏松性骨折(脊柱、前臂或肩部骨折)发生率的一个计算机评估软件。目前FRAX可应用于31个国家和地区,并提供13种语言支持。该工具着眼于年龄、性别、身高、体重、既往骨折史、父母髋部骨折史、吸烟、糖皮质激素药物、风湿性关节炎病史、每日饮酒量和继发性骨质疏松,同时纳入了股骨颈骨密度以提高其风险预测值准确性。如果没有进行骨密度的测定,FRAX工具也可以应用,只是准确性有所降低。

(二)具体评估方法

1. 打开 FRAX 计算工具网页(见图 3-2)

图 3-2 FRAX 计算工具网站首页

2. 选择国家(见图 3-3)

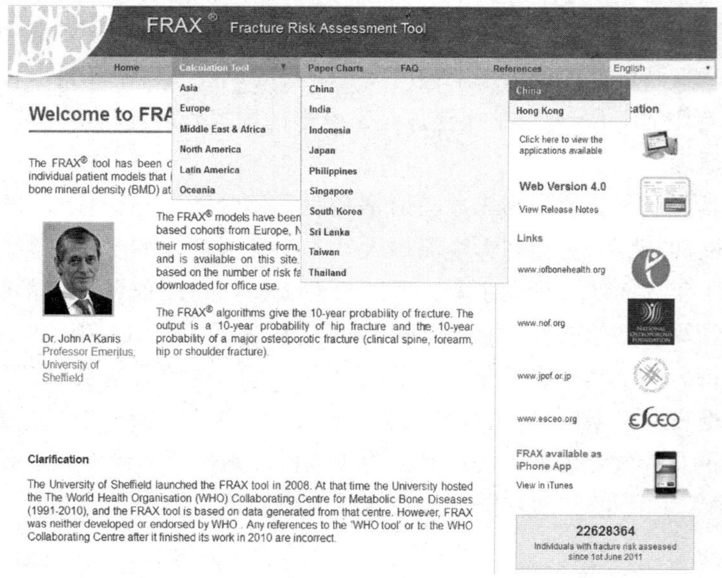

图 3-3 FRAX 计算工具网站首页选择国家界面

3.开始填写问卷

对于临床危险因素，要求回答“是”或“否”，如图 3-4 所示。如果某处留空，则假定为“否”。

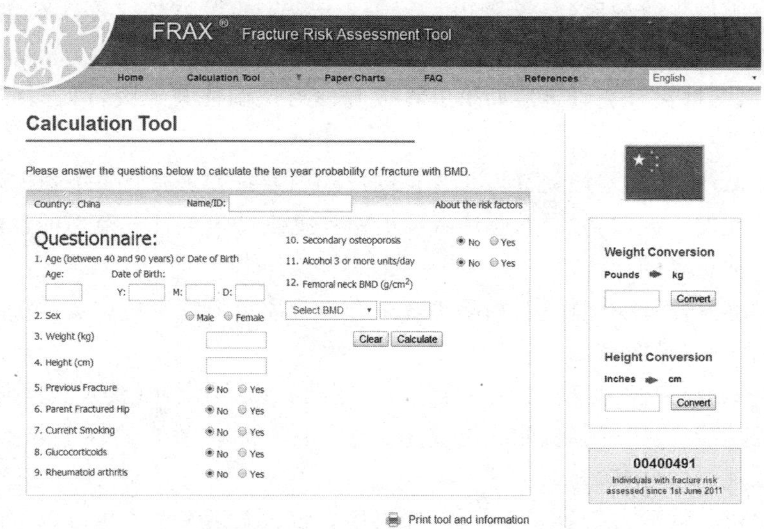

图 3-4　FRAX 计算工具问卷填写界面

危险因素说明如下：

(1)年龄：该模型接受 40～90 岁年龄段的人群。如果年龄低于或高于该年龄段，程序将分别默认为 40 岁和 90 岁。

(2)性别：选择男性或女性。

(3)体重：以千克(kg)为单位输入数值。

(4)身高：以厘米(cm)为单位输入数值。

(5)既往骨折史：既往骨折史是指在成人后发生的骨折，包括自然发生的或者由创伤引起的骨折。请选择“是”或“否”。

在此需要注意，有一个特殊的情况就是涉及既往脊椎骨折史。既往骨折史仅以影像学观察发现的骨折(形态学椎体骨折)为准。既往临床脊椎骨折或髋部骨折是一个影响特别大的危险因素。因此，计算出的骨折概率可能会低估了实际可能发生的骨折概率。此外，多发性骨折也低估了骨折发生的概率。

(6)父母髋部骨折史：根据患者母亲或父亲是否有髋部骨折史，请选择“是”或“否”。

(7)目前是否吸烟：根据患者目前是否抽烟，请选择“是”或“否”。

在此需要注意的是，吸烟、饮酒、糖皮质激素这些危险因素似乎具有量-效关

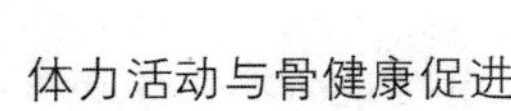

系,即暴露越高,风险越大。但这并未将此考虑在内,仅计算假定平均暴露。若要判断低暴露或高暴露,应采用临床判断。

(8)目前是否使用糖皮质激素:如果患者目前正在使用口服糖皮质激素,或已接触口服糖皮质激素(每天服用大于等于 5 mg 的泼尼松或等效剂量的其他糖皮质激素)超过 3 个月,请选择"是",否则选择"否"。

(9)风湿性关节炎(RA):如果患者被确诊为风湿性关节炎,请选择"是",否则选择"否"。

在此需注意,风湿性关节炎是骨折的危险因素。如果有骨关节炎的话,是需要特别关注的。因此,除非有临床或实验室证据支持风湿性关节炎的诊断,否则不能仅听从患者的自述。

(10)继发性骨质疏松症:如果患者患有与骨质疏松症密切相关的疾病,请选择"是",否则选择"否"。

这些疾病包括 1 型(胰岛素依赖型)糖尿病、成骨不全症(成人)、长期未治疗的甲状腺功能亢进、性腺机能减退或过早绝经(小于 45 岁)、慢性营养不良或吸收不良以及慢性肝病。

(11)每天饮酒大于等于 3 单位:如果患者每天服用 3 个或更多单位的酒精,请选择"是",否则选择"否"。

(12)股骨颈骨密度:请先选择使用的双能 X 线吸收法扫描的设备,然后输入实际测量的股骨颈骨密度(单位为 g/cm^2),或者根据第三次美国国家健康和营养调查(NHANESⅢ)女性参考数据输入 T 值。若未进行骨密度测试,可不填此项,系统将根据临床危险因素进行计算。

此处需要注意的是,测试的部位是股骨颈,参考技术是双能 X 线吸收法,T 值应基于 20～29 岁女性的美国国家健康和营养调查(NHANES)参考值。男性则使用相同的绝对值。

4. 输入完成后,点击"Calculate"进行计算

结果示例如图 3-5 所示。

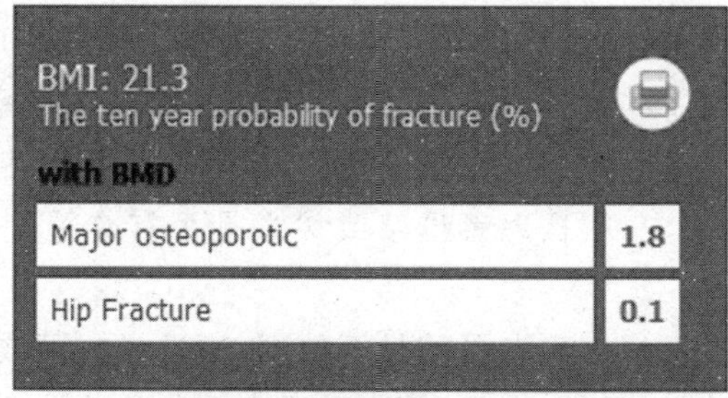

图 3-5　FRAX 计算工具结果示例

(三)评价及应用

大多数骨质疏松评估指南中,建议对有既往骨折史的患者进行骨质疏松症治疗,特别是脊柱和髋部骨折的患者。然而,对于那些没有既往骨折史的患者,可以采用不同方法使用FRAX推导骨质疏松症治疗的干预阈值。

对于建议给予患者治疗的FRAX值,尚存争议。卡尼斯(Kanis)教授2016年的研究表明,不同国家应采用不同的干预阈值,干预阈值的设定需要针对特定国家或地区。

(1)美国指南建议FRAX预测的髋部骨折概率大于等于3%或任何主要骨质疏松性骨折概率大于等于20%时,为骨质疏松性骨折高危患者,建议给予治疗。

(2)欧洲部分国家建议FRAX预测的髋部骨折概率大于等于5%为治疗阈值。

(3)我国针对骨质疏松性骨折发病率及其影响因素进行了大样本流行病学研究,初步研究提示目前FRAX预测结果可能低估了中国人群的骨折风险。鉴于此,我国《原发性骨质疏松诊疗指南(2017)》建议FRAX预测的髋部骨折概率大于等于3%或任何主要骨质疏松性骨折概率大于等于20%时,为骨质疏松性骨折高危患者,建议给予治疗;FRAX预测的任何主要骨质疏松性骨折概率为10%～20%时,为骨质疏松性骨折中风险;FRAX预测的任何主要骨质疏松性骨折概率小于10%时,为骨质疏松性骨折低风险。

国内许多研究针对不同地区的骨质疏松患者进行FRAX测量并进行干预阈值的研究。研究发现,各地区的干预阈值有所不同,并且不同干预策略得出FRAX干预阈值各有不同,在实际应用中需结合各地实际情况,建立各地区的FRAX干预阈值。

目前,FRAX已成为拥有大量独立研究并被广泛使用的骨折风险评估工具。近年来,国内外有关FRAX应用的研究越来越精细化、深入化,越来越多的研究在探讨FRAX在不同疾病患者及不同地区人群的适用性,及结合、不结合股骨颈骨密度对FRAX预测结果的影响。

本章小结

骨量是衡量骨健康状态的主要指标,但骨健康不仅仅是指骨密度正常,还包括骨质量。骨量和骨质量是影响骨强度的两个独立因素。骨密度是诊断骨质疏松的重要指标,当评定骨折风险时,需要同时考虑骨量、骨质量等反映骨强度的因素。对骨组织测量的方法较多,主要有骨密度测定法、骨强度测定法、骨形态

计量测定法等。双能 X 线吸收法、定量超声、定量计算机断层扫描、定量 MRI、Micro-CT 等方法，都可以用来检测骨量或者骨微结构、骨强度的变化，以反映骨健康状况。

骨是具有新陈代谢的活组织，是由破骨细胞吸收骨、成骨细胞生成等量新骨取代的骨转换过程，还可以通过骨转换生化标志物以及与骨矿相关的生化检查来评价骨健康状态。

此外，还可以通过一些问卷和量表来评估骨质疏松风险，如国际骨质疏松基金会一分钟骨质疏松症风险测试题和亚洲人骨质疏松自我筛查工具等，均可以作为疾病风险因素的初筛工具。

第四章　体力活动与儿童青少年骨健康促进

儿童、青少年时期是人体迅速生长发育的关键时期，是骨量累积的黄金时期，到该阶段末，大约已经累积成人骨量的95%。这种累积至关重要，因为在成人后，再通过可靠、安全的干预措施来增加骨量，其骨矿化的量也是较少的。因此，生长期是启动骨质疏松预防计划的关键时期。在该阶段，通过优化有益于骨量累积的因素，消除引起骨量不足的因素，将会获得最佳骨峰值量。体力活动作为一种健康的生活方式，对于儿童青少年来说，不仅有利于他们的健康成长，而且对于机体整个生命历程的骨健康都有着重大而深远的影响。

第一节　体力活动对儿童青少年骨健康的重要性

目前，众多研究者已关注儿童青少年的骨健康问题。儿童青少年时期是骨量累积的黄金时期，是获得峰值骨量的关键时期，在该时期获得尽可能高的峰值骨量对预防骨质疏松症的发生具有重要的作用。

一、儿童青少年骨健康的重要性

目前，骨质疏松症的发病率逐渐升高，已成为世界范围内影响健康的主要公共卫生问题，而对骨质疏松的治疗尚未有痊愈之策。因此，对骨质疏松的预防越来越引起各方关注。在传统观念上，人们大都认为骨质疏松症属于老年病，只有到了老年才会关注自身的骨健康问题。然而，在20世纪80年代末和90年代初，一些研究人员就开始认识到骨质疏松症的发病其实早在儿童时期就开始萌发了，有着前因后果的联系，并且他们发现峰值骨量是成人骨密度和随后骨质疏松性骨折风险的决定因素。研究表明，峰值骨量增加10%会使骨质疏松症的发病延迟13年，并且绝经后女性的骨质疏松性骨折风险降低50%。此外，峰值骨量较低会增加早期骨质疏松症和相关骨折的风险。由此，骨质疏松症被定义为“起源于儿童期的老年疾病”。从此，各国研究者开始关注儿童青少年骨健康

问题。

儿童、青少年时期是人体迅速生长发育的关键时期，也是继婴儿期后，人生第二个生长发育的高峰期。该时期不仅是发育的关键时期，而且是骨量累积及一生骨健康的黄金期。在此时期内，由软骨骨化过程引起的生长软骨不断合成新骨，进行纵向生长，以及骨不断进行骨形成和骨吸收，以骨形成为主，完成骨建造和重建，这两种现象同时发生，引起骨长度增加、身高增加，同时骨量、骨横截面积和骨强度均有增加。在青少年生长发育期的2～3年内，积累了成人骨矿物质的25％～30％；根据性别和骨骼部位不同，预计骨强度增加大约50％；到青少年时期末，大约已经累积了成人骨量的95％。儿童期和青春期骨量的这种累积至关重要，因为在青春期骨质、矿物质累积峰值2年期间获得的骨量相近于成年期的骨丢失量。在成人后，再通过可靠安全的干预措施来增加骨量，其骨矿化的量也是较少的。因此，生长期是启动骨质疏松预防计划的关键时期。

研究表明，峰值骨量是预测个人未来骨质疏松风险的一个重要指标，并可以预测未来发生骨质疏松性骨折的风险。在儿童和青少年时期积累骨矿物质含量的最大化可降低中老年时期骨质疏松性骨折的发病风险。若该阶段骨量积累不足，则会增加骨质疏松和脆性骨折的风险。克拉克（Clark）等针对儿童时期骨量与骨折风险的关系开展了首项前瞻性队列研究，结果发现，儿童时期骨量每降低1个标准差，则成年后发生骨折的风险增加89％。因此，青少年发育时期形成的健康骨骼与老年后骨质流失对预防骨折同样重要。由此提倡在生长过程中进行体力活动增加峰值骨量，可作为抵消与衰老相关的低创伤性骨折风险增加的一种有效手段。

因此，关于骨健康和骨质疏松症的防治研究应该从儿童和青少年时期开始关注。但由于儿童和青少年处于动态变化的生长发育过程，其骨健康常常被认为是自然生长发育的过程，这与老年人骨健康的认识形成强烈的反差。之前已有介绍（见第二章），许多因素可以影响个体的峰值骨量，包括遗传、种族、性别、生活方式、运动、营养、环境等。通过优化有益于获得峰值骨量的因素，消除引起骨量不足的因素，将无疑会获得最佳峰值骨量。

二、体力活动对儿童青少年骨健康的重要性

体力活动（physical activity，PA）是指任何由骨骼肌收缩引起能量消耗的身体运动。体力活动有益于健康，可改善骨骼健康，减轻超重和肥胖，改善身体成分，改善血脂异常，降低高血压，改善代谢综合征，改善抑郁症状，并且可降低疾病的患病风险，有助于促进身体机能等。规律地进行中等到大强度体力活动（大于等于3 METs）则可以降低全因死亡率。体力活动作为一种健康的生活方式，

对于儿童青少年来说,不仅有利于他们的健康成长,而且对于机体整个生命历程的骨健康都有着重大而深远的影响。

骨骼具有能够适应机械载荷的能力,被称为"Wolff 定律"。该定律是以德国解剖学家、医学博士 Julius Wolff 的名字命名,Julius Wolff 认为骨的形成与机械应力有关。在生长发育过程中,骨骼的生长会受到力学刺激影响而改变其结构。一定范围内,骨所受的应力越大,骨骼增粗,所受的应力越小,骨骼变细,即用之则强,废用则弱。虽然 Wolff 定律的基本宗旨存在不准确之处,但是骨适应机械载荷的一般概念是无可争辩的。尤其是在对参与单侧超负荷体力活动人群骨健康状态进行研究后发现,职业棒球运动员的投掷手臂肱骨骨干的强度与他们的对侧非投掷手臂相比几乎翻了一番,由此证实了机械负荷的成骨潜能。

骨骼的机械适应(skeleton mechanoadaptation)从胎儿期便开始,肌肉产生的力量影响骨骼形状及强度的发育,并在出生后继续进行。然而,青春期前和包括青春期在内的几年似乎是利用骨骼机械适应性的最佳时机。在此期间进行体力活动,相应的骨骼肌进行肌肉收缩,对骨组织施加机械刺激,这种力学刺激是促进合成的,即促进骨的形成和骨量的累积。因此,在青春期进行体力活动,可以累积更多的骨量,优化峰值骨量,以抵消成年后渐进的骨丢失和日后渐增的骨质疏松骨折风险。与此相反,随着年龄的增长,骨骼的机械敏感性逐渐下降,使得在青春期以后更难诱导其机械适应。因此,在老年期进行体力活动,其产生的机械应力对骨组织不再是促进合成,而更多的是抗分解作用,即减少骨吸收以维持骨量。

目前,通过文献搜集发现,针对儿童青少年体力活动与骨健康关系的荟萃分析有 5 项,系统综述有 5 项,这些研究涵盖了截至 2016 年的所有文献资料。这些文献重点研究了 3～18 岁的儿童和青少年,且大多数研究集中在 8～15 岁的儿童和青少年,即青春期前后。干预研究主要以学校为基础,在不同的研究中,干预措施的运动量各不相同。然而,几乎所有的运动干预都包括高强度的、动态的、短期的锻炼,比如跳跃和翻滚。只有两篇综述考虑了观察性研究,观察性研究的结果与干预研究的结果一致。所有的综述(系统的和荟萃分析)都得出结论,在青少年时期,体育活动与骨量积累和(或)骨骼结构呈正相关。

第二节 儿童青少年体力活动对骨量的影响效应

与骨质疏松症风险相关的一个主要因素是在儿童时期和成年早期发育的峰值骨量。横断面研究数据表明,骨小梁损失早在第三个 10 年开始,而皮质骨增加或保持不变直到第五个 10 年。一项纵向研究发现,健康的年轻女性的皮质骨

和骨小梁骨质量在第三个10年中继续略有增加。

在人生的最初20年里所获得的骨量可以达到其峰值骨量的90%～99%，尤其是男孩在14.1岁、女孩在12.5岁时，出现全身骨矿物质含量增长速度最快的情况，在该时期获得尽可能高的骨量对预防骨质疏松症的发生具有重要的作用。

一、体力活动有助于增加骨量

骨量(bone mass)主要包括骨矿物质含量和骨密度，是评价骨骼是否健康非常重要的指标。施佩克尔(Specker，2015)等对22项实验研究(其中15项是随机对照试验)进行Meta分析，结果发现，运动干预组和对照组之间全身骨量的年增长差异为0.8%(95%置信区间：0.3～1.3)；股骨颈骨量的年增长差异为1.5%(95%置信区间：0.5～2.5)；脊柱骨量的年增长差异为1.7%(95%置信区间：0.4～3.1)。韦弗(Weaver，2016)等对38项随机对照实验或临床试验进行系统综述，其中运动作为一种干预手段可增加骨量。在这些研究中，有30项研究表明，运动组和对照组在统计上具有显著差异，并且在6个月的运动干预后，运动组和对照组全身、股骨颈和脊柱的差异约为1%～6%。同时，该综述也对19项前瞻性纵向研究进行综述，其中，有17项(89%)研究表明，与不太活跃的同龄人相比，更为活跃的年轻人骨量显著较高。相对于成人，儿童青少年时期骨骼对运动刺激的反应大，适应刺激后骨量增长快，同时骨量的保持也好于成人。

研究已表明，经常参加身体锻炼、体力活动水平较高的儿童青少年骨量比同龄体力活动较少的儿童青少年高10%～15%，并且参加产生高冲击性运动的儿童(如体操和芭蕾)比从事低冲击性运动(如跑步)和不负重运动的儿童(如游泳)骨量更高。一般认为，高强度的力量，施加力量迅速，比低到中等强度的力量产生骨量更大。基于这样的理论，目前研究更多关注于跳跃运动以及其他高冲击性运动。研究发现，跳跃过程中的地面反应力可以达到体重的6～8倍，一些体操动作产生的地面反作用力是体重的10～15倍；相比之下，行走或跑步时的地面反应力是体重的1～2倍。大多数对儿童的干预研究都是作为学校项目的一部分实施，持续7～20个月不等。这些研究一致发现，参与高冲击性跳跃和健美操运动的儿童骨量比仅参加日常体力活动的儿童增加得更多。一项研究发现，在其他高冲击性负重练习中增加举重练习，会显著增加髋部、脊柱和全身的骨量。基于这一研究，建议儿童的体育活动应包括产生相对较高地面反应力的活动，如跳跃、跳绳或跑步，还可以进行力量锻炼。

研究发现，在青春期骨矿物质沉积率最大，处于峰值阶段，26%的成人全身

骨矿物质沉积发生在青春期的2年之内。因此，青春期及邻近一段时期可能代表了一个相对较短的时间窗口，在此期间可以使峰值骨量最大化。横断面研究表明，男性和女性青少年运动员比非运动员有更高的骨密度并且具有部位特异性。这种效应在那些参与产生高强度的地面或关节反应力运动（如体操、举重等）的运动员身上表现得最为明显，而在那些参与产生低强度反应力运动的运动员身上则不那么明显。另有前瞻性随机对照试验发现，儿童青少年进行不到2年的承重运动便可使负重骨骼位点（下肢和脊柱）的骨量增加5%。

儿童青少年处于骨骼生长期，骨骼生长主要由生长激素（GH）介导。在细胞水平，生长激素和胰岛素样生长因子-1（IGF-1）对破骨细胞、成骨细胞及完全分化的骨细胞均有调控作用，对骨量获得及骨纵向发育起着重要作用。运动可刺激和诱导生长激素分泌，并且运动所产生的局部机械作用以及所诱发的生长激素、胰岛素样生长因子-1等对骨骼发挥着综合的刺激作用。

二、青少年体力活动有助于增加峰值骨量

不同时期运动对骨骼的作用不同。在青少年时期，骨还未发育成熟，骨量未达到最大值，年轻人骨骼对外力作用的刺激相当敏感，该时期进行足够的体力活动对于骨的生长发育具有重要的调节作用，为尽可能达到最大化峰值骨量提供了可能，并且体力活动产生的力学刺激可以不断地改变骨的结构以满足功能需要。

儿童青少年时期是骨骼生长发育的黄金时期，在此时期内，骨骼呈现高度宽松的骨骼状态。在此时期内，骨代谢活跃，有助于骨长度增加、身高增加，同时骨量、骨的横截面积和骨强度均有增加。25%～30%的成人骨矿物质是在青少年生长发育期的2～3年内积累的，根据性别和骨骼部位不同，预计骨强度增加大约50%。到青少年时期末，大约已经累积了成人骨量的95%。平均峰值骨量每降低1个标准差，衰老期间的骨折风险将加倍；若峰值骨量增加10%，可将骨质疏松症的发病推迟13年。在此时期进行适当的体力活动可改善骨组织的血液循环，促进骨建造和骨重建的过程，因此建议将生长发育期体力活动增加峰值骨量作为抵消与衰老相关的低创伤性骨折风险增加的一种有效手段。同时，适当的体力活动施加的压力和张力可以刺激骨和骨骺软骨骨板的生长，促进骨骺软骨骨板的增生，加速骨生长。

三、儿童青少年时期哪个阶段运动最有利于骨量增加？

开始运动的年龄很大程度上影响着成年骨量的获得，那么在什么时期身体活动或运动训练对骨骼的益处最敏感？众多研究表明，在青春期前及青春期早

期开始运动对骨健康的益处更为明显。

该观点可在网球运动员的调查模型中得到有力的证明。青春期前开始进行网球运动的女孩在运动手臂和不运动手臂之间的骨量差异是青春期后开始进行网球运动的女孩的2倍以上。为了支持这一观点，杜歇(Ducher)等进行了相似的研究。结果发现，青春期后开始进行网球运动的运动员与围青春期开始进行运动的运动员相比，在运动和不运动手臂之间的骨量差异相当，尽管青春期后开始训练的运动员运动年限更长。该观点在对其他类型运动员的研究中也得以证实。巴斯(Bass)等对45名处于青春期前期的女体操运动员、36名退役的女体操运动员与相应的对照组的研究发现，青春期前体操运动员承重部位的单位骨密度比没有系统训练的对照组高，并且经过12个月的训练后，全身、脊椎及腿部的单位骨密度比对照组高30%～85%，提示青春期前期不仅是一个增加骨密度的最佳时期，而且其有利作用可持续到成年以后。

此外，针对非运动员的普通儿童青少年，对此也进行了研究。海诺宁(Heinonen)等研究了9个月的有氧踏板操和力量训练对月经初潮前和月经初潮后女孩骨矿物质含量的影响，对照组月经初潮状态则与运动组相匹配。研究发现，运动干预后，只有月经初潮前期女孩的骨矿物质含量增加。由此表明，在月经初潮前进行高冲击的体力活动的女孩有助于获得更多的骨矿物质积累，而不是在月经初潮后进行。另一项研究评估了7个月的增强式训练对青春期前期(Tanner分期Ⅰ期)和青春期早期(Tanner分期Ⅱ期和Ⅲ期)女孩骨矿物质含量和骨密度的影响。与对照组相比，女孩在青春期早期有明显的骨量累积，而在青春期前则没有。一项横断面研究评估了年轻女子网球运动员的优势臂和非优势臂的肱骨骨密度，并将对照组Tanner分期与运动组进行了匹配。骨密度的双侧差异在Tanner分期Ⅰ期的运动员和对照组(9.4岁)相似，而在Tanner分期Ⅱ期(10.8岁)、Tanner分期Ⅲ期(12.6岁)和Tanner分期Ⅳ期(13.5岁)的运动员中骨密度逐渐增大，在Tanner分期Ⅴ期(15.5岁)骨密度趋于稳定。根据这一现象发现，在Tanner分期的Ⅱ～Ⅳ期，骨对机械应力的反应最为敏感，这与在青春期及其前后的窗口期相对应。虽然其他研究人员的结果有的表现出较大的差异，但大多数研究结果表明，在青春期前和青春期早期存在"机会之窗"，即在青春期前和青春期早期，骨骼最容易受到与体力活动相关的机械负荷的影响。

此外，詹兹(Janz)等对368名4～6岁学龄前儿童体力活动与骨密度的关系也进行了研究，发现无论男孩还是女孩，体力活动与骨矿成分和骨密度均有关联，提示在到达骨峰值前的儿童增加体力活动可有效地促进骨骼发育。

但目前，仍然需要进一步的研究来阐明促进骨量累积的最佳运动方式和持续时间以及在什么时间进行运动是最有效的。现有研究支持先前针对儿童的运

动处方(比较高的冲击力运动和力量运动,增强式训练、体操、足球、排球和抗阻训练等)。这些运动似乎是在青春期开始前或青春期早期最有效地促进骨矿物质累积的运动。

第三节 儿童青少年体力活动对骨结构和骨强度的影响

骨骼成长阶段中,体力活动除了与骨量有关,也与骨结构有关。运动不仅仅增加骨量,更重要的是,运动还导致骨骼几何形态变化,这与骨强度增加密切相关。运动对骨骼的重建意义重大,因为骨骼需要足够强壮来承受所受到的机械载荷,但与此同时,对于高能效的运动来说又较低。

一、体力活动对儿童青少年骨结构的改善

与任何承重结构一样,骨的强度不仅取决于材料的量(数量),还取决于材料的固有特性以及它的位置(质量)。虽然双能X线吸收测定法是临床骨健康评估的"金标准",提供了一幅全面的骨状态图,但它只能精确地评估骨量,在评估骨强度和骨折风险方面存在局限性。双能X线吸收测定法没有提供足够的骨结构测量,因为它提供了一个低空间分辨率的平面测量。这些特征使双能X线吸收测定法仅能够提供骨骼的二维区域分析;然而,与真正的三维分析相比,这种区域分析可以导致与尺寸相关的误差。由于双能X线吸收法测定法不能充分评估骨结构,因此在评估与PA相关的机械负荷引起的骨变化或其维持时,双能X线吸收测定法是特别有限的。PQCT、MRI等三维技术已经识别出年轻运动员负荷部位骨膜的扩张(骨膜表面的骨沉积)。

机械负荷主要影响骨结构,而不只是骨量,以提高骨强度。在系统的综述中,谭(Tan)等和Weaver等包括了针对骨结构研究的具体综述。Tan等对14项干预研究和23项观察研究(包括横向的和纵向的)进行系统综述,该项综述设计得分较高。该研究表明,运动干预组和对照组骨结构的结果差异最大(高达3%~4%),但没有一项研究显示身体活动和骨结构之间存在负面联系。Weaver等对18项研究进行系统综述,结果发现有8项研究显示运动对骨结构有积极的、显著的影响。然而,在另外10项研究中显示运动组和对照组之间并无显著差异。其中,有6项研究来自同一实验研究,该实验研究并没有进行高冲击力、动态的、短时间的运动干预。该研究还对8项前瞻性观察研究进行系统综述,结果表明,在所有8项研究中均发现,与最不活跃的受试者相比,最活跃的受试者的骨结构有明显的不同。

众多研究表明,运动对骨结构的改善还具有部位特异性。青春期前体操运

动员上肢骨骼比正常儿童大10%左右；同时，在青春期前网球运动员负重与非负重上肢的研究中，也发现骨骼大小相差达10%，而在下肢并未发现骨骼大小的改变。相反，下肢骨更倾向于沉积于骨内膜表面。例如，尽管在骨骼大小上没有差异，年轻跑步运动员或体操运动员下肢皮质横截面积比对照组高5%～12%。由此表明，上下肢成骨反应具有部位特异性；但是，还不能确定观察到的不同是源于负重史差异、成骨阈值的差异，还是负荷大小差异的结果。

负荷增加骨强度的一个机制为骨量重新分布到高机械应力的部位。在生长过程中，体力活动向负荷加载位点添加额外的物质，从而有效地增加现有骨的数量；然而，与体力活动相关的机械载荷会寻致骨强度不成比例地增加。有动物实验研究发现，通过机械载荷产生的骨量变化很小（小于10%），但通过机械载荷引起的骨骼机械性能变化相对较大（大于60%）。相对于骨量的增加，强度增加的不同是结构优化的结果。这是由于新骨组织在机械需求最大的部位的特异性沉积、结构优化导致了强度显著增加。此外，其他动物实验及人类实验也都证实，骨结构随骨所受负荷而发生改变，但是骨量和骨骼大小不一定有明显增加。

青春期进行体力活动使新骨优先沉积在负重骨的骨膜外表面。当有负荷加载时，大多数长骨可以弯曲、扭转和压缩。在这些变化中，最大的组织应力和应变发生在离骨骼弯曲和（或）扭曲的轴线最远的区域，这与骨膜外表面相对应。相对于皮质表面变化的影响，骨强度更易受骨膜的影响。因此，新骨在骨膜外表面的位点特异性沉积导致骨强度不成比例地增加。体力活动诱导新骨在骨膜表面特异性沉积引起骨结构优化的现象，已在临床人群中得以证实。总的来说，在研究青春期体力活动的骨骼益处时，骨强度的变化大部分是伴随着骨结构的优化，而不是骨量的增加。

二、体力活动对儿童青少年骨结构和骨强度的影响研究现状

众多学者针对体力活动对儿童青少年的骨结构和骨强度的影响效果做了大量的研究工作。

尼坎德（Nikander，2010）等曾就儿童、青少年、成人及老年人4个不同时期进行长期有针对性的运动干预（大于等于6个月）对下肢骨强度的影响做了系统综述和Meta分析。该综述中纳入了符合标准的10篇随机对照试验研究（RCTs），其中，对儿童、青少年时期人群，有5篇文献报告纳入。结果发现，负重运动干预对青春期前男孩下肢骨强度有显著影响，但效果量较小（效果量：0.17，95%置信区间：0.02～0.32），而对发育期女孩则无显著性效果（效果量：－0.01，95%置信区间：－0.18～0.17）。由此表明，在青春期前时期运动对骨强度的影响效果与性别有关。此外，运动对青少年时期男孩（效果量：0.10，95%置信区

间：−0.75～0.95）和女孩（效果量：0.21，95％置信区间：−0.53～0.97）骨强度并未产生影响。由此表明，运动干预效果与成熟度有关。该研究基于对儿童和青少年个体试验的每个方案分析表明，有规律的负重运动的项目可以使负重骨骼部位的骨骼强度提高1％～8％。但该结论的得出主要是基于5篇随机对照试验，并且研究所使用的运动干预、检测骨强度的方法、测量的骨骼位点以及报告数据输出的形式均不同，因此很难得出较为严谨明确的结论。

于是，Tan等(2014)在此研究的基础上，再次就体力活动对骨强度的影响效果做一综述。该综述扩大了纳入的范围，包括了所有的体力活动干预和观察性研究，以及有组织的体育参与研究，以儿童或青少年骨强度为主要指标，并试图验证伴随骨骼强度变化的骨骼其他指标（如质量、结构、密度）的变化。通过文献搜索，共获得14项干预研究和23项观察研究（包括横向的和纵向的）符合纳入标准。结果发现，骨强度对体力活动的适应与成熟水平、性别和研究质量有关。该研究表明，运动干预组和对照组骨结构的结果差异最大（高达3％～4％），但没有一项研究显示身体活动和骨结构之间存在负面联系。骨结构的改变（如骨横截面积、皮质骨厚度、单独或联合）往往伴随着显著的骨强度变化，而骨量则没有。因此，不管是男孩还是女孩，在青春期前和围青春期进行体力活动可能是增强骨骼强度的最佳时间。

麦克唐纳(Macdonald)等对10个学校的281名男孩和女孩进行了为期16个月的随机对照试验，以研究每天进行的体力活动方案（Action Schools！BC，AS！BC）是否能改善青春期前（Tanner分期Ⅰ期）或青春期早期（Tanner分期Ⅱ期和Ⅲ期）男孩和女孩的胫骨骨强度。干预组执行AS！BC方案，方案中负重练习部分包括弹跳运动和每天15分钟的室内体力活动，以及规律的体育课；对照组仅进行规律的体育课。在干预结束后，用pQCT测定胫骨骨强度，包括胫骨远端的骨强度指数（bone strength index，BSI，单位mg^2/mm^4）以及胫骨中段的极性强度应变指数（polar strength strain index，SSI_p，单位mm^3）。采用线性混合模型分析数据，结果发现，干预组男孩BSI（＋774.6 mg^2/mm^4，95％置信区间：672.7～876.4）显著高于对照组男孩（＋650.9 mg^2/mm^4，95％置信区间：496.4～805.4），但是仅在青春期前男孩具有显著性差异。干预组男孩SSI_p（＋198.6 mm^3，95％置信区间：182.9～214.3）显著高于对照组男孩（＋177.1 mm^3，95％置信区间：153.5～200.7）。在女孩中，BSI和SSI_p的变化相似。由此表明，每天进行的简单实用的承重运动方案可以增强青春期前儿童胫骨远端的骨强度，但在青春期早期男孩中并未发现。骨强度对运动的反应可能是成熟依赖的，在更为成熟的男孩或女孩中，为改善骨强度则可能需要制订更为精确的运动方案，但仍需要通过进一步的长期随机对照试验来检验这一假设。

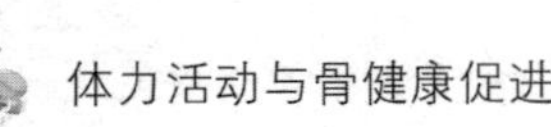

Macdonald等研究了基于学校的体力活动方案对9～11岁儿童股骨颈(femoral neck,FN)骨强度和骨量的影响。研究选取239名参加(AS! BC)方案的儿童,并有117名儿童作为对照组。干预结束后,通过双能X线骨密度仪测定股骨近端(proximal femur,PF)、腰椎(lumbar spine,LS)及全身(total body,TB)的骨矿物质含量。研究结果显示,股骨颈强度、横截面积、骨膜下宽度以及骨矿物质含量在男孩干预组与对照组相差不大,而干预组男孩的腰椎骨矿物质含量和全身骨矿物质含量相对于对照组男孩有显著增加(LS:+2.7%,$p=0.05$;TB:+1.7%,$p=0.03$)。而对于女孩,股骨颈的骨量和骨强度均有所增加。分析原因发现,在干预期,女孩的老师参与率在80%以上,表明这种提高效果依赖于在干预期间教师的参与程度。由此表明,简单的体力活动方式有益于学龄儿童的骨强度和骨量,可以促进男孩腰椎及全身的骨量(2%～4%)以及女孩股骨颈骨量和强度(2%～5%),但同时强调了在干预期间教师参与的重要性。

麦凯尔维(MacKelvie)等对青春期前男孩(Tanner分期Ⅰ期)进行研究。干预组(31名)参与基于学校的高冲击性运动干预,每周3次,每次20分钟,为期20个月;并招募33名成熟度相匹配的对照组男孩。比较两组受试者股骨近端骨几何形状及骨强度的差异,以及全身、股骨近端、腰椎骨密度及骨骼面积(BA)的变化。通过双能X线骨密度仪扫描髋部,通过髋部结构分析程序分析股骨近端骨几何形状及骨强度,并用双能X线骨密度仪测量全身、股骨近端、腰椎骨密度及骨骼面积(BA),以及测量全身体脂含量和肌肉含量。干预前,两组的身高、体重以及体力活动评分和钙摄入量无显著差异。20个月运动干预后,两组的身高和体重变化率并未有显著变化,但干预组男孩去脂体重的增加显著高于对照组(22.8%,18.6%;$p<0.05$)。在股骨颈窄颈(narrow neck,NN)区域,干预组男孩骨强度有显著提高,而在转子间区域及股骨干区域两组间并未有明显差异。股骨颈骨矿物质含量的变化干预组男孩显著高于对照组(+4.3%,$p<0.01$);但其他部位的BA和骨矿物质含量两组间并未有显著差异。由此表明,每周3次、每次20分钟的基于学校的高冲击性运动干预对于股骨近端股骨颈区域的骨强度具有位点特异性。

珀蒂(Petit)等对青春期前期和青春期早期女孩进行为期7个月、每周3次、每次10分钟的跳跃运动干预,观察其对骨结构参数的变化。对43名青春期前女孩(Tanner分期Ⅰ期)和43名青春期早期女孩(Tanner分期Ⅱ期和Ⅲ期)进行运动干预,25名青春期前女孩(Tanner分期Ⅰ期)及63名青春期早期女孩(Tanner分期Ⅱ和Ⅲ期)作为对照组。股骨颈、转子间、股骨干区域采用髋部结构分析程序(HSA)分析评价骨密度、骨膜下宽度(subperiosteal width)、截面面积(cross-sectional area,CSA)以及皮质厚度(cortical thickness,CT)、内皮质直

径(endosteal diameter,ED)、断面系数(section modulus)。干预组在干预前后身高、体重、钙摄入量及体力活动的变化率与对照组变化率相比无显著差异。研究者采用协变量方差分析(ANCOVA)显示,青春期前女孩骨结构变化在干预组与对照组间并未有显著差异;青春期早期女孩干预组股骨颈和转子间骨密度表现为显著增加($+2.6\%$,$p=0.03$;$+1.7\%$,$p=0.02$),骨横截面积增加以及骨内膜扩张下降,骨膜下维度并未有显著变化,骨结构变化促进骨强度的变化,表现为股骨颈的断面系数(弯曲强度)显著增加($+4.0\%$,$p=0.04$),但在转子区未有显著变化。由此表明,在青春期早期女孩运动可引起骨几何学参数及骨强度的变化。

第四节 不同运动对儿童青少年骨健康的影响

众多研究已表明,运动可以有利于儿童青少年的骨骼发育,包括骨骼增长、骨量增加、骨强度增加等。然而,并不是所有的运动都有相同的作用,不同的运动方案对骨密度以及骨结构的影响有所不同。

一、运动形式对儿童青少年骨健康的影响

运动对骨生成作用的大小受运动负荷的强度、频率、持续时间以及运动形式等多方面的影响。其中,运动形式对骨的影响更为重要,不同的运动形式对骨健康的影响不同。

(一)什么形式的运动更有利于骨量增加?

近年来,儿童和青少年负重运动及高冲击性运动的成骨潜力受到越来越多的关注,这类活动可以改善儿童青少年的骨健康,并有助于预防老年骨质疏松症。

1. 高冲击性运动

无论是横断面调查还是随机对照的干预性研究均已经充分证明,涉及高冲击的运动更有利于骨健康,可以更好地促进骨质增长。高冲击性运动已被证实可显著改善骨健康。跳跃运动是一项高冲击力运动,可通过地面的反弹对骨产生直接载荷,对骨产生负荷刺激。

已有研究表明,在儿童和青少年中进行跳跃干预,可以改善与骨有关的变量,从而确保在这些时期和以后的生活中骨骼的健康发育。戈梅斯(Gómez)等对跳跃运动干预对儿童青少年骨健康的影响进行了系统综述,旨在总结和更新目前关于跳跃干预可能对骨量、结构和代谢的影响的资料,以确定干预的有效性和持久性(干预引起的效应持续时间)。综述只限定了对 18 岁以下的儿童进行

特殊的跳跃干预并测量骨量的研究，共纳入26项研究。其中24项研究结果均为阳性，干预组的受试者骨密度、骨矿物质含量和骨结构的改善均高于对照组。而只有两项研究在为期10周和9个月的干预后未发现对骨量有影响。威克斯(Weeks)等对99名青少年在学校进行8个月跳跃运动干预，干预内容为在体育课的热身运动中加入大于10分钟的不同跳跃活动(受试者每次跳跃约300下，跳跃高度20～40 cm)。结果显示，干预组女性青少年股骨颈和腰段脊柱的骨矿物质含量分别高于对照组4.9%和1.5%，男性青少年全身的骨矿物质含量高于对照组4.3%。跳跃运动能给予骨骼特别的刺激，有利于骨骼发育，但要求跳跃有一定的高度且练习时间足够长。球类运动如足球、篮球和排球等球类项目中，要求较多的冲刺、跳、加速和横向加速以及整体的扭转等动作。这些都涉及高冲击量和地面反作用力，也能较好地引起促骨质增长作用。韦兹凯拉(Witzkella)等对青春期女子进行9个月的跳跃训练后发现，长时间的跳跃训练可以增加青春期女子的骨峰量。

施密特(Schmitt)等对退役运动员的骨密度调查发现，冲击量大的运动项目的运动员(如投掷和跳跃等)骨密度明显高于耐力类运动员。在调整了体重、年龄、训练年限等影响因素后，投掷、撑竿跳高、跳远和三级跳运动员的脊柱骨密度均明显高于马拉松运动员。卡尔贝特(Calbet)等研究发现，男性业余足球运动员腰段脊柱、股骨颈、三角区、大转子和腿的骨矿物质含量和骨密度高于同年龄对照组。

2.负重运动

儿童和青少年负重运动的成骨潜力已充分证实。负重运动可以有效改善骨骼负重位点的骨量及骨强度，改善骨健康状态。

在一篇文献综述中报告了许多对青春期前儿童及青少年进行长达6～24个月的负重运动干预对骨密度影响效果的随机对照试验研究。这些研究表明，融入多种负重练习的锻炼方案可以增强负重骨骼部位的骨矿物质含量或骨密度，比如股骨。对这些随机和非随机对照试验的系统综述表明，在青春期前儿童，参加6个月至不到2年的承重运动引起负重骨骼位点(股骨颈和腰椎)骨骼增加了1%～6%；在青春期增加了0.3%～2%。

由于绝经后女性骨质疏松症的发病率远高于老年男性，并且在生长发育期的骨骼比成熟的骨骼具有更大的适应能力和机械载荷，所以处于儿童青少年时期的女孩从事承重活动是非常重要的。石川(Ishikawa，2013)等对承重运动对女孩骨健康的影响效应进行Meta分析，以评价承重运动的量化调节变量，如青春期的阶段、运动模式、干预策略、运动持续时间、运动频率、运动计划时间、研究设计等因素对儿童青少年女孩骨健康的影响。研究纳入随机和非随机对照试

验，包括健康的青春期前、青春期早期和青春期女孩，使用双能量 X 射线吸收测量面积骨密度(aBMD)或骨矿物质含量。采用综合元分析软件确定加权平均效应大小，包含 3 个不同的感兴趣区域(即全身、腰椎和股骨颈)。从纳入的 17 项研究中，检索了 72 个效果量值。研究结果显示负重运动对腰椎的骨矿物质含量和 aBMD 的影响不大，但有显著性(骨矿物质含量：效果量 0.19，95%置信区间 0.05～0.33；aBMD：效果量 0.26，95%置信区间 0.09～0.43)。由此表明，负重运动对骨量的影响与骨骼负荷位点有关，对腰椎的影响最大。每周 3 天以上的负重运动与持续每周 3 天及以下的运动相比引起腰椎 aBMD 变化的效果量值明显增加，表明 aBMD 和骨矿物质含量受运动频率的影响。负重运动的频率越高，在生长期女孩中腰椎的 aBMD 越大。未来的研究应更好地了解女孩负重活动与骨骼健康之间的剂量-效应关系，探讨青春期状态在促进女性青少年骨骼发育中的中介作用。

斯诺·哈特(Snow Harterl)的研究证明，体力活动与女大学生腰椎骨密度呈正相关，举重或跑步都使其明显增加(1.2%～1.3%)。但是，并非所有练习对骨骼都有相同的效果，例如游泳运动。

(二)游泳有益于骨健康吗？

2013 年的一项综述表明，游泳训练不会影响骨量。研究者表示，如果要改善骨健康，那么游泳练习并不是一项好运动。该综述纳入的标准是对骨量的测定方式为双能 X 线骨密度仪，因为双能 X 射线吸收测定法被认为是诊断骨质疏松症的“金标准”。然而，有些研究结果并不一致，主要是与测定部位等有关。并且在研究中，游泳受试者的数量变化范围较大，在一些研究中受试者数量少至 7 人，而在另一些研究中，受试者数量多达 99 人。此外，该研究还综述了包括使用 pQCT 和定量超声等图像技术进行的对骨强度的研究。虽然使用这些技术的研究很少，但总体结论是游泳运动组的骨强度与对照组相比未有显著差异。

近期，科梅兹(Gómez，2016)等对游泳运动对儿童青少年骨健康的影响进行了 Meta 分析，目的是确定系统性游泳训练是否能影响儿童和青少年时期的骨密度。研究将游泳运动员与久坐对照组和进行高度成骨运动的运动员进行比较，共进行了两个 Meta 分析。共有 14 项研究符合纳入标准，并纳入 Meta 分析。结果发现，游泳运动人群与久坐少动的对照组的骨密度值相似，且低于其他高冲击力项目的运动员。游泳运动人群与久坐少动的对照组之间股骨颈和腰椎骨密度的差异随着年龄的增长而增加，并且游泳运动人群的骨密度值低于久坐少动人群，但无性别差异。游泳运动人群与进行促进成骨的运动项目的人群之间的股骨颈和腰椎骨密度差异随着年龄的增长而增加，并且游泳运动人群的骨密度值低于进行促进成骨的运动项目的人群，但无性别差异。由此得出结论，虽

然游泳与多种健康益处相关,但它似乎不是改善骨密度的有效运动。游泳者可能需要额外的成骨锻炼来增加骨密度值。

(三)学校体育课

由于儿童在学校度过时间较多且学校开设体育课,因此学校是影响儿童参与强健骨骼体力活动的理想场所。

研究表明,增加学校体育课程课时可以作为提高青少年骨健康的主要方法。此外,一项针对以学校为基础的运动干预措施的综述显示,大多数研究中运动干预对骨密度和骨矿物质含量的影响效果与对照组相比显著提高。有学者对学生参与体育课进行研究,研究分为干预组和对照组。干预组学生在上学期间每天参与 40 分钟的体育课程,而对照组参与体育课程的时间平均为每周 60 分钟。经过为期 3 年、4 年、5 年的干预后,干预组在腰椎、股骨颈、胫骨等部位的骨量及骨密度均显著高于对照组。

众多干预研究表明,基于学校的高冲击力运动如跳跃等增强骨骼健康的练习可以有效改善骨强度,尽管不是所有的研究结果都是如此。这些研究证明了体育课提高骨骼健康是有效的。麦凯(McKay)等的研究中,试验组小学生在参与学校体育课程(每周 2 次,每次 40 分钟)的基础上进行每天 3 组、每组 10 次的下蹲跳,分别在学校早铃、午铃及晚铃响起时进行,平均每周下蹲跳(90±34)次(除去法定假日、周末及缺课时间)。8 个月后,试验组股骨近端及转子间骨量显著高于只参与学校体育课程的对照组。许(Xu,2016)等对运动干预对年轻女孩骨骼状况的影响进行综述和 Meta 分析,并探讨是否存在改善或维持骨质量或骨强度的运动项目。结果发现,年轻女孩的峰值骨量可以通过基于学校的短时间的高冲击力运动来改善。

全面的、高质量的体育计划应包含针对不同年龄和发育需要的专门的增强骨骼健康的课程。例如,小学生可以将单脚跳、跳绳和奔跑技能适度增加到学校体育课的内容中。初中和高中的课程设置是从学习基本的运动技能过渡到参加运动和健身活动,其中很多运动和健身环节中的技能(如跳跃、跑步)都能很好地促进骨骼健康。此外,还可以将各种增强骨健康的体力活动整合到体育课的热身阶段。初中和高中课程中适合骨骼生长的热身活动包括跳跃式立卧撑、蹲跳、开合跳、单脚跳、侧向单脚(双脚)跳和跳绳。在篮球和排球运动基础课程中加入小场地比赛可以增加活动量并提高所有人的参与积极性。翻滚和体操课程提供了额外的成骨机会。最后,开设包含多种运动技能的体育课程,如足球、摔跤、网球,并在整个学年提供包括促进成骨的热身活动的多样化体力活动,最有可能满足优化体育教育和提高骨强度的要求。简而言之,还需要研究在体育课中间断地、无目的参与增强骨骼健康的活动是如何有助于骨骼健康的。

二、运动量对儿童青少年骨健康的影响

运动量包括运动强度、运动持续时间和运动频率，每次运动的时间及频率也是很重要的因素。在机体可承受的范围内，每次运动强度越大，时间越长，频率越高，对骨密度的保持和提高越有利。

一项研究发现，每周运动时间大于 180 分钟时，女性腰椎和股骨骨密度才有明显增加。另有研究发现，每周 3 次、每次 10～30 分钟的体操运动对青春期后学生承重骨的骨密度增长影响显著。动物实验表明，短时间、不连续的运动比一次性长时间大强度运动对骨量的获得和骨强度的改善更有效。对青春期前及围青春期的研究中，不同的干预时间和方法，对骨骼部位的影响结果也不同，如运动干预导致腿部骨密度增加 1.3％～5％。关于脊柱研究结果存在不一致报道，有研究报道运动干预导致骨矿物质含量或面积骨密度增加，但也有研究没有发现此效果。每日短时间规则运动能够促进骨量的增加；但是，除了青春期前男孩，此运动方案对骨骼形态参数和骨强度并没有显著影响。

相对于正常儿童，为体能受限特殊儿童设计训练计划更具有挑战性。有研究发现，相当于引起肌肉收缩刺激的高频（10～90 Hz）低强度振动，可以替代高强度负荷。对活动受限的身体残疾儿童，经过 6 个月低强度振动的站立训练后，骨小梁的体积骨密度增加。需进一步研究低强度振动对松质骨和皮质骨的潜在益处。

第五节 儿童青少年体力活动对骨健康的长期影响

虽然在青春期尤其是在青春期前几年进行体力活动最容易对机体骨健康带来益处，但是随着年龄的增加，骨强度会逐渐降低，创伤性骨折的风险会逐渐增加。这一现象让我们认识到，在生长阶段，运动所获得骨健康益处持续维持到老年期，才具有更重要的意义。那么，在生长过程中体力活动引起的骨骼优化改变，是否会持续到成年期，并且是否有利于降低骨折风险？力学调控系统理论表明，这很难实现。因为成年期运动减少或停止后，骨强度可能下降。

一、体力活动引起的骨量增加不会持续终生

许多研究已经探讨了在青春期进行体力活动获得骨量增加的可持续性问题。前瞻性观察研究表明，青春期进行体力活动带来的骨量增加能够坚持到成年早期。

（一）动物实验

在动物实验中，帕哈梅基（Pajamaki）等通过对 5 周龄的大鼠进行 14 周的负

荷递增跑台运动干预，观察停止干预后第 14 周、第 28 周和第 56 周时大鼠骨量以及相关生物力学参数的变化。结果显示，14 周的跑台训练使大鼠股骨颈的尺寸、骨量以及骨强度都获得了显著的提高；停止干预 14 周后，以上提高部分得到了维持，仍高于对照组；停止干预 42 周后，运动所获得的骨量均全部消失。但是，跳跃运动的研究显示，跳跃运动停止后，所获的骨量增加仍能保持。辛格(Singh)等将生长期的老鼠进行 4 周由高处跳下的运动干预(每周 5 天，每天 40 次)，运动干预组胫骨皮质骨周长明显增加，同时停训 4 周后所获得的骨量和结构改善仍然存在，提示高冲击量跳跃运动产生的负荷刺激引起的促骨健康作用维持的时间比低冲击力刺激长。

(二)专业运动员

昆杜林(Kontulainen)等对月经初潮前后开始参加训练的运动员(网球和壁球)进行 5 年跟踪研究发现，即使训练的次数降低，运动量大幅减少，无论月经初潮前还是初潮后开始运动的队员，其骨量都得到很好的保持。Kontulainen 等对 64 名成年壁球和网球女运动员进行 5 年跟踪研究来观察挥拍手臂和非挥拍手臂骨矿物质含量的差异。研究将 64 名运动员分为两组，初潮前或初潮时开始训练组和初潮至少 1 年后开始运动训练组。随访的 5 年前后，初潮前或初潮时开始训练组平均训练频率由平均每周 4.7 次降至每周 1.4 次，初潮后开始训练组平均训练频率由平均每周 4 次降至每周 2 次。尽管运动有所减少，但不管运动开始年龄的早晚以及运动获得骨健康益处的多少，运动引起的骨健康益处在两组内均有较好的维持。并且在 5 年随访后，初潮前或初潮时开始训练组优势手臂和非优势手臂骨矿物质含量相差 22%，而在初潮至少 1 年后开始运动训练组两手臂相差 10%，在对照组两手臂相差 3.5%，表明在初潮前或初潮时开始训练组骨健康的获益更大些。由此得出结论，尽管运动减少，但运动训练获得骨量增加仍可以有效维持，而且这种维持效果不依赖于开始运动年龄阶段。

巴斯(Bass)等对 45 名处于青春期前期的女体操运动员、36 名退役的女体操运动员与相应的对照组的研究发现，青春期前体操运动员承重部位的单位骨密度比没有系统训练的对照组高，并且经过 12 个月的训练后，全身、脊椎及腿部的单位骨密度比对照组高 30%～85%，提示青春期前期不仅是一个增加骨密度的最佳时期，而且其有利作用可持续到成年以后。沃登(Warden)等发现，在职业棒球运动员中观察到的投掷手臂与非投掷手臂骨量的差异，最终在投掷运动停止后消失(即单侧占优势的运动)。该研究相对更有说服力，因为采用个体内对照的研究设计可以降低个体选择偏差的影响，单侧上肢负荷和上手投掷的适应能力使非投掷手臂作为遗传和其他系统性特征的内部控制点。

国内学者为了解长期的运动训练经历对女性绝经后骨质的影响，对 25 名退

役绝经的女运动员(实验组)和36名同年龄段无运动经历的健康绝经女性(对照组)进行骨质检测。结果发现,退役女运动员的下肢骨矿物质含量显著高于普通女性,而其他部位的骨矿物质含量和骨密度均无显著性差异。研究将年龄、绝经年限、BMI作为协变量,对两组进行协方差分析发现退役女运动员的全身、上肢、躯干、骨盆、下肢、腰椎L2～L4的骨密度和骨矿物质含量均显著高于普通女性。由此表明,青年女性运动员骨质的优势持续到了其退役绝经以后,年轻时的运动训练可减缓女运动员在退役绝经后骨密度、骨矿物质含量的下降趋势。

(三)普通儿童青少年

现有的观点认为,短期的负重运动引起的骨量增加在成年期可以得到部分维持。冈特(Gunter)等采用随机对照试验设计研究青春期前儿童(107名女孩和98名男孩)进行运动所获得骨健康益处是否能够长期维持。结果发现,与进行拉伸运动的对照组相比,7个月的跳跃运动干预使髋关节骨量增加了3.6%,并且运动干预停止3年后,运动组儿童骨密度仍然高于对照组,可见短期的运动对于骨的正常生长与发育具有短期维持的作用。但在停止干预后的近8年时间内,这种差异下降了60%以上(降至1.4%),表明在青春期前儿童体力活动所获得的骨量增加,在停止运动8年左右仅能够部分维持。同样,横向研究表明,儿童青少年时期体力活动获得骨量效益最终会消失,即使是需要30～40年的时间。

Gunter等还根据青少年体育课的情况设计了更易于在体育课上实施的跳箱练习。在7个月的干预后,干预组青少年的髋骨、脊柱和全身的骨矿物质含量均显著高于对照组;并且在停训后3年内追踪调查发现,干预组在上述部位的骨矿物质含量值仍然高出对照组2%～5%。卡尔松(Karlsson)等研究报道,以足球形式进行的体力活动具有较高的峰值骨量,但其停止运动后会导致衰老过程中骨丢失的加速。这提示在青少年时期,一般的体育活动就可以很好地促进骨质健康并在成年后得到维持。体力活动较少的久坐人群,在骨密度、骨结构、骨强度上均低于体力活动较多的人群。

综上所述,儿童青少年进行体育运动(包括专业训练、一般的体力活动水平以及体育课运动等)对骨骼健康有着良好的促进作用,并且通过运动获得的对骨骼的益处可以维持到停训后的很长一段时间。相对于在青春发育期以后才开始进行体育锻炼,在青春发育期前或者青春发育前期开始运动训练对机体骨骼系统的益处将会更大,因此把握好青春发育期这个"窗口期"则显得尤为重要。

二、体力活动导致的结构优化将持续终生

新骨在表面特异性沉积是很重要的,因为相对于骨量的增加,骨强度不成比

例的增加将有助于满足骨骼的双重需要，即抗损伤能力强而且重量轻，以允许高效的运动。重要的是，就青春期体力活动获得的终生骨骼益处而言，有特定的机制使体力活动诱导的结构益处保持不变，直到衰老。即使在没有持久的骨量益处的情况下，它们也可能具有抗骨折的益处。

青少年时期体力活动和与年龄相关的骨丢失对骨的表面特异性影响形成明显的对比。与青春期体力活动增强骨膜的骨形成不同，与年龄相关的皮质骨丢失主要来自内皮质内层区域，是由髓腔附近皮质内重塑介导的。通过形成空洞，与骨小梁相连，并形成与骨小梁相似的皮质骨残余（一种称为“皮质小梁化”的过程），这些重塑从内部使皮质变薄。在老化过程中，骨膜外表面有进行性新骨沉积，导致骨的横截面积不断增加。然而，组织周围的骨膜获益不能维持骨量，因为它生成的速率低于骨丢失，特别是在绝经期间。最终结果是随着年龄的增长，皮质骨逐渐变薄，骨骼变弱。由于生长过程体力活动主要是将新骨沉积到骨膜外表面，而老化与此表面的骨丢失无关，因此生长过程中体力活动诱导的结构增强有可能保持完整，并在以后的生命中具有抗骨折特性。

（一）动物实验

在最初在动物模型中可以观察到，早期锻炼使骨强度发生的改变延续至成熟期，对骨骼的结构益处可终身维持，并且显著降低老年动物发生骨折的风险。当动物年幼时，适应外部机械负荷的骨骼在衰老期间评估时则失去了其骨量效益；然而，骨的大小（总横截面积）并没有损失。破坏性的力学测试证实，先前外力负荷作用于骨引起骨结构的增强，将有助于更大的抗骨折能力，尽管骨量的益处已失去。

（二）专业运动员

动物研究结果对人类的可行性存在质疑，因为啮齿类动物很少经历内部重塑，而这确是人类与年龄相关的骨丢失的主要机制。为了探讨同样的现象是否发生在人类身上，研究者比较了前职业棒球运动员投掷手臂与非投掷手臂的差异，以及对照组优势手臂与非投掷手臂的差异。除了减少选择性偏差的影响外，对棒球运动员的研究还减少了体力活动水平的长期变化，因为达到这一水平的职业棒球运动员通常从小就以很高的水平投掷，投掷是主要的单边优势训练方式。研究职业球员的另一个明显的优势是，一旦他们停止了职业比赛，他们通常会完全退出投掷活动，从而能够在回到习惯性负荷之后长期探索单方面支配体力活动的骨骼利益。通过比较投掷运动员的投掷与非投掷手臂的差异和年龄匹配的对照组中优势手臂与非优势手臂的差异，还可以将单侧优势的体力活动的骨骼益处与习惯性单侧负荷与简单手臂优势相关的差异隔离开来。如前所述，单侧上肢负重与上手投掷相关的骨量效益在职业比赛停止后最终消失。骨量的

获益逐渐并最终丧失是由于年龄相关性骨丢失。相比之下，投掷相关的运动引起的骨总横截面积（大小）的一半以上和骨强度的1/3将持续终生。

迪谢（Ducher）等对专业运动员的研究发现，优秀体操运动员（18～35岁）在职业生涯结束后，其骨强度仍然要比对照组高。有研究发现，优秀网球运动员退役2～3年后，其骨骼大小、骨皮质面积及骨骼强度等参数，仍表现出明显的上肢双侧差异。由于成熟骨骼骨量丢失主要通过骨内膜和骨外膜的重塑所导致，在生长过程中骨骼结构的适应变化有可能维持到成年而不变。一项小样本研究显示，70～80岁退役的运动员在运动量显著减少后，其面积骨密度有下降现象；但是运动导致骨骼结构上的益处可能会持久，因为其骨折发生率较对照组显著减少。

这些数据表明，“使用它或失去它”这句老话并不完全适用于骨骼。在年轻时应多参加体力活动，以促进终生的骨健康，重点是优化骨的大小和强度，而不是目前增加骨量的模式。

（三）普通儿童青少年

儿童体力活动的持续效应影响到青少年甚至成年早期已在一些观察性研究中得到证实。至少有2个随机对照试验结果显示，这种效应在干预后持续了1年和7年。但是目前并不清楚儿童和青少年时期进行的体力活动对骨强度的持续作用是否影响了骨折风险最大的老年人的骨强度。

第六节　运动不足与运动过度对儿童青少年骨健康的影响

适当的运动是促进儿童青少年生长发育的重要因素。但运动不足与运动过度，都会对骨健康起负面作用。骨对运动负荷产生适应性的改变，当负荷减低或缺乏后，骨就会调整到一个低水平来适应骨应力降低的状况，从而对骨的形成产生消极影响，表现为骨吸收效应大于骨形成效应，引起骨量丢失；当负荷增加时，骨会调整到一个较高水平来适应骨应力增大的状况，从而对骨的形成产生积极影响，表现为骨形成效应大于骨吸收效应，引起骨量增加；而当负荷过大时，也会影响骨的健康状态。

一、运动不足对儿童青少年骨健康的影响

尽管身体活动的健康效益显而易见，但目前儿童青少年的体力活动不足的问题让人堪忧。为了获得和维持良好的健康状态，世界卫生组织（WHO）建议每天进行1小时的中等强度到大强度的身体运动（MVPA）。然而2017年美国疾病控制和预防中心调查发现，只有不到1/3的青少年人群满足这个标准，其中

只有 36%的男性和 18%的女性达到该推荐水平，大多数人群并未真正地达到推荐的体力活动水平的标准。此外，在青春期内，随着青春期年龄的增加，体力活动的水平逐渐下降。我国儿童青少年体力活动不足现象更为严重。2014 年全国调查发现，我国儿童青少年也呈现出随着年龄增长，每周参与体育锻炼次数减少的趋势；而在校外体育锻炼中，每次持续时间在 60 分钟以上的人群比例仅为 21.1%；而仅有 8.9%的儿童青少年达到国际身体活动指南推荐量，远远低于国际上多数国家儿童青少年身体活动平均水平(平均达标率为 20%)。

儿童青少年体力活动不足是值得关注的问题，青春期体力活动不足还会对心脏代谢危险因素产生负面影响，并且很可能导致青春期肥胖及 2 型糖尿病的发生。有研究指出，儿童青少年身体活动普遍不足将导致肥胖年轻化和预期寿命缩短，当前一代孩子的寿命可能比父辈短 5 年。青春期代表一个灌输终生健康行为的时期，儿童青少年体力活动不足更为严重的是，较低的体力活动水平可能会从儿童时期延续到青少年时期，并影响日后体力活动习惯。健康生活方式需从儿童青少年阶段开始重视，许多成年期疾病尤其是慢性非传染性疾病，都与儿童青少年期间包括身体活动不足在内的各种不良生活方式有关。

青少年时期是骨骼发育的关键时期，在此时期进行适当的运动可以改善正处于发育时期的骨组织的血液循环，促进骨塑建的过程。同时，骨和骨骺软骨骨板的生长受到压力和张力的刺激作用，促进了骨骺软骨骨板的增生，加速骨生长。青春期的体力活动和运动不足对骨健康有特殊的影响。未成年骨对负荷的反应是通过塑形和改建共同完成的。处于生长期的大鼠一侧肢体固定或神经切断，3 周后股骨远端松质骨骨量迅速丢失，股骨的长度和直径无明显变化。研究发现，通过肢体固定或长期卧床会引起骨丢失；缺乏运动，特别是负重运动的缺乏，引起骨吸收效应大于骨形成效应，从而造成骨丢失。熊恩富等对 2～20 岁儿童青少年患髋关节疾患并造成髋功能障碍的患者骨发育状况进行了研究，发现由于病损的存在影响了髋关节活动及患肢功能，以及由于患髋及患肢运动负荷的减少，致使患侧骨发育和骨形态发生改变，表现出骨发育不良和骨质疏松。

有学者对久坐时间与骨健康关系进行研究，通过文献检索，发现有 4 项前瞻性的观察研究。这 4 项研究有相似之处，也有不同之处，其相同之处在于所有研究都使用了一种能够测量久坐时间的设备(如加速度计)；其不同之处在于样本量和年龄的差异，此 4 项研究的样本量从 169～602 不等，年龄分布从 8～20 岁不等。其中，维特维奇(Vaitkeviciute)等和伊夫斯坎斯(Ivuškāns)等针对同一群青春期前男孩的两项研究均显示，久坐不动的时间与骨健康呈负相关关系。然而，利用加速度测量久坐时间的方法也存在弊端，有可能将未知比例的久坐时间归因于非佩戴时间。另一项研究采用了一种时间替代统计模型(temporal sub-

stitution statistical model)，令人惊讶的是，该研究表明，当高强度的体力活动强度保持不变，将久坐时间代替为低强度体力活动时间，骨健康状态就会改善。然而，加贝尔(Gabel)等研究发现，久坐时间和骨健康状态之间既有负向关系，也有正向关系，这主要因为骨健康状态选定测量指标的变异性、加速度计的测量和统计方法等都可能导致结果出现不一致的现象。但目前的文献资料显示，很少有研究证据表明久坐行为和骨健康之间没有关系。

二、运动过度对骨健康的影响

适宜的运动负荷可以增加骨骼的机械性刺激，提高骨代谢水平，使成骨细胞活动加强，促进骨形成，有助于增加骨量，而运动负荷过大时，会使骨向不正常的方向发展，易导致骨吸收增加、骨量降低。弗罗斯特(Frost)理论也表明，随着运动负荷的增加，骨的生长增加；当达到一峰值后如果负荷继续增加，则骨生长反而减少。

(一)过量运动对骨量的影响

有研究显示，随着运动强度的增加，花样滑冰运动员(10～25岁)股骨颈、胫骨骨密度随之减少。尤其是女性在进行运动量过大、强度过高的大负荷运动训练时会引发运动性内分泌紊乱，易导致女运动员月经周期紊乱，乃至闭经，并会引起骨密度降低、骨质疏松甚至骨折的发生。早在1984年，德林克沃特(Drinkwater)发现长跑运动员出现运动性闭经的现象，并伴随着出现明显的骨量下降，自此运动性骨量降低逐渐引起学者的关注。卡恩(Khan)等研究发现，在闭经的长跑女运动员(平均年龄21.8岁)中，有50%出现了骨量减少的现象，有10%患有骨质疏松。海因克(Heinking)等也发现，从事大强度运动训练极易导致月经紊乱，乃至闭经，体内雌激素水平明显下降，进而引起骨量降低，进一步导致骨质疏松的发生。科瑞斯姆(Cracium)等对优秀长跑女运动员的研究发现，规律性的大强度耐力训练对运动员下丘脑-垂体-性腺轴有直接影响，表现为血清雌二醇和黄体酮浓度降低，皮质醇浓度升高，并出现月经初潮推迟，月经周期紊乱或闭经，有实质上的骨量丢失，峰值骨量也可能减少。

动物实验也证实了该观点。郑陆等对大鼠采取递增负荷运动，结果发现，当运动9周时，大鼠出现明显的动情周期抑制；而当运动至15周时，大鼠除出现明显的动情周期抑制外，全身骨量也明显下降。高丽等对大鼠采取10周大强度跑台运动后，大鼠出现动情周期抑制现象，且动情周期抑制的雌性大鼠也有骨代谢异常，胫骨骨密度降低现象发生。运动通过影响性腺轴功能，改变体内激素环境，如雌激素，进而影响骨代谢。雌激素可以调节成骨细胞的增殖、分化，骨基质蛋白的合成，破骨细胞的凋亡，使成骨作用大于破骨作用，有利于骨形成增加。

而长期的高强度运动则通过影响和抑制下丘脑-垂体-性腺轴功能，导致女性出现月经失调、雌激素水平下降，进而通过多种作用途径影响骨代谢，使机体骨量降低。

此外，对年轻男性运动员的研究也发现，一年自行车训练使训练者髋部股骨颈及股骨转子区骨密度显著下降。

(二)过量运动对骨结构的影响

布兰(Bourrin)等研究发现，大鼠进行大强度的跑台运动后，表现出明显的骨量丢失，并且骨微结构也出现不利改变，如胫骨上段骨密度及骨小梁面积、厚度和数目均有明显降低。朗德(lond)等研究发现，在进行长期的大负荷运动训练后，女运动员出现了月经紊乱的现象，并且月经紊乱的女运动员发生应力性骨折比月经正常者约高 3 倍。由此表明，大负荷运动导致的性腺轴功能改变会引起骨损伤的发生率增加。其可能由于机械负荷对骨产生直接刺激作用，或者肌肉收缩对骨骼产生的拉力、挤压力和剪切力对骨产生的间接刺激作用，有效地加大了对骨骼的力学负荷，并经力学信号转导直接影响骨代谢，引起骨微结构的改变；而当过量运动，超过骨骼应变阈值的刺激时，则使得骨形成减弱；当机体承载的负荷过大、负荷时间过长时，可能会导致骨结构的微损伤，骨骼的力学性能降低。这种微损伤的蓄积，可发展成裂纹、裂缝，最终产生完全性制裂——骨折。

(三)过量运动对骨健康的影响机制

过量运动对骨健康的影响作用机制与相关细胞因子的变化密切相关。相关研究表明，机械应力可引起钙通道、G 蛋白、整合素以及细胞骨架信号因子的变化，从而导致骨形成相关细胞因子(如 TNF-α、IL-1β、IL-6、IL-10、IL-4、BMP-2、TGF-β)发生改变，最终导致骨形成增加。运动诱发机体多种细胞因子发生变化，它们单独或共同作用于成骨细胞和破骨细胞的增殖、分化、活化和凋亡的各个阶段，调控着成人机体骨重建过程中骨形成和骨吸收的动态平衡。这些细胞因子在整个调控过程中并非孤立存在，而是相互调节并构成一个复杂的网络系统，最终直接或间接地通过 OPG-RANK-RANKL 系统调控骨代谢过程。

综上所述，对女性青少年在安排运动负荷时应注意“适度”原则。科学适量的健身尤为重要，超过机体承受范围则可能对骨健康有负面影响，出现骨量减少，骨微结构改变，骨质量及骨生物力学性能下降，甚至骨折。应根据受训者主观感觉而定，以次日不感觉疲劳为度。

三、体力活动与儿童青少年骨健康的量效关系

对骨健康有积极结果的干预研究大部分是进行为期 6 个月的有目的的、高冲击力的运动，该种运动的地面反作用力至少是体重的 3 倍。典型的体育活动

包括能提供与此相当的地面反作用力的体育活动，如排球、篮球、武术和体操。干预的时间和频率差别很大，从每周 2～12 次、每次 1～60 分钟不等。然而，纳入综述的试验研究设计并不是用来研究量效关系的，也并没有包括使用不同负荷条件的多重运动试验。因此，量效关系并不完全清楚。仅有有限的证据支持阻力训练和其他肌肉强化运动的成骨作用。然而，量效关系信息是不可用的。

第七节 体力活动结合营养对儿童青少年骨健康的作用

骨矿物质由羟磷灰石、磷酸钙复合物、镁和其他微量矿物质构成。钙是骨骼健康发育所需营养物质中最重要的微量元素之一，并且也是儿童和青少年最有可能缺乏的营养素，特别是日常软饮料替代牛奶的儿童和青少年。然而，大约 66%的青少年男孩和 80%的青少年女孩的牛奶摄入量并未达到推荐标准。

一、体力活动结合营养对儿童青少年骨健康的影响

足够的膳食钙摄入以及承重体力活动对于骨矿物质含量的积累都具有重要的作用，体育锻炼与膳食钙的相互作用或相互影响是当前研究的热点。大多数随机对照试验显示，钙和锻炼相结合对骨量、骨密度和骨结构的作用显著高于单独的钙干预或锻炼的效果。研究结果表明，只有富含钙的饮食才能完全发挥体力活动的作用。2015 年，朱利安(Julián)等系统综述了体力活动与营养联合干预对儿童青少年骨量累积的影响效果。该综述所选范围为 1887～2013 年英文和西班牙文的文献报告，最终纳入了符合研究标准的 14 篇研究报告，其中 7 篇为横向研究，7 篇为实验研究。研究发现，运动与钙联合干预在较多的骨骼位点都有显著的作用效果。虽然横断面的研究结果并不一致，但是随机对照试验研究结果表明，在机体钙充足的条件下进行运动，则有利于促进骨健康。

研究表明，有规律的锻炼和充足的营养，特别是饮食中的钙、维生素 D 和蛋白质，被认为是优化峰值骨量最佳的策略，并在一生中保持骨骼和肌肉的健康。运动和营养对骨骼和肌肉健康的作用机制有所不同，运动具有位点特异性效果，即受到机械负荷大的部位对骨的影响就大，而营养具有广谱效果。研究表明，结合钙(或富含钙的乳制品)或饮食蛋白与锻炼结合对骨量和肌肉健康具有协同作用。然而，还需要对这些营养素的量进行把控，即是否存在一个阈值水平能够优化运动诱导的益处。此外，还需要进一步研究来调查其他饮食因素。如维生素 D、大豆异黄酮或多营养素补充剂，是否能增强锻炼对骨骼和肌肉健康的影响。

二、体力活动与营养对不同发育时期青少年骨健康的影响

拉佩(Lappe)等对1743名美国儿童青少年进行大量群体试验以研究在青春期发育的5个不同时期膳食钙摄入和承重运动对骨量累积的效果。每年用双能X线骨密度仪测定骨密度和骨矿物质含量，通过问卷测定体力活动及钙摄入量，并通过连续7年的观察对青春期发育进行Tanner分期，用混合效应回归模型分析和评价体力活动和钙摄入量对每个Tanner期骨矿物质含量积累的效果。研究发现，承重运动更有助于骨矿物质含量的累积，并且与性别和种族无关。在非黑种人男性中，在调整钙摄入量后，体力活动对全身骨矿物质含量影响的效果在不同的Tanner期个体有所不同。表现为在TannerⅢ期，体力活动量高与体力活动量低的男孩对全身骨矿物质含量的影响差异最大。钙摄入量仅在非黑种人女孩中对骨量累积有显著作用，并且这种效果在不同的Tanner期并未有显著差异。该研究结果表明，在青春发育期的所有时期，承重运动对骨量的累积都有显著的效果，并且该研究结果不支持体力活动与钙摄入量对骨量累积的效果有赖于成熟程度。

第八节　体力活动对男孩和女孩骨健康影响的差异

运动可以提高儿童青少年的骨量和骨强度，优化骨峰值量。那么，运动对男孩和女孩骨健康的影响相一致吗？还是存在性别差异？

一、体力活动对男孩和女孩骨健康影响的差异

在生长过程中，运动对骨骼生成的效应受发育成熟度和性别的影响。在青春期前和青春期早期开始运动干预似乎最有效。运动优先影响在生长过程中发生骨沉积的骨骼表面。青春期前在骨膜表面沉积更多的骨，从而表现出应对骨负荷的能力。有研究关于青春期前男孩，运动导致骨内膜的骨沉积，但同样条件下，青春期前女孩并没有发现相同反应。

男孩和女孩青春期启动都与性激素的显著改变有关。雄激素刺激骨膜处骨附着，同时，低水平雌激素似乎对青春期骨膜骨的扩张也至关重要。围青春期男孩睾酮水平的增加(与低水平雌激素一起)驱动骨膜的扩张。相反，骨膜扩张在围青春期女孩减缓，因为高水平的雌激素促进骨内膜骨沉积，正如女性网球运动员所表现出来的。骨附着在骨膜外表面而不是骨膜内表面，这是增加骨骼抗弯曲和扭转强度的更有效方式。骨骼对负荷发生反应导致骨横截面积增加，在上述青春期前和围青春期的男性(而非女性)网球运动员中有报道。因此，骨骼强

度增加的有效时间窗在女孩比男孩可能要短。

二、月经初潮时间对女孩骨健康的影响

月经初潮发生的时间主要受基因和激素的调控。此外，还受社会和生活方式的影响。其中，生活方式包括营养、社会经济状况和家庭规模。

运动员月经初潮时间要比非运动员晚，尤其是芭蕾舞、体操和跑步等运动的运动员。迟发性月经初潮或原发性闭经在理论上可能降低了青少年时期骨矿物质累积率，从而降低了峰值骨量。女运动员月经初潮年龄和骨密度的关系尚不清楚。然而，一些研究人员发现，在一些骨部位，两者存在统计学上的显著性。

这些数据并不是确定性的，因为这些研究大多是横向研究，样本量很小，并且不考虑混杂变量的影响。在一些健康青少年和绝经前和绝经后女性的队列研究中，月经初潮年龄与骨量之间存在显著的负相关关系。相比之下，有关于纵向骨矿物质积累的研究显示，青春期身高突增前后两年的骨矿物质积累与初潮年龄之间没有关系。此外，在最后测得的全身骨矿物质含量的绝对值与月经初潮年龄之间没有联系。

罗伯特·马利纳(Robert Malina)针对运动和女性生殖健康的研究表明，尽管月经初潮在运动员中出现得比非运动员晚，但还没有证据表明运动可以延缓任何人的初潮时间。此外，普遍的共识是，尽管月经初潮时间在运动员中出现得比非运动员晚，但这种关系并不具有因果关系，而且被其他因素混淆了。

第九节　促进儿童青少年骨健康的运动推荐

体力活动是增加骨量和改变骨结构的最有效的手段。这类活动包括跳跃、单脚跳和翻跟头等。鉴于体力活动对预防骨质疏松和强健骨骼的重要性，《2018年体力活动指南顾问委员会报告》(physical activity guidelines advisory committee scientific report)推荐儿童和青少年每天进行包含此类活动的60分钟体力活动，每周至少3天。

2017年，美国运动医学学会(ACSM)对儿童青少年(6～17岁)活动的“频率、强度、时间、类型”(FITT)推荐如表4-1所示。

表 4-1　　美国运动医学学会(ACSM)对儿童青少年活动的 FITT 推荐

	有氧运动	抗阻运动	骨骼强化运动
频率(frequency)	每天	每周≥3 天	每周≥3 天
强度(intensity)	大多是中等强度(心率和呼吸显著增加)到大强度(心率和呼吸急剧增加)的有氧运动，并且包括每周至少 3 天的大强度运动	使用体重作为阻力或运动的 8～15 次最大重复次数(submaximal repetition)，以良好的机械形式达到适度疲劳	不适用
时间(time)	作为每天≥60 分钟运动的一部分	作为每天≥60 分钟运动的一部分	作为每天≥60 分钟运动的一部分
类型(type)	有趣的、与发育相适应的有氧体力活动，包括跑步、健步走、游泳、跳舞、骑自行车或者其他体育项目，如足球、篮球和网球等	抗阻运动可以是非组织性的(如在操场的健身设施上玩、爬树或拔河)，也可以是有组织性的(如举重、使用弹力带运动)	骨骼强化运动包括跑步、跳绳、篮球、网球、抗阻训练和跳房子游戏

2018 年，我国首部《中国儿童青少年身体活动指南》问世，其主要目标人群为身体健康的 6～17 岁的儿童青少年。该指南首次提出了中国儿童青少年每天身体活动的推荐量：儿童青少年每日应进行至少累计 60 分钟的中高强度身体活动，包括每周至少 3 天的高强度身体活动和增强肌肉力量、骨骼健康的抗阻活动。除身体活动外，该指南还专门强调了久坐行为的问题，即使达到了每天推荐的 60 分钟的中高强度身体活动，如果每日仍有较长时间的久坐行为，依然会对健康产生不利影响。研究表明，久坐行为与骨矿物质含量的获得呈负相关。为此，该指南特别建议儿童青少年每日屏幕暴露时间应限制在 2 个小时内，并减少持续久坐行为，在课间休息时应进行适当的活动。该指南鼓励动起来，即使不进行有目的、有计划的身体锻炼，也鼓励在日常生活中多动少坐，减少久坐行为。

《中国儿童青少年身体活动指南》推荐进行中高强度以上的身体活动。该指南将身体活动强度以代谢当量(metabolic equivalent，MET)作为基本测量单位。1MET 为安静坐位休息时的能量消耗率，相当于每千克体重每分钟消耗 3.5 mL 氧气。此外，还采用主观运动强度等级(rating of perceived exertion，RPE)量表以及主观感受来评价身体活动强度，如表 4-2 所示。

表 4-2 《中国儿童青少年身体活动指南》身体活动强度划分

身体活动强度	MET 值	RPE 量表等级	主观感受	举 例
低强度身体活动	1.5～2.9MET	相当于 RPE 量表的 10～11 级	呼吸频率以及心率稍有增加，感觉轻松	在平坦的地面缓慢地步行，站立时轻度的身体活动（如整理床铺、洗碗等），演奏乐器等
中等强度身体活动	3.0～5.9MET	相当于 RPE 量表的 12～14 级	需要适度的体力消耗，呼吸比平时较急促，心率也较快，微出汗，但仍然可以轻松说话	以正常的速度骑自行车，快步走，滑冰等
高强度身体活动	≥6.0MET	相当于 RPE 量表的 15 级及以上	需要较多的体力消耗，呼吸比平时明显急促，呼吸深度大幅增加，心率大幅增加，出汗，停止运动、调整呼吸后才能说话	搬运重物，快速跑步，激烈打球、踢球或快速骑自行车等

常见儿童青少年不同身体活动与相应的代谢当量如表 4-3 所示。

表 4-3 常见儿童青少年不同身体活动与相应的代谢当量

身体活动内容	MET	身体活动内容	MET
坐姿时安静地玩电脑游戏、看电视、做作业	1.1～1.8	柔软体操、体操	2.8～6.7
站立时身体活动	1.6～2.0	跳舞、爬楼梯	3.0～5.5
提轻物体	2.0～3.0	自行车、滑板车	3.6～7.8
家务活动	1.9～4.2	体育运动(乒乓球、足球、篮球)	3.4～8.9
需要全身活动的电子游戏	1.8～4.8	活跃的游戏（跳绳、捉人游戏等）	4.9～8.6
步行(0.8～6.4 km/h)	2.5～5.3	跑步(4.8～12.9 km/h)	4.7～11.6

注：数据来自《中国儿童青少年身体活动指南》。

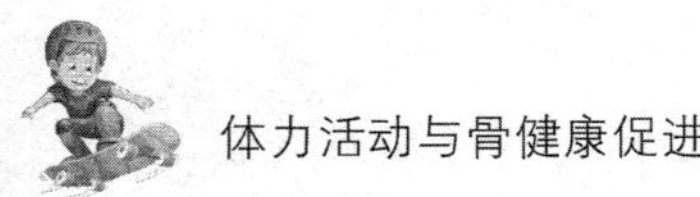

瑞典生理学家博格(Borg)研制的“主观运动强度等级量表”如表 4-4 所示。

表 4-4　Borg 主观运动强度等级(RPE)量表

<table>
<tr><th>Borg 等级</th><th>主观感觉</th><th>运动强度分类</th><th>最大心率百分比</th><th>对应参考心率</th></tr>
<tr><td>6</td><td>安静、不费力</td><td>静息</td><td>—</td><td>静息心率</td></tr>
<tr><td>7</td><td rowspan="2">极其轻松</td><td rowspan="3">非常低</td><td rowspan="3">＜50</td><td rowspan="2">70</td></tr>
<tr><td>8</td></tr>
<tr><td>9</td><td>很轻松</td><td rowspan="2">90</td></tr>
<tr><td>10</td><td rowspan="2">轻松</td><td rowspan="2">低强度</td><td rowspan="2">50～63</td></tr>
<tr><td>11</td><td rowspan="2">110</td></tr>
<tr><td>12</td><td rowspan="2">有点吃力</td><td rowspan="2">中等强度</td><td rowspan="2">64～76</td></tr>
<tr><td>13</td><td rowspan="2">130</td></tr>
<tr><td>14</td><td rowspan="3">吃力</td><td rowspan="3">高强度</td><td rowspan="3">77～93</td></tr>
<tr><td>15</td><td rowspan="2">150</td></tr>
<tr><td>16</td></tr>
<tr><td>17</td><td rowspan="2">非常吃力</td><td rowspan="3">超高强度</td><td rowspan="3">94～99</td><td rowspan="2">170</td></tr>
<tr><td>18</td></tr>
<tr><td>19</td><td>极其吃力</td><td>195</td></tr>
<tr><td>20</td><td>精疲力竭</td><td>最高强度</td><td>100</td><td>最大心率</td></tr>
</table>

该指南特别希望能够改变公众“身体活动和学业成绩难以两全”的误区，提醒学生和家长，牺牲身体活动时间去争取多增加 1 小时的作业时间，不仅牺牲了孩子的身心健康，而且对其学习成绩并不能起到促进作用。该指南一方面可供中小学生及其家长和老师、儿科医护工作者以及其他关注儿童青少年健康领域的工作者在开展儿童青少年身体活动时参考借鉴；另一方面，希望能提升社会各界对儿童青少年身体活动的关注，家庭层面提供更多身体活动机会，学校层面开展更多身体活动项目，社区层面提供更多身体活动的场所及竞赛活动，学术层面开展更多针对我国儿童青少年身体活动的科学研究，政府层面制定和完善促进儿童青少年身体活动的相关政策举措，各界合力促进儿童青少年良好身体活动习惯的养成，全面提升儿童青少年体质健康水平。

此外，邹军等在结合我国青少年发育特点及总结大量国内外相关研究的基础上得出结论，儿童青少年骨骼健康运动方案要以中高强度的冲击性运动为主，

有氧运动及抗阻力量训练为辅，运动强度及运动量根据个体情况进行阶段性调整。具体运动方案如表 4-5 所示。

表 4-5 儿童青少年骨健康运动方案

<table>
<tr><th>人群</th><th>性别</th><th>推荐项目</th><th>具体方案</th></tr>
<tr><td rowspan="2">小学生：
5～12 岁</td><td>男</td><td>A 类：快走、慢跑、踏板操
B 类：跳远、跳绳、下蹲跳、50 m 跑
C 类：羽毛球、篮球</td><td rowspan="2">每周运动 3～5 天。A 类或 C 类每次 30～50 分钟。B 类中每次 3 组，跳跃类每组 10～15 下，跳绳每组 80～120 下，50 m 跑一次一组。平均心率控制在 60%～75%最大心率</td></tr>
<tr><td>女</td><td>A 类：快走、有氧舞蹈、踏板操、扔沙包
B 类：跳绳、50 m 跑、跳远
C 类：羽毛球、踢毽子</td></tr>
<tr><td rowspan="2">中学生：
13～18 岁</td><td>男</td><td>A 类：慢跑、健美操、打太极拳
B 类：100 m 跑、实心球、引体向上、下蹲跳、跳远
C 类：篮球、羽毛球、网球、足球、排球</td><td rowspan="2">每周运动 3～6 天。A 类或 C 类每次 30～60 分钟。B 类每次 3 组，跳跃类每组 12～20 下，跳绳每组 100～160 下，实心球、引体向上每组 6～8 下。平均心率控制在 60%～85%最大心率</td></tr>
<tr><td>女</td><td>A 类：慢跑、有氧舞蹈、打太极拳
B 类：跳远、跳绳、50/100 m 跑
C 类：羽毛球、网球、踢毽子、排球</td></tr>
</table>

注：每次运动前后各做 5 分钟的热身运动及放松运动。建议每次运动时每个类别选择一项，每周锻炼时间比 C 类∶B 类∶A 类≈3∶1∶1。

（引自：邹军，章岚，任弘，等. 运动防治骨质疏松专家共识[J]. 中国骨质疏松杂志，2015，21(11)：1291.）

如今，体育运动在促进人体健康中的作用已被人们所熟知，但人们并没有意识到生命早期的体育运动在储存健康中的重要作用，如对于正处在生长发育期的青少年，家长们更多强调的是营养，而忽略了体育运动，似乎进行体育锻炼只是成年人的事。因此，应呼吁全社会重视儿童青少年的骨健康状态。

本章小结

儿童期和青春期是生长发育的高峰期，是人体骨骼塑形的关键时期。成年人 90%以上的骨量是在青春期结束前积累的，并且该时期对体力活动反应最敏感。因此，在该时期内进行适宜的运动或高体力水平活动可以促进机体成年后具有较高的峰值骨量、较好的骨结构以及更强的骨强度，优化骨骼健康。此外，还可以为骨质疏松的预防奠定基础。为了改善生长过程中的骨量累积、骨骼结构和骨小梁微细结构，满足长期功能需要，儿童青少年时期需要进行足够的运动锻炼，并且运动必须超过最小的持续时间和强度才能产生成骨作用。此外，冲击性或高强度的身体运动会更加刺激骨建造和重建过程，并确保骨结构、骨小梁微细结构、骨矿物质含量和骨密度增加的适应性。

然而，还需进一步研究运动对骨骼形状、骨骼微结构及骨强度的影响，以及运动益处的程度，并且需要明确生长阶段能够显著提高骨强度的最小运动阈值。这些研究成果，将有助于进行骨骼健康教育和指导。鉴于儿童和青少年期运动对老年时期骨骼健康至关重要，这将是一个有助于未来决策的非常重要的研究领域。

第五章　体力活动与成人骨健康促进

骨量在30岁以前处于持续增长阶段，到30岁左右时达到峰值；随后，处于相对稳定状态，此状态维持5~10年后，进入骨丢失阶段。成人阶段时间跨度较长，不同阶段不同性别人群骨健康的特点不同，体力活动改善骨健康的效果也有所不同。因此，我们将成人阶段分为成年早期阶段、绝经前女性、绝经后女性和男性，分别探讨体力活动与骨健康促进的关系。

第一节　成人骨健康的特点

女性的骨量早在绝经前就开始下降（静坐少动的女性早在20多岁股骨的骨量便开始下降），在围绝经期开始加速，并持续下降到老年期。男性也具有相似的模式，不同的是男性不会出现女生特有的卵巢功能丧失的影响。

女性到了绝经期之后，卵巢功能减退，雌激素分泌水平大幅度降低，导致体内破骨细胞活性显著增加，出现骨吸收超过骨形成，骨重建失衡，导致每个骨重建部位骨丢失。另外，骨重建（骨转换）部位数目的增多加速了整个骨结构的骨丢失，最终表现为骨量下降、骨强度降低。除了雌激素水平下降的影响以外，某些营养和生活嗜好因素（如饮食中的钙缺乏或维生素D缺乏）或患有合并症（如甲状腺功能亢进）也可加速骨丢失。由于松质骨重塑的速度大于皮质骨，故雌激素缺乏和年龄增长所致的骨质丢失可能会更迅速，而且在松质骨为主要骨骼的部位（如腰椎）较早地显示出来。因此，针对女性骨健康，我们将根据女性骨量丢失的情况，分绝经前和绝经后两个阶段进行探讨。

骨质疏松症是一个严重影响人类生理、心理和社会的健康问题，现已成为一个世界范围内公认的公共健康问题。绝经后女性是骨形成率和骨吸收率失衡的高危人群，易发生绝经后骨质疏松症（postmenopausal osteoporosis，PMO）。PMO是目前发病率较高的骨代谢疾病。骨质疏松症主要被认为是女性的一种疾病，每两个女性中就有一个在生命的某个阶段会受到骨质疏松症的影响，并且骨质疏松相关骨折的风险也随之增加。因此,女性骨健康问题尤应引起人们的重视。

骨质疏松症至今还没有办法来根本治愈,目前治疗骨质疏松非常重要的内容也只能是减缓骨质疏松病变的进程,并且预防其骨折的发生。因此,对于骨质疏松症来说,预防的重要性大于治疗。

大量研究试图探索体力活动和运动模式对骨密度的影响作用。这些研究大都集中在绝经期前女性或绝经后女性的横向比较研究。由于较高的体力活动水平往往伴随着更好的健康状态和营养状态,因此在进行研究时需控制这些影响骨量减少的因素。

第二节　成年早期体力活动对骨健康的影响

骨量在 30 岁以前处于持续增长阶段,到 30 岁左右时达到峰值,所以成人期的早期阶段可能是最后一次增加骨量的机会。

一、成年早期运动训练对骨健康的影响

大量对该阶段的男性和女性运动员的横断面研究表明,与非运动员相比,运动员的骨密度值更高。参加高强度负重运动(如体操、举重和健身)的运动员骨密度值最高,而参加非负重运动(如游泳)的运动员骨密度值最低。如前所述,横断面研究的固有局限性包括混杂变量,如遗传、自我选择、饮食、激素和其他因素。

一些对运动员进行的前瞻性、受控的研究在训练时期或停训时期监测了骨量的变化。国家一级男网球运动员挥拍臂和非挥拍臂两侧骨矿物质含量的差异(13%～25%)显著大于对照组两侧骨矿物质含量的差异(1%～5%),且在退役 4 年后持续存在。对跑步者、赛艇运动员、力量运动员和体操运动员的研究显示,在 7 个月到 2 年的时间里,在训练期间进行特定类型的运动训练,负重骨骼区域的骨矿物质含量或骨密度都显著增加(1%～5%)。有研究对竞技体操运动员随访 2 年发现,在比赛季骨矿物质含量增加(2%～4%),在停赛季下降(1%)。

二、成年早期运动锻炼对骨健康的影响

有学者针对运动锻炼对成年早期人群骨健康的影响进行了相关研究。比勒曼(Bielemann,2013)等对有关成年早期骨矿物质含量或骨密度与生命不同时期内体力活动关系的队列研究做一综述。以双能 X 线骨密度仪测量的全身、腰椎、股骨颈骨矿物质含量或骨密度以及体力活动为核心,搜索研究文献。共计

19 个研究纳入标准，腰椎是最常用的骨骼位点（$n=15$）。结果发现，在男性，体力活动与骨量比在女性中更相关；在骨骼负重位点（腰椎和股骨颈）比全身更相关；当体力活动测量从青少年时期到成人时期比只测量一个时期更相关。在男性，生长期体力活动与骨量更加密切相关。由于测量体力活动的方法和设备有所不同，各研究存在异质性，故无法进行汇总分析。由此得出结论，体力活动在生命中的任何时期对骨量都是极其重要的，但是生长期尤为重要。在此阶段，体力活动可对骨量产生直接的促进作用。此外，在这阶段形成的运动习惯也可以影响人生之后阶段的运动行为。峰值应变活动参与较少是女性体力活动与骨量相关性较小的主要原因。

一些持续时间从 6 个月到 36 个月不等的干预研究分析了高地面反作用力和（或）关节反作用力运动（如抗阻运动、增强式训练）对静坐少动女性骨量的影响。大多数研究发现，股骨颈和（或）腰椎骨密度显著增加（1%～5%）。

在 3 项关于抗阻训练的研究中，有 2 项研究未能对骨密度产生显著影响，其中运动强度仅为低至中等（即 1 次最大重复次数的 60%或更少）。在第三项研究中，运动强度很高（80%的最大重复次数，5 组，重复 10 次，每周 4 天），但仅进行单侧压腿练习，这种练习可能缺乏对脊柱和股骨颈的适应性，因为它是在坐姿位置进行的。有两项研究发现，相对高冲击性的运动会导致骨密度意外下降。其中一项研究，经过 9 个月中等运动强度（70%的最大重复次数）的抗阻训练后，股骨颈骨密度无变化，但腰椎骨密度下降 4%。在另一项研究中，经过 2 年的抗阻训练和跳绳后，全身骨矿物质含量显著增加（1%～2%），脊柱骨密度并未显著增加（1%），股骨颈骨密度显著下降（－1.5%），但是运动依从性很差（45%）。因此，虽然有证据表明运动训练可以增加年轻成年女性的骨密度，但一些因素，如负荷强度、运动的部位特异性和运动的持久性可能是运动改善骨健康有效性的重要决定因素。

能够产生高强度应力的运动（高应变幅度）也可能引起机体身体成分的变化（脂肪重和去脂体重）和肌肉力量。几项研究发现，体重、脂肪量、无脂肪量和力量与总骨密度和区域骨密度有显著的相关性，这些因素占骨密度变化的 50%。与其他运动员相比，举重运动员通常具有较高水平的去脂体重和肌肉力量，这些运动员的骨密度也往往最高。在举重等运动中，主要通过关节反作用力（即肌肉收缩）对骨骼产生机械应力，而不是通过地面反作用。与地面反作用力相比，关节反作用力似乎只有在运动强度足以引起肌肉量增加的情况下，骨量才会增加。

第三节　绝经前女性体力活动对骨健康的影响

运动是维持女性骨健康不可或缺的环节。目前，处于绝经前的女性逐渐认

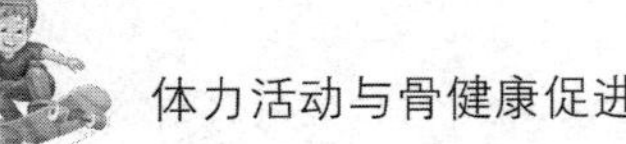

识到骨质疏松症的危害，逐渐意识到骨质疏松症预防远比治愈更可取。所以，该人群经常向医疗保健专家或运动专家询问可以降低骨质疏松和骨折风险的生活方式或运动方式。

一、现有文献研究的概述

虽然大多数关于体力活动和骨健康的随机对照试验都是在绝经后女性中进行的，但也有一些类似的试验是在绝经前女性中进行的，在大量 Meta 分析中已有综述。

(一)体力活动对绝经前女性骨量的影响

运动与骨健康有密切关系，中老年时期进行体育锻炼可有效维持骨量，延缓骨量的丢失，预防如骨质疏松症等骨疾病的发生。Meta 分析普遍认为运动对年轻绝经前女性腰椎骨密度有积极影响，尽管一些试验本身缺乏统计能力来证明由于样本量小而不能产生显著的治疗效果。有研究表明，尤其对于女性，运动干预能有效增加女性不同部位骨密度或减缓骨质的流失，是预防女性绝经后骨质疏松最积极的办法。运动对成年人骨健康影响主要是维持骨量的时间长短，尽量降低骨患病的机会。高骨量维持的时间越长，骨量丢失越少，对保持骨健康和预防老年骨质疏松越有积极作用。

绝经前女性体力活动与骨健康的 Meta 分析如表 5-1 所示。

表 5-1　绝经前女性体力活动与骨健康的 Meta 分析

研究者	人群	包含的研究类型	样本大小	运动类型	干预效果	显著性水平
沃尔夫(Wolff)	绝经前和绝经后女性	随机对照试验、非随机对照试验	25 项研究	有氧运动、高冲击力运动或力量运动，至少持续 16 周	绝经前女性有氧运动＋力量运动 腰椎＋0.90％ 股骨颈＋0.0％ 绝经后女性有氧运动 腰椎＋0.96％ 股骨颈＋0.90％ 力量训练 腰椎＋0.44％ 股骨颈＋0.86％ 有氧运动＋力量运动 腰椎＋0.79％ 股骨颈＋0.89％	绝经后女性力量训练外，骨骼各位点及运动形式均具有显著性差异($p<0.05$)

续表

研究者	人群	包含的研究类型	样本大小	运动类型	干预效果	显著性水平
华勒斯(Wallace)	绝经前和绝经后女性	随机对照试验	32 项研究	冲击性运动(有氧或提踵)和力量运动	绝经前冲击性运动 腰椎+1.5% 股骨颈+0.90% 绝经前力量运动 腰椎 1.2% 股骨颈数据不足 绝经后冲击性运动 腰椎+1.6% 股骨颈 0.9% 绝经后力量运动 腰椎 1% 股骨颈 1.4%	除绝经前女性股骨颈外,骨骼所有位点和运动形式呈显著性差异($p<0.05$)
凯莉(Kelly)	绝经前和绝经后女性	随机对照试验、非随机对照试验	29 项研究;1123 名女性	抗阻训练	股骨+0.38% 腰椎+1.26% 桡骨+2.17%	股骨($p>0.05$) 腰椎($p<0.05$) 桡骨($p<0.05$)
巴巴通德(Babatunde)	绝经前女性	随机对照试验	6 项研究;255 名女性	高冲击性运动少于 30 分钟,休息间隔跳跃运动	股骨颈 效果量+0.64 股骨大转子 效果量+0.36 腰椎 效果量+0.04	股骨颈($p=0.001$) 股骨大转子($p=0.04$) 腰椎($p=0.79$)
凯利(Kelley)	绝经前女性	随机对照试验	7 项研究;521 名女性	负重有氧运动,高冲击性渐进抗阻运动或两者联合;持续时间大于 24 周	股骨颈 效果量+0.342 腰椎 效果量+0.201	股骨颈($p=0.001$) 腰椎($p=0.04$)

研究表明,有氧训练、阻力训练、有氧和阻力结合训练以及高强度训练都能使腰椎骨密度平均每年增加1%。运动效果的大小与补充钙的效果大致相当,并且对腰椎的效果与绝经后女性并无显著差异。虽然这种治疗效果与药物治疗相比相对较小,但大约可以抵消随年龄增加的骨丢失率(每年1%),而不包括绝经后早期加速的骨丢失。研究发现,有氧运动和力量运动结合训练以及高冲击性有氧跳跃或蹬踏运动可显著改善股骨颈骨量。

停止训练会导致骨骼适应的快速逆转。例如,沃里(Vuori)等对有训练史的年轻女性进行单侧肢体训练的对照试验,要求有训练史的年轻女性在压腿仪器上进行为期12个月、每周5天的高强度运动,结果发现骨密度增加,而在停训后3个月内恢复到基础水平。另有学者对30~45岁的女性进行研究,发现受试者在接受过1年的跳跃或下肢阻力训练后,骨密度升高;而经过6个月的停训后,骨密度也会回到安静时的基础水平。因此,即使是经过相对长期的高强度负荷训练,骨骼对训练的适应性变化也会迅速消失。

对绝经前女性研究的运动持续时间为6~36个月,年龄为16~44岁,但值得注意的问题是,这些研究的退出率相对较高,从0到68%不等。例如,在华勒斯(Wallace)的8项试验研究中,有5项退出率达到25%以上。骨质疏松症防治运动项目大概需要持续几十年,才能对这个人群中的骨折率产生有意义的影响,而高退出率对这种运动项目的普遍性和可行性提出质疑。在2013年一项针对3297名成年人的35项研究的Meta分析中,运动组和对照组的退出率分别为20.9%(95%置信区间:16.7%~25.9%)和15.9%(95%置信区间:11.8%~21.1%),而运动依从性为76.3%(95%置信区间:71.7%~80.3%)。值得注意的是,在长期研究中,绝经前女性的退出率明显高于老年女性,这对临床应用有明显的暗示作用。

瓜达卢佩(Guadalupe,2009)等对成人的运动与骨量进行系统综述。有大量证据表明,成人和老年人的一些体育锻炼可以增加骨量,减少与衰老有关的骨量损失。大量的横断面研究表明,力量锻炼和(或)高冲击性运动具有最大的成骨潜能。在前瞻性研究中,一些训练方法已用于提高骨密度,但并不是所有的锻炼方式都对骨量有积极的影响。例如,游泳这样的空载运动对骨质量没有影响,而步行或跑步则有有限的积极作用。尽管科学证据表明,高冲击性运动(如跳跃)和举重运动的结合更有利于刺激骨骼,但目前尚不清楚哪种训练方式更适合于成年人。除了绝经后女性外,涉及高冲击性的运动,即使量相对较少,似乎也是最有效的增强骨质的方法。一些类型的阻力运动也得到了积极的结果,尤其是当运动强度增大和运动速度提高时。其他一些研究报告对骨密度几乎没有影响。然而,这些结果可能部分归因于研究设计、运动方案的强度和持续时间,以及所使用的骨密度测量技术。

(二)体力活动对绝经前女性骨结构和骨强度的影响

动物模型和人体试验的研究表明,除了骨密度变化之外,骨强度的其他变化可能有助于机械负荷对骨骼的总体益处(如增加骨体积或改变骨小梁形态),所有单独评估骨密度的变化可能会低估机械负荷对骨骼产生的效应。

运动可以增加骨骼强度。但要有效降低骨折风险,运动必须足够可行,以适应日常生活,并影响可能脆弱的骨骼部位,如股骨颈上外侧皮质骨,其骨质变薄与骨折风险增加有关。

尼克兰德(Nikander,2010)等曾就在儿童、青少年、成人及老年人 4 个不同时期进行长期有针对性的运动干预(大于等于 6 个月)对下肢骨强度的影响做了系统综述和 Meta 分析。该综述中纳入了符合标准的 10 篇随机对照试验研究(RCTs)。其中,对绝经前女性,有 1 篇文献报告纳入。结果发现,绝经前女性有较高的运动参与,并且骨强度的改善为 0.5%~2.5%,但无显著影响(效果量:0.00,95%置信区间:−0.43~ 0.44)。

威楠帕(Vainionpää)等对跳跃运动对绝经前女性骨骼几何形状变化的影响进行研究。120 名女性(35~40 岁)随机分为运动组和对照组,运动方案包括每周进行 3 次有监督的、渐进式的高冲击性运动和一个额外的家庭计划。高冲击性运动方案为在监督指导下进行渐进冲击性运动 60 分钟,包括 10 分钟热身运动,40 分钟冲击性踏步、跳跃、跑步及步行,10 分钟放松运动;每周 3 天,以及日常的冲击性活动 10 分钟;3 个月后增加运动强度。干预时间为期 12 个月。研究采用基于加速度计的身体运动监测仪记录运动情况,以加速度峰值的大小来评估冲击载荷的强度。分析每天在 5 个加速度范围内($0.3g$~$1.0g$, $1.1g$~$2.4g$, $2.5g$~$3.8g$, $3.9g$~$5.3g$, $5.4g$~$9.2g$)的撞击次数(重力加速度 $g=9.81\ m/s^2$)。采用定量计算机断层扫描(QCT)对股骨中段、胫骨近端和胫骨远端进行骨几何评估。结果发现,运动组有 39 名女性(65%)和对照组有 41 名女性(68%)完成了研究。运动组与对照组相比,股骨中段骨周长显著增加(0.2%,$p=0.033$)。运动组组内分析显示,与最不活跃的锻炼者(小于 19 次)相比,最活跃的锻炼者(12 个月内进行锻炼大于 66 次)的骨骼强度增加了2.5%。在这 12 个月里运动的次数和强度是骨骼几何形状变化最显著的预测因子,解释了 36%的变化。由此表明,运动对骨的几何形状适应影响和适应最明显的是在股骨中部。骨骼几何形状的变化与日常运动的次数和强度有关,而骨骼矿物的重新分布似乎是骨骼适应不同强度运动的主要机制。

二、不同运动对绝经前女性骨健康的影响

(一)有氧运动

有氧运动是机体在有氧代谢供能为主的状态下进行的运动。有氧运动提高心肺功能,预防心血管疾病等促进机体健康的作用已被大量研究证实。但目前,其对骨质疏松的防治作用还存在争议,不同研究所持观点并不一致,这可能与不同研究中使用的运动方案不同有关。

有研究发现,在进行了两年的有氧运动干预后,运动组和对照组在髋部骨密度上的差异超过 2%。经 DXA 测量骨皮质和骨小梁,发现脊柱骨密度的增加约为 1%,经 QCT(仅限骨小梁)测定为 2%。考虑到椎骨由大约相等的部分小梁骨和皮质骨组成,这些数据表明皮质骨骨皮质没有变化。

对绝经前女性的纵向研究发现,与对照组相比,负荷加载部位骨的骨密度总体上增加了 1%～3%。有研究发现,两组之间骨量的差异主要是通过运动组骨量增加来实现的;在另一些研究中发现,两组之间的差异主要通过运动组骨丢失减少来实现;而在另一些研究中,运动组的骨量增加和对照组的减少共同造成了两组之间明显的差异。

阿尔加迪尔(Alghadir,2014)等对 12 周有氧训练对健康中老年人骨密度及骨代谢标志物的影响进行研究发现,每周 3 次、持续 12 周的中等强度有氧运动能够提高受试者骨密度,增强血清骨钙素、血清骨特异性碱性磷酸酶等骨形成标志物的分泌,降低骨吸收率,促进骨形成,有效防止骨质流失,从而起到预防骨质疏松的效果。

(二)抗阻运动

抗阻性运动是依靠自身力量克服外界阻力的运动方式,对肌肉和骨骼的负荷刺激最大。渐进抗阻训练能够增加肌肉的横截面积、肌纤维数量,从而提高肌肉力量。大量研究表明,抗阻训练能够提高机体的骨密度,防止骨质流失,从而起到预防骨质疏松的作用。这是因为在进行抗阻力量练习时,肌肉的牵拉力以及重力通过器械传递到骨骼的力量能对骨骼产生一定的刺激,进而促进骨形成。为了保持骨骼健康,当前阻力训练越来越流行。

辛格(Singh)等对 30～50 岁绝经前骨量正常的女性进行力量训练干预。研究发现,运动 15 周后,调整后的骨密度变化在两组间存在显著性差异(0.5% vs. 0.4%);运动 39 周后,调整后的骨密度变化在两组间存在显著性差异(0.9% vs. 1.2%)。

新崎(Sinaki)等对负重练习对脊柱健康绝经前女性骨密度的影响以及上肢负重练习对桡骨中段和股骨的骨密度的影响进行研究。96 名健康的、年龄为

30～40 岁的、不经常参加运动的绝经前女性被分为运动组和对照组。运动组进行了一个有监督的、不剧烈的举重锻炼计划。此外,受试者每周单独进行两次练习,两组的膳食钙摄入量应保持在每天 1500 mg。干预时间为期 3 年,干预结束后,67 名被试完成了这项研究。分别于 0 年、1 年和 3 年用双能 X 线骨密度仪测量腰椎和髋部骨密度;单光子吸收法测量桡骨中段骨密度;每 3 个月测量一次肌肉力量,持续 3 年;测量最大摄氧量,记录体力活动水平。在干预的第一年里,被试对锻炼计划的依从性很好,但是之后就降低了。3 年结束时,运动组受试者退出约 34%,对照组受试者退出约 22%(总受试者退出约 30%)。结果显示,运动组所有涉及的骨骼部位肌肉强度均显著增加。沃德(Ward's)三角与脊柱屈力($r=0.32$,$p=0.008$)和握力($r=0.38$,$p=0.001$)之间存在一定的正相关关系。在运动组或对照组中,负重和非剧烈运动对脊柱、髋部或桡骨中段部位的骨密度没有显著影响。在活跃但不运动的绝经前女性中,额外的适度举重锻炼对骨密度没有显著影响。

有学者对抗阻训练对骨密度的影响进行研究。抗阻运动是由一个 60 分钟的使用自由重量器械的阻力训练组成,每周 3 次,共干预 18 个月。抗阻训练计划被证明对增加腰椎处的骨密度特别有效。

(三)冲击性运动

冲击性运动是指在运动过程中受力瞬间,受力点对机体产生冲击性反作用力的运动。这些反作用力的冲击能刺激骨骼,从而促进骨形成,防止骨质流失。有研究报道,高冲击力项目的运动员比低冲击力项目运动员及静坐少动对照组拥有更高的骨密度。

Vainionpää(2005)等对高冲击性运动对绝经前女性骨密度的影响进行研究。120 名女性(35～40 岁)随机分为运动组和对照组,运动方案包括每周进行 3 次有监督的、渐进式的高冲击性运动和一个额外的家庭计划。高冲击性运动方案包括:在监督指导下进行渐进冲击性运动 60 分钟,包括 10 分钟热身运动,40 分钟冲击性踏步、跳跃、跑步及步行,10 分钟放松运动;每周 3 天,以及日常的冲击性活动 10 分钟;3 个月后增加运动强度。干预时间为期 12 个月。在干预前和干预后,采用双能 X 线吸收法测量腰椎(L1～L4)、股骨近端和前臂远端骨密度,定量超声检测跟骨骨密度。干预结束后,运动组有 39 名女性(65%)和对照组有 41 名女性(68%)完成研究。结果发现,运动组与对照组相比股骨颈骨密度(1.1% vs. −0.4%;$p=0.003$)、转子间骨密度(0.8% vs. −0.2%;$p=0.029$)、髋部骨密度(0.1% vs. −0.3%;$p=0.006$)均有显著性变化。腰椎(L1～L4)和腰椎(L2～L4)中均表现出运动改善效应;L1 骨密度(2.2% vs. −0.4%;$p=0.002$)在运动组显著高于对照组。跟骨的宽带超声衰减也表现为运动组显著高于对照组

(7.3% vs. -0.6%;$p=0.015$),而前臂远端各组间及组内无明显差异。由此表明,高冲击性运动对绝经前女性腰椎和股骨近端骨密度的改善有效,该类型的高冲击力性运动是一种有效的、安全的、廉价的运动方法,建议广大人群进行这种运动以预防老年骨质疏松症。

牛(Niu,2010)等对渐进式高冲击性运动干预对健康绝经前女性骨密度的影响进行研究。91名健康绝经前女性随机分为高冲击性运动组和拉伸运动组。高冲击性运动组每周运动3天,每次5组,每组10个纵跳;拉伸运动组进行拉伸和平衡练习,共持续12个月。干预结束后,71.7%的拉伸运动组和75.6%的高冲击性运动组完成试验。结果发现,干预后,运动组腰椎骨密度与干预前相比显著增加,增加了0.8%;对于股骨颈骨密度,高冲击性运动组(0.6%,95%置信区间:-0.4~1.7)显著高于拉伸运动组(-1.0%,95%置信区间:-2.2~0.2)。此外,在干预期间,两组受试者的脂联素、低密度脂蛋白、高密度脂蛋白和腿部力量均有所改善。由此表明,简单短暂的高冲击性运动可以增加绝经前女性腰椎和股骨颈的骨密度,并建议绝经前女性进行该类型运动以防止骨质流失。

贝利(Bailey,2010)等对绝经前女性进行渐进性冲击性运动干预,研究不同运动频率对股骨颈骨密度的影响,并采用高强度单侧干预的方式观察髋部骨密度是否不同。健康的绝经前女性分为每周运动7天组、每周运动4天组、每周运动2天组及对照组。运动方案为任选一侧进行多方向单足跳干预,每次5组,每组10个单足跳,每组跳跃间歇15秒,持续6个月。在运动过程中,地面反应力的峰值从体重的2.5倍增加到2.8倍。在运动干预前后,用双能X线骨密度仪测量骨密度。采用协方差分析(ANCOVA)比较两组运动腿的变化,对照组和干预前的骨密度作为协变量。结果发现,每周运动7天组股骨颈骨密度增加最多(+1.8%),之后为每周运动4天组(+0.9%)、每周运动2天组(0.0%)、对照组(-0.3%),并且每周运动7天组股骨颈骨密度显著高于每周运动2天组及对照组。此外,研究还观察并比较了运动对股骨颈上部、股骨颈下部、股骨粗隆处的骨密度变化。结果发现,运动对各部位均具有显著的改善效果($p=0.048$),但在不同部位间无显著差异($p=0.439$),在股骨颈上部平均增加幅度最大。由此表明,简短的每日跳跃运动可有效增加绝经前女性的股骨颈骨密度,有助于降低髋关节骨折风险,但需要经常锻炼方可获得最佳反应,运动频率较低对骨密度的改善没有效果。

Babatunde(2012)等通过Meta分析,对6个随机对照试验256名女性进行短时间(小于30分钟)高冲击力运动对改善绝经前女性骨健康的影响作用进行了研究。结果显示,短时间高冲击力运动可引起绝经前女性股骨颈骨密度显著增加(标准化均数差:0.64,95%置信区间:0.38~0.90,总体效果量:4.84,$p=$

0.001)；股骨大转子骨密度也有显著增加(标准化均数差：0.36，95%置信区间：0.10～0.61，效果量：2.08，p=0.04)；但腰椎无显著性变化(标准化均数差：0.04，95%置信区间：0.23～0.31，效果量：0.26，p=0.79)。结果表明，短时间高冲击力运动可以改善髋部骨密度，股骨颈和股骨粗隆处表现出充分的成骨反应，而对腰椎骨密度并未有改善效果。由此推荐这种形式的运动可作为一种生活方式来预防骨质疏松症，并在大量人群中开展。

许(Xu,2016)等对运动干预对年轻女孩骨骼状况的影响进行综述和 Meta 分析，探讨是否存在改善或维持女性骨骼质量或骨骼强度的特定运动项目。研究搜索 2009～2015 年文献资料，搜索词为“体力活动”“运动”“骨”“骨健康”“骨强度”“骨结构”“骨代谢”“骨转换”和“骨生物标志物”。筛选女性的系统综述或对女性研究的 Meta 分析。最终 12 篇符合入选标准，并对此分析。结果发现，联合的冲击力运动方案(冲击力与阻力训练)是改善绝经前骨密度的最佳选择。年轻女孩的峰值骨量可以通过短时间的基于学校的高冲击力运动来改善。由此得出结论，终生锻炼，特别是针对特定年龄选取的特定锻炼方法，是维持年轻女孩骨健康的有效方法。

杉山(Sugiyama)等(2002)对绝经前女性和绝经早期女性(绝经 5 年内)进行跳绳运动干预，每天跳绳 100 下，每周 2～3 天，持续 6 个月，共完成 60 组练习。结果发现，与对照组相比，绝经前女性髋部骨密度(+1.6% vs. −0.1%)和股骨颈骨密度(+2.4% vs. −0.8%)均显著增加；绝经早期女性与相应对照组相比，髋部骨密度(+0.7% vs. −0.4%)和股骨颈骨密度(+0.7% vs. −1.1%)均显著增加。

(四)不同运动的比较与联合

目前关于绝经前女性体力活动或运动干预的研究存在很多不同之处，如运动方式、频率、强度、冲击负荷、持续时间以及目标肌肉和关节等，这使得比较不同研究的结果变得极为困难。而采用“冲击性”和“非冲击性”或“耐力”与“力量”训练等对这些运动进行粗略分类，就如同大多数的 Meta 分析，其实并不能很好地描述所接受的运动形式和运动量，或不能很好地解释研究结果之间存在的潜在差异。例如，一些强度较低的力量训练方案不能粗略地与高强度、渐进的阻力训练方案结合起来考虑，从而导致总体效应减弱。即使是高冲击性运动的研究也不统一，因为研究人员可以通过各种方式(跳跃、踏跳、跑跳、增强式训练)来产生冲击力。将这些运动方式单独作为一种形式，或者作为有氧运动的一部位，或者是作为抗阻运动的一部分，使比较高冲击力性运动的有效性更加困难，并很难提供一个明确的运动推荐。由于这些研究存在不同，通过 Meta 分析再将这些研究进行分析，其有效性或适宜性务必会存在质疑，因为这样分析的结果可能会

掩盖运动试验之间的重要区别，从而可能掩盖改善、预防和治疗策略。这类似于对“骨质疏松症的药物治疗”进行 Meta 分析，将钙、维生素 D、雌激素、双磷酸盐和选择性雌激素受体调节剂的数据合并成一个整体效应大小。但与运动相关的健康结果不同的是，对机械负荷的成骨反应似乎在要求上极其严格。即使是看起来很小的变化，如在机械负荷加载周期之间等待几秒钟，也会导致动物模型中骨细胞反应有巨大差异。

考虑到上述注意事项后，可以从现有的数据中推断出一般结论。虽然抗阻运动和有氧运动可能对人体有氧能力、肌肉力量和身体成分有不同的影响，但在绝经前女性中，抗阻运动和有氧运动对骨骼的作用似乎相当。单个运动项目具有更简单和更持久的潜在优势，但多种运动联合是否优于单个运动项目？目前尚不清楚。例如，在一个规模较大、设计较好的研究中，与进行伸展运动的绝经前女性(20～35岁)相比，进行 2 年以上的有氧和阻力运动可明显改善脊柱、股骨颈、股骨大转子和跟骨的骨密度，以及提高最大有氧能力和肌肉力量。但该研究的退出率高达 50%，其余 50%的依从性平均仅为 61%。更需注意的是，直到干预的第二年才观察到骨的变化，而当时剩余受试者的出勤率仅为 54%。另外，这些研究中存在的局限性是很少有针对骨质疏松性骨折风险高的女性进行研究，或者很少对她们进行足够长时间的跟踪，以评估运动训练对摔倒率或骨折发生率的影响，因为在健康女性观察到的结果可能无法复制到高危人群。例如，哈基宁(Hakkinen)对类风湿关节炎患者进行了为期 2 年的中等强度抗阻运动研究，这些患者由于疾病、不活动和皮质类固醇药物治疗而增加了骨质减少的风险。结果发现，虽然肌肉力量和疾病状态随运动有所改善，但股骨颈骨密度仅有微小的差异(0.51%)。这种骨骼的适应是否与受试者的临床状况有关，还是与力量练习(以家庭为基础，使用橡皮筋)强度较低有关，尚不清楚。因此，与药物试验中剂量-反应分析不同的是，很难或不可能仅支持一个单一有效的运动策略。

三、对绝经前女性的运动推荐

基于上述现有文献研究为这一年龄组提出的运动建议包括运动方式、运动强度、运动频率和运动量。

(一)运动方式

在 30 岁以后，维持骨骼健康的体力活动处方应该比儿童青少年时期考虑更全面，因为骨质疏松性骨折的骨骼和非骨骼风险因素都需要考虑在内。肌肉和骨骼达到峰值水平后，股骨骨量就已经开始下降。影响骨密度或阻碍运动实施的慢性健康问题可能已经开始出现。在大多数成年人，娱乐性和职业性体力活动水平同时下降。

虽然负重有氧运动、高冲击性运动和抗阻运动都已被证实可以维持或增加

这一阶段的骨密度，但抗阻运动还会额外增加肌肉量和肌肉力量以及平衡能力。在 Kelley 的 Meta 分析中，绝经前女性抗阻训练引起去脂体重（＋2 kg）和肌肉力量（＋40％）显著增加以及脂肪量显著下降（－2％），而对照组的变化最小。这种对身体成分和肌肉功能的综合影响可以直接抵抗与年龄相关的变化。除了预防骨质疏松症外，对其他许多健康状况也具有潜在的益处。有氧运动不会增加肌肉量和肌肉力量，也不会改善平衡能力，因此对骨质疏松性骨折的多重危险因素的影响不够全面。此外，在年轻绝经前女性，很少有研究支持不进行高冲击性运动、单独进行有氧运动可以维持或增加股骨骨密度，而包括抗阻运动和（或）高冲击性运动的运动方案已证实对骨骼重要位点具有重要的改善作用。因此，对于身体成分、骨健康以及神经肌肉功能来说，最经济、效益最广泛的运动方式为抗阻运动。

增加高冲击力力量或动作可能会进一步提高股骨颈或股骨粗隆的骨密度、下肢肌肉力量和动态平衡能力，但这两种运动形式的直接比较研究较少。如果可行的话，举重练习的组间休息时间可以用来完成 10～20 次跳跃（取决于以前是否有受伤或膝部和髋部的骨关节炎）。这样在一次训练时结合了阻力训练和高冲击力训练，并未延长运动所需的时间，对于比较繁忙的成年人来说，这种联合的训练方式是最佳的运动方式。

（二）运动强度

骨和肌肉的生理反应与施加的压力的大小和速率成正比，而较好的运动方案通常在较高的范围内利用强度。因此，推荐将中等至大强度的渐进抗阻运动和（或）高冲击运动作为这一年龄组运动方案的主要强度。

值得注意的是，高冲击性运动方案可以有效地增加股骨大转子骨密度。通过跳跃运动（跳离地面约 8 cm），股骨大转子骨密度增加了 3％～4％。这种跳跃运动产生的地面反作用力是体重的 3～4 倍，因此是高冲击性。这对于非运动员女性是可行的，如果没有潜在的关节疾病，很少会引起运动损伤，并且能够每天在 2 分钟内完成。

（三）运动量

每周 2～3 天进行举重、有氧运动或高冲击性运动并且持续至少 1～2 年，与静坐少动对照组相比，可以有效改善骨密度。举重训练的这个运动量对其他身体成分的改变和肌肉力量、爆发力和平衡能力的改善也是足够的。

最佳的重复次数目前尚不清楚，但动物研究并未显示出运动频率高比运动频率低有更大的益处。在大鼠模型中证实，在 50～100 个负荷之后，额外的重复次数对于进一步促进成骨反应却是无效的刺激。巴锡（Bassey）等研究表明，每天跳跃 50 次，高度 8.5 cm，每周 6 天，6 个月后与对照组相比，股骨粗隆骨密度增加了 2.8％。与其他高冲击性运动的研究相比，本研究中骨对运动的适应增强，可能与运动频率增加有关（本研究频率每周 6 次，其他研究每周 3 次）。总体而言，建议每次训练 40～50 次跳跃运动或 24～30 次举重练习，这也符合动物研究中对成骨刺激效应的理解。

（四）运动频率

有关成骨适应的动物实验表明，骨细胞对机械信号的反应能力，在没有休息期的重复加载周期下，会迅速饱和。虽然目前还没有相关的人类试验数据，需要进一步进行这些试验，但是大鼠模型强烈建议在两次重复加载负荷之间的最佳恢复时间为 10～14 秒，两次训练之间的最佳恢复时间为 8 小时。这种长时间的休息间隔比大多数运动员规定的时间要长，他们在两次重复加载负荷之间只等 1～2 秒，不会损害肌肉功能，而且很可能会增强良好的依从性，从而减少伤害。骨骼肌对机械负荷的适应也表明，为了最大限度地引起骨骼肌肥大以及防止骨骼肌损伤，间歇运动的恢复期是必要的，甚至比推荐的骨骼运动时间更长（通常间隔 1 天）。正如前面提到的，经常进行单一的跳跃运动，每周 6 天，虽然不能明显改善健康年轻女性的腿部力量或平衡能力，但可以在股骨中产生显著的骨密度变化。

因此，建议不要比每隔一天更频繁地锻炼（大约每周锻炼 3 天）。这样既能满足肌肉和骨骼的需求，也不会对大多数人造成太大的负担。

第四节　绝经后女性体力活动对骨健康的影响

绝经后女性由于卵巢功能的衰退，雌激素分泌大量减少，表现出更年期综合征，常表现为面色潮红及潮热、心悸、胸闷、血压不稳等血管舒缩功能失调表现，以及失眠、焦虑、烦躁、情绪不稳定、抑郁等精神神经症状。更重要的是，失去雌激素这个“保护伞”之后，心血管疾病发病率明显增加，大量的骨流失造成骨质疏松，使腰椎、髋骨等骨折的发生明显增多。

运动与骨健康密切相关，是维持女性骨健康不可或缺的环节。运动作为一种重要的非药物治疗手段，在骨质疏松症的预防中公认应作为首选。如前文所述，在老年期保护机体骨骼免受脆性骨折的最佳方法是通过适宜的身体活动来优化峰值骨量，应尽早开始并持续在整个生命过程中。一旦步入老年阶段，预防骨折需考虑的因素就不只是骨骼方面的因素，还包括其他许多因素，尤其是肌肉力量和平衡能力，以及营养状况和神经认知功能。这是因为年龄越大，跌倒的可能性越大，预防跌倒就成为预防骨折的主要途径。值得注意的是，脊椎骨折的发生与肌肉力量和脊柱骨密度有关，而与跌倒风险无关。

目前多数学者认为抗阻力量运动、负重运动、耐力性运动能较有效地提高骨密度，运动时可通过全身的肌肉活动和对骨骼产生的挤压，刺激骨的形成，改善机体生物力学和全身情况，对于增加老年人，尤其是绝经后女性的骨形成卓有成

效，是防治老年性及绝经后骨质疏松，降低下肢及脊柱骨折率的简便、可行的运动方式。

一、现有研究文献概述

运动与骨健康有密切关系，中老年时期进行体育锻炼可有效维持骨量，延缓骨量的丢失，减少与预防如骨质疏松症等骨疾病的发生。

运动干预对绝经后女性骨量的影响在过去 30 年中受到了广泛的关注。虽然早期的研究有研究对象数量较少、非随机设计、干预时间较短以及其他方法上的缺陷，但近期的试验纳入了更多的人群，对象是患有骨质疏松症的女性或先前的骨质疏松性骨折，并在一些案例中连续观察了 2～5 年。

(一)对骨量和骨密度的作用

目前，大多数关于体力活动和骨健康的随机对照试验都是在绝经后女性中进行的，在大量 Meta 分析中已有综述(见表 5-2)。Meta 分析普遍认为运动对绝经后女性各部位骨密度有积极影响，尽管有些试验本身缺乏统计能力来证明由于样本量小而不能产生显著的治疗效果。大量研究表明，运动干预能有效增加女性不同部位骨密度或减缓骨质的流失，是预防女性绝经后骨质疏松最积极的办法。

表 5-2　绝经后女性体力活动与骨健康的 Meta 分析

研究者	人群	包含的研究类型	样本大小	运动类型	干预效果	显著性水平
贝拉德(Berard)	＞50 岁的健康女性	随机对照试验、非随机对照试验	18 项研究	步行、跑步、身体协调练习、有氧运动	腰椎效果量＝0.8745	腰椎($p<0.05$) 前臂($p>0.05$) 股骨颈($p>0.05$)
Kelley	绝经后女性	随机对照试验、非随机对照试验	10 项研究；330 名女性	有氧运动	腰椎＋2.83%	($p>0.05$)
	绝经后女性	随机对照试验、非随机对照试验	6 项研究	有氧运动	髋部＋2.42%	$p<0.05$
	绝经后女性	随机对照试验	11 项研究；719 名女性	有氧运动或力量运动	任何运动 局部骨密度＋0.27 % 有氧运动 局部骨密度＋1.62 % 力量运动 局部骨密度＋0.65 %	均 $p<0.05$

续表

研究者	人群	包含的研究类型	样本大小	运动类型	干预效果	显著性水平
Wolff	绝经前和绝经后女性	随机对照试验、非随机对照试验	25 项研究	有氧运动、高冲击力运动或力量运动，至少持续 16 周	随机对照试验： 绝经前女性 有氧运动＋力量运动 腰椎＋0.91％ 股骨颈＋0.90％ 绝经后女性 有氧运动 腰椎＋0.96％ 股骨颈＋0.90％ 力量训练 腰椎＋0.44％ 股骨颈＋0.86％ 有氧运动＋力量运动 腰椎＋0.79％ 股骨颈＋0.89％	除绝经后女性力量训练外，骨骼各位点及运动形式均具有显著性差异（$p<0.05$）
Wallace	绝经前和绝经后女性	随机对照试验	32 项研究	冲击性运动（有氧或提踵）和力量运动	绝经前女生 冲击性运动 腰椎＋1.5％ 股骨颈＋0.90％ 力量运动 腰椎＋1.2％ 股骨颈 数据不足 绝经后女性 冲击性运动 腰椎＋1.6％ 股骨颈＋0.9％ 力量运动 腰椎＋1％ 股骨颈＋1.4％	除绝经前女性股骨颈外，骨骼所有位点和运动形式呈显著性差异（$p<0.05$）
Kelley	绝经前和绝经后女性	随机对照试验、非随机对照试验	29 项研究；1123 名女性	抗阻训练	股骨＋0.38％ 腰椎＋1.26％ 桡骨＋2.17％	股骨（$p>0.05$） 腰椎（$p<0.05$） 桡骨（$p<0.05$）

续表

研究者	人群	包含的研究类型	样本大小	运动类型	干预效果	显著性水平
Kelley	绝经后女性	随机对照试验、非随机对照试验	13项研究；699名女性	任何运动	腰椎 组间差异2%（运动组+1% vs. 对照组−1%）	$p=0.000$
	绝经后女性	随机对照试验	10项研究；592名女性	任何运动	股骨颈 运动组+0.73% 对照组+0.45%	无显著性差异（$p>0.05$）
圣-马丁·詹姆斯（Martyn-St James）	绝经后女性	随机对照试验	14项随机对照试验评价腰椎；11项随机对照试验评价股骨颈	高强度抗阻运动	腰椎 +0.006 g/cm² 股骨颈+0.010 g/cm²	腰椎（$p=0.006$） 股骨颈无显著性差异（$p=0.11$）
	绝经后女性	随机对照试验、非随机对照试验	8项研究评价腰椎；5项研究评价股骨颈	步行	腰椎 +0.007 g/cm² 股骨颈+0.014 g/cm²	腰椎无显著性差异（$p=0.09$） 股骨颈（$p=0.05$）
	绝经后女性	随机对照试验、非随机对照试验	10项随机对照试验；5项非随机对照试验	单纯高冲击性运动（慢跑、步行、爬楼梯）	腰椎+0.025 g/cm² 股骨颈+0.022 g/cm²	腰椎（$p=0.02$） 股骨颈（$p<0.001$）
				冲击性+高强度抗阻运动	腰椎+0.016 g/cm² 股骨颈+0.005 g/cm²	腰椎（$p=0.005$） 股骨颈（$p=0.03$）
	绝经后女性	随机对照试验、非随机对照试验	13项研究	高冲击性运动	股骨颈+0.024 g/cm²	腰椎无显著性差异 股骨颈（$p<0.001$）
				高冲击性运动+高强度渐进性抗阻运动	腰椎+0.009 g/cm² 股骨颈+0.007 g/cm²	腰椎（$p=0.01$） 股骨颈（$p=0.017$）

续表

研究者	人群	包含的研究类型	样本大小	运动类型	干预效果	显著性水平
豪（Howe）	绝经后女性	随机对照试验	43项研究；4320名女性	有氧运动或力量运动或联合	腰椎+0.85%	腰椎（$p<0.05$）
Kelley	绝经后女性，体力活动不规律	随机对照试验	25项研究；1775名女性	有氧运动或抗阻运动	股骨颈骨密度效果量=0.288 腰椎骨密度效果量=0.179	股骨颈（$p=0.002$） 腰椎（$p=0.05$）
马克斯（Marques）	老年人	随机对照试验	19项研究；1577名女性	负重有氧运动或渐进性抗阻运动或平衡或联合	腰椎+0.011 g/cm² 股骨颈+0.016 g/cm²	腰椎（$p=0.007$） 股骨颈（$p=0.004$）
凯穆勒（Kemmler）	>45岁的成年人	随机对照试验、非随机对照试验	11项研究；1424名男性和女性	任何运动	所有骨折 相对风险=0.49（0.31，0.76） 椎骨骨折 相对风险=0.56（0.30，10.4）	所有骨折（$p<0.05$） 椎骨骨折无显著性差异

（二）体力活动对骨质疏松性骨折的影响

除了对老年人骨密度的影响外，体力活动还与骨质疏松性骨折的患病率或发病率降低有关，尽管并非所有的研究都发现有阳性结果。

卡明斯（Cummings，1995）等对女性骨质疏松性髋部骨折的影响因素研究中发现，与不步行锻炼的女性相比，步行锻炼的女性髋部骨折的风险降低了30%。格雷格（Gregg，1998）等对体力活动对老年女性骨质疏松性骨折的影响进行研究，研究包括所有娱乐和家庭活动等类型和强度的体力活动在内，共有9704名65岁以上的女性进行了7.6年的骨折发生率随访。在活动最活跃的人群中，髋部骨折的发生率比不活动的人群低42%，并且与体力活动的量和强度都具有剂量-效应关系，低强度的体力活动可降低27%的骨折发生风险，而中等强度的体力活动可降低45%。在对多种影响因素进行调整后表明，在该组人群中，体力活动与髋部骨折的关系受健康状况、功能状况、跌倒史、吸烟、钙和酒精摄入、雌激素使用或体重等因素的影响，调整后风险明显降低36%。此外，研究发现，运动通过增加骨密度和肌肉力量对髋部骨折的保护作用效果较小，这表明其作用机制是多因素的，并不完全了解。在中等到大强度运动的女性中，调整后

的脊椎骨折风险降低了33%，而腕部骨折与体力活动量或强度无关。

在另一项大型队列研究中，李(Lee，2002)等对6901名年龄在75岁以上的白人女性进行了3.6年的前瞻性研究。结果发现，低强度的体育锻炼会使肱骨近端骨折的风险增加2倍以上。久坐不动的女性骨折的相对风险(relative risk，RR=2.2)要高于骨密度低的女性(RR=1.4)、具有髋部骨折家族史的女性(RR=1.8)或平衡受损的女性(RR=1.8)。这些危险因素之间的相互作用通过骨折发生率便可表现出来，具有骨折或跌倒风险的女性每年1000名约有5例发生骨折，而同时具有骨折和跌倒风险的女性每年1000名约有12例发生骨折。这些数据表明，对于骨质疏松性骨折的预防，采取针对多种影响因素(如久坐行为、肌少症、肌肉无力、平衡不良、多药治疗等)的方案具有更大的潜在效用，既能解决骨密度问题，同时还可以解决跌倒风险的问题。

莫耶耶里(Moayyeri，2010)对体力活动与骨质疏松性骨折风险的关系进行前瞻性研究。对14903名受试者的研究发现，在女性中，在家庭活动中和休闲活动中进行的中等强度体力活动可以将髋部骨折的风险降低近一半，风险比(hazard ratio，HR)分别为0.51(p=0.02)和0.55(p=0.03)。相比之下，在男性中，家庭活动增加了骨折风险(HR=1.25；p=0.008)，而休闲活动降低了髋部骨折风险(HR=0.58，p<0.001)，与女性相似。步行和高冲击活动可以降低骨折的风险，这与骨骼适应特定负荷的实验研究一致，但不包括自由体操、骑自行车或游泳。

Howe等对运动干预对绝经后女性预防骨丢失和骨折的影响再次进行系统综述，搜索截至2010年12月的文献资料，43篇随机对照试验(27篇是更新的)、4320名参与者纳入标准。研究发现，对股骨颈骨密度最有效的运动干预是非负重的高冲击力运动，如递增抗阻力量运动对下肢骨密度的平均差异(mean diferences，MD)为1.03(95%置信区间：0.24～1.82)。与对照组相比，对腰椎骨密度最有效的运动干预是联合运动方案(MD：3.22，95%置信区间：1.80～4.64)。在有些研究中报道骨折和跌倒产生了不良事件，但对骨折数量并没有效果(比值比：0.61，95%置信区间：0.23～1.64)。由此得出结论，相对于对照组，运动对骨密度有相对较小的显著性变化，但是非常重要，运动对于绝经后女性延缓骨丢失是一种安全有效的方式。

同样，Moayyeri等(2008)对13项前瞻性队列研究的Meta分析结果发现，中等至大强度体力活动水平引起髋部骨折风险显著降低(男性为45%，女性为38%)，但不能通过体力活动水平与骨密度的适度增加来解释。

二、不同运动对绝经后女性骨健康的影响

运动干预对绝经后女性骨健康的影响在过去30年中受到了广泛的关注，运动项目包括快步走、慢跑、爬楼梯、划船、举重和跳跃运动等。众多Meta分析表明，进行有氧训练、阻力训练、有氧和阻力训练结合的训练或高冲击力和阻力训练结合的训练后，股骨、腰椎和桡骨可表现出较小但具有显著性的变化。结果表明，运动对绝经后女性骨密度影响效应的大小既取决于运动的方式，也依赖于运动的强度。然而，绝经后女性进行的低冲击性、低强度运动，如伸展运动、健美操或低强度举重运动，与对照组相比，并没有明显地改善各部位的骨密度。

在生命周期这个阶段，由于促合成激素（雌激素、睾酮、生长激素）的降低以及促分解激素（较高水平的瘦素、皮质醇和炎性细胞因子）的加强，肌肉骨骼和其他疾病的出现，退休后娱乐活动减少则会对骨骼和肌肉组织产生巨大的负面影响。大多数研究表明，有氧运动或抗阻运动对骨密度的有效性已在50～70岁的女性中得以证实，而老年女性可能存在多种疾病，并且机体分解代谢加强，是否这种有效性在老年女性中也会存在，目前尚不清楚，因为这些群体通常被排除在试验研究之外。Meta分析发现，这两种类型的运动对绝经后女性的骨骼健康有重要的影响作用。Meta分析并不能区别不同运动方式的有效性。例如，利用体重或弹力带进行的低强度抗阻运动干预可能会削弱高强度举重运动引起的更适宜的生理刺激的有效性。

（一）有氧运动

目前，对于绝经后女性最常见的有氧运动就是步行。但步行对骨健康的作用是不明确的。

1. 运动对骨的影响具有部位特异性

布鲁克·韦维尔（Brooke Wavell，1997）等研究步行对绝经后女性骨健康的影响，结果表明，步行可以减少腰椎和跟骨的骨质流失（腰椎：步行者+0.6% vs. 对照组−0.5%，$p>0.05$；跟骨：步行者+0.2% vs. 对照组−1.9%，$p<0.05$），而对股骨颈影响不大，并且骨密度的变化与步数有关（$r=0.51$，$p=0.001$）。一项Meta分析（2012）显示，步行可以显著改善脊柱和髋关节的骨密度；但另一项Meta分析（2008）表明，步行只有利于改善股骨颈骨密度，而对脊柱的骨密度未有改善效果。这可能是由于步行的强度和步行的时间有所不同引起的结果的差异。因此，早期的建议表示，承重运动，例如简单的步行，足以优化老年人的骨健康，而这与目前的证据基础不一致。因此，流行病学研究中指出的步行对改善骨折风险的益处是多因素的，而并非仅与骨密度增加有关。

克拉尔（Krall，1994）对步行对239名健康的绝经后女性骨密度及骨丢失率

的影响进行研究。研究发现，前一个月步行大于等于每周 12 km 的女性与前一个月步行小于每周 1.6 km 的女性相比有更高的骨密度（主要在下肢、躯干和全身部位）。当前步行的生活方式是与日常生活中的步行习惯息息相关的，由此表明，目前所观察到的骨密度的变化其实是对长期体力活动生活方式的适应。此外，在对这些女性进行为期一年的前瞻性随访中发现，腿部骨密度的丢失率与目前每周步行里程数成反比关系，但骨骼其他位点并未表现出这种关系。由此表明，体力活动对骨的影响效应具有位点特异性。另外，卡瓦诺（Cavanaugh，1998）等也对步行对绝经后女性骨量的影响进行研究，发现运动并不能停止绝经后女性的骨丢失，两个研究得出相矛盾的结果。这可能是由于体力活动的测量方法、钙摄入量的不同，以及样本量大小的不同造成的。在另一研究中，维利明（Vuillemin）等分析老年人终身体力活动习惯与骨密度的关系，发现老年男性和女性在年轻时进行体育活动与腰椎骨密度有关，然而近期的体力活动有助于维持股骨骨密度。

2. 最佳运动强度

哈托里（Hatori，1993）等对预防绝经后骨质流失所需的最佳运动强度进行研究。将 33 名绝经后女性随机分为对照组（$n=12$）或运动组，运动组再分为高强度运动组（$n=12$）和中等强度运动组（$n=9$）。研究根据无氧阈值（AT）来确定运动强度。高强度运动组运动方案为以运动心率高于无氧阈值的速度步行，中等强度运动组运动方案为以运动心率低于无氧阈值的速度步行，每次运动时间为 30 分钟，每周 3 次，共持续 7 个月。采用双能 X 线骨密度仪测定腰椎骨密度。结果发现，对照组骨密度水平下降了 1.7%±2.7%，但高强度运动组表现为骨密度增加，增加了 1.1%±2.9%，低强度运动组表现为骨密度下降，减少了 1.0%±3.1%，与对照组并无显著性差异。同期还测定了血清骨钙素和尿羟脯氨酸，对照组血清骨钙素和尿羟脯氨酸明显增加，而高强度运动组和中等强度运动组并未出现明显变化。由此表明，短期（7 个月）强度高于无氧阈的运动在预防绝经后骨质流失方面是安全有效的。

国内学者孙荣鑫等对有氧运动对绝经后女性骨密度及激素水平的影响进行研究。结果发现，运动组第 12 个月和第 18 个月的腰椎（L2）与桡骨远端 1/3 处的骨密度显著高于静坐少动组，且运动第 18 个月的激素水平与对照组也具有显著性差异。由此表明，绝经后女性进行中等强度有氧运动，可显著改善其体内激素水平，提高骨密度。

3. 最佳运动时间

马（Ma，2013）等对步行干预对维持围绝经期和绝经后女性骨密度的影响效果进行系统综述和 Meta 分析，并确定步行干预的最佳持续时间。有 10 篇文献

纳入标准。Meta 分析结果发现，在长时间干预后(6 个月～2 年)，股骨颈骨密度有所增加(加权均数差 0.01 g/cm^2；95%置信区间：0.00～0.01，$p=0.07$)，但无显著性差异。不管干预时间长短，步行对腰椎骨密度未有显著效果(加权均数差 0.01 g/cm^2；95%置信区间：0.00～0.02；$p=0.05$)；桡骨和全身骨密度也未有显著变化(桡骨：加权均数差 0.01 g/cm^2，95%置信区间 0.00～0.02，$p=0.05$；全身：加权均数差 0.04 g/cm^2，95%置信区间 0.00～0.08，$p=0.06$)。由此表明，步行作为单一的运动疗法，对围绝经期和绝经后女性腰椎、桡骨、全身的骨密度均未有显著性差异，虽然对股骨颈骨密度有明显的改善效果，还是需要持续时间在 6 个月以上。

国内学者孙荣鑫等对有氧运动对绝经后女性骨密度及激素水平的临床影响进行研究。经体检的健康绝经后女性 60 例分为对照组和运动组，对照组不参加有氧运动计划，运动组参加中等强度有氧运动计划(运动时间大于等于每次 30 分钟，运动频率大于等于每周 5 次)，比较两组女性第 6、12、18 个月的腰椎(L2)与桡骨远端 1/3 处的骨密度，同时比较两组女性第 18 个月的激素水平。结果发现，运动组女性第 12 个月和第 18 个月的腰椎(L2)与桡骨远端 1/3 处骨密度显著高于对照组；第 18 个月的激素水平两组比较具有显著性差异($p<0.05$)。由此表明，女性绝经后应积极鼓励其定期进行中等强度有氧运动，可显著改善其体内激素水平，提高骨密度。

(二)抗阻运动

1. 抗阻运动对骨健康的影响效应

有效的抗阻训练方案通常包括在干预过程中不断进行的高强度训练(最大能力的 70%～80%作为训练负荷)。研究发现，在雌激素缺乏的女性和接受激素治疗的女性，进行高强度渐进阻力训练后，髋部和脊柱骨密度增加。施滕格尔(Stengel，2005)等将绝经后女性随机分为力量训练组(ST)和爆发力训练组(PT)后，对这两个群体进行了超过 12 个月的渐进性阻力训练。结果表明，爆发力训练在减少绝经后女性骨丢失方面比力量训练更有效。泽纳克(Zehnacker，2007)等研究发现，每次包括 3～4 次组合、8～12 次重复、每周 2～3 次的中到高强度的抗阻运动(相当于最大摄氧量的 70%～90%)能够维持或增加坚持 1 年训练的绝经后女性臀部和股骨的骨密度。然而，麦卡尼(Mccartney)等对 142 名老年男性和女性进行每周 2 天、80%的最高重复次数的高强度举重运动干预。结果显示，与静坐少动组相比，2 年高强度举重运动后，全身和腰椎的骨密度和骨矿物质含量并没有表现出显著增加。在一些抗阻运动的研究中，虽然没有发现骨密度有显著提高，但是发现肌肉力量的变化与骨密度的局部变化有关，表明成骨反应的适应性与肌肉的适应性有关。

纳尔逊(Nelson)等对高强度力量训练是否能够改善绝经后女性骨质疏松性骨折的多种危险因素进行研究,运动组进行为期1年的每周2天的高强度力量训练。干预结束后,对照组股骨颈骨密度和腰椎的骨密度增加了0.9%±4.5%和10%±3.6%,对照组女性股骨颈骨密度和腰椎骨密度表现为显著下降,数值为−2.5%±3.8%和−1.8%±3.5%。运动组全身骨矿物质含量干预前后无显著变化(0.0%±3.0%),而对照组女性表现为下降(−1.2%±3.4%,$p=0.12$)。运动组女性中,肌肉质量、肌肉力量和动态平衡能力均有增加,而在对照组中则显著减少。由此表明,在绝经后女性中,高强度力量训练是保持骨密度,提高肌肉质量、力量和平衡的有效和可行的手段。

一般而言,个体年龄越大,抗阻训练越有利,因为相对于有氧训练,阻力训练对肌肉、骨骼、平衡能力和跌倒风险的益处更大。抗阻训练能够提高受试者股骨颈、腰椎、大转子等部位的骨密度,能有效地预防骨质疏松。但是抗阻训练在执行过程中较容易出现急性损伤,使得少数受试者无法继续坚持;渐进抗阻训练执行难度相对较大,难以长期坚持,执行率较低。

2.抗阻运动的最佳运动强度

有研究发现,中等强度的抗阻训练并没有高强度训练髋部骨密度增加得多。本本(Bemben)等对阻力训练对老年女性(55～74岁)腰椎、股骨近端及全身骨密度的剂量效应进行研究。79名女性随机分为4组:高强度训练组,2天/周;低强度训练组,2天/周;高强度训练组,3天/周;低强度训练组,3天/周。练习动作包括前臂屈伸,肩上推举,侧下拉,坐姿划船,屈膝伸膝,腿部推举,髋关节前屈、后伸、外展、内收。干预时间为40周。采用双能量X线骨密度仪测定骨密度,每5周评估一次肌肉强度。结果发现,在各组间均无显著性差异。干预40周后,腰椎、股骨粗隆和总髋部骨密度有所增加。然而,3天/周的低强度训练组的全身总骨密度下降。由此表明,阻力训练方案,无论强度和频率,都能有效改善股骨近端和腰椎的骨密度,但不能改善全身的骨密度。

在阻力训练和骨健康的文献中,使用的训练方法和观察到的骨骼适应性存在异质性,其主要原因在于负荷的强度,而不是每周重复的次数或天数,甚至整个项目的持续时间。这一观察结果同样适用于机械负荷加载的动物模型,其中骨骼对短期负荷加载最为敏感。其特点是应变分布异常,应变幅度大,加载速度快。例如,新崎(Sinaki)对96名女性进行不同强度下的运动,即在30%1RM(1RM指最大重复一次的重量)的强度下进行背部伸展运动以及在低强度到中等强度进行肩带运动,结果发现在3年后脊柱和股骨骨密度并没有明显改善。克尔(Kerr)在一项精心设计的随机试验中,比较了两种不同的举重强度对绝经后女性的影响效果。结果发现,1年的高强度力量训练(3组×8次)显著增加股

骨大转子、股骨转子间和 Ward's 三角的骨密度。前臂远端与低强度训练(3 组×20 次)相比,除前臂中段外,任何部位骨密度均无明显变化。肌肉强度的变化仅在高强度组与骨密度的变化相关。卡斯勒(Cussler)在一项随机试验中研究发现,140 名绝经后女性参加了一次多模式运动项目试验,运动计划包括高强度的抗阻训练,以及一个中等强度的冲击性活动的负重循环方法,包括步行、慢跑、跳绳、跳跃、爬楼梯、踏步等冲击性活动,结果股骨粗隆骨密度的改善与 12 个月内的承重总量有关。从肌肉力量增加和肌肉肥大,以及相关的步态障碍、功能障碍和残疾的角度,高强度的抗阻训练也比低强度的训练更有益。因此,对于骨量低下的女性,应使之成为一种预防跌倒较为理想的多风险因素干预策略。

另外有一项研究发现,骨密度的增加与渐进式抗阻运动训练中举起的总重量呈线性相关。

(三)有氧运动 vs. 抗阻运动

对于绝经后女性,有氧运动方案与抗阻运动方案的相对效果可能最好通过直接比较这两种运动不同强度的研究来评估。科尔特(Kohrt)等研究发现,高地面反作用力的有氧运动(步行、慢跑、爬楼梯)和高关节反作用力的运动(举重、划船)均能显著提高全身、腰椎和 Ward's 三角的骨密度,而只有高地面反作用力组能提高股骨颈骨密度。与对照组相比,举重运动组能够维持股骨颈骨密度,正如其他抗阻训练研究中所见。然而,只有在举重运动组才会出现去脂体重和肌肉力量增加的现象。但这两种运动对于最终跌倒和骨折预防的总体效益仍未解决。海诺宁(Heinonen)等对 18 个月的中等到大强度(55%~75%最大有氧能力)负重有氧运动、低强度(体重加 1~2 kg)抗阻健美操运动以及拉伸运动进行比较研究,发现只有在有氧运动组股骨颈骨密度得以维持,其他两组表现出骨密度下降($p=0.043$),而腰椎却未有显著变化。其可能的原因是该研究所使用的负重或抗阻强度较低。相比之下,汉弗莱斯(Humphries)等对 64 名绝经后女性进行了 2 年以上高强度力量训练与低强度步行训练,并进行比较。研究发现,在 6 个月时,低强度步行运动引起腰椎骨密度下降 1.3%,而举重运动组仅有很小的变化。

与 Kohrt 和 Heinonen 的高地面反应性运动如步行、慢跑和爬楼梯相反的是,Humphries 的低地面反应性运动如自主群体步行不足以维持或改善骨量丢失。在一项精心设计的对比研究中,Kerr 将 126 名绝经后女性随机分为高强度举重运动组、中等强度有氧训练组以及静坐少动对照组,进行为期 2 年的运动。全髋部和股骨粗隆骨密度仅通过力量训练后才得以改善,与有氧运动组或对照组相比,具有显著性差异($p<0.05$)。Marques 等对阻力训练方案和有氧训练方案进行比较研究。71 名老年女性随机分为抗阻运动组、有氧运动组和对照

组。渐进式抗阻训练方案为每周3天，75%～80% 1RM强度，每组6～8次，练习动作为腿推举、前腿肌伸展、小腿屈伸、髋关节外展、胸部推举、侧平举、肩上推举、仰卧起坐；有氧运动组包括跳跃、步行、慢跑、舞蹈、有氧健身操，前两个月强度为50%～60%最大心率，此后为65%～85%最大心率，持续8个月。干预8个月后，只有抗阻运动组股骨粗隆和髋部的骨密度增加，分别增加了2.9%和1.5%，身体成分得以改善。抗阻运动组和有氧运动组平衡能力均得以改善。而OPG、RANKL水平、OPG/RANKL比值无明显变化。由此表明，8个月的抗阻运动可能比有氧运动更有效地诱导骨密度和肌肉力量的有利变化，而这两种干预措施都证明了对与跌倒风险密切相关的功能平衡控制的保护作用。

因此，不仅要考虑运动的最佳方式，还要考虑运动的相对强度，因为骨骼的适应与负荷强度密切相关(无论是由于抗阻训练时增加的重量，还是有氧运动或跳跃时较高的地面反作用力)。由于除了Kohrt和Kerr以外的大多数比较研究都没有优化这两种模式，因此仍然不可能轻易地选择一种有利于所有骨骼部位的最佳模式。然而，考虑到骨质疏松性骨折的非骨骼危险因素(肌肉无力、平衡不良、骨量减少)，高强度的抗阻运动显然有利于高强度有氧训练。

2002年，博纳尤蒂(Bonaiuti)等对运动与防治绝经后骨质疏松症进行系统综述，搜索截至2000年1月的文献资料，有18篇随机对照试验纳入标准。研究发现，有氧运动、负重运动和抗阻运动对于脊柱骨密度是有效的，有氧运动和负重运动联合干预方案的加权均数差(WMD)是1.79(95%置信区间：0.58～3.01)。分析结果显示，步行对于脊柱骨密度和髋部骨密度是有效的(WMD＝1.31，95%置信区间：－0.03～2.65；WMD＝0.92，95%置信区间：0.21～1.64)，有氧运动对于增加腕部的骨密度是有效的(WMD＝1.22，95%置信区间：0.71～1.74)。由此得出结论，对于绝经后女性，有氧运动、承重运动和抗阻运动可以有效增加脊柱骨密度；步行也可有效增加髋部的骨密度。

如果要选择有氧训练，负重和高冲击性的运动比非负重或低冲击性的有氧运动更有效。纳尔逊(Nelson)等研究发现，进行为期1年的负重有氧运动(每周4天，每天50分钟，强度为75%～80%最大心率，同时佩戴3.1 kg的腰带)后，腰椎骨松质骨密度得以维持(＋0.5%)；相比之下，静坐少动对照组减少了7%。尽管这些大强度有氧运动涉及腿部，但股骨并未有显著变化。相比之下，麦克默多(McMurdo)等对118名老年女性进行每周3天、为期2年有氧运动干预，结果发现，有氧运动干预后腰椎未有显著变化，而桡骨远端变化的效果量也较小。这可能是由于低强度的运动限制了骨骼的反应。若简单的步行引起股骨表现出阳性变化，则可能需要更长的干预时间。在一项为期3年的研究中，从上肢骨折急诊科招募的165名女性进行每周3天的自主快走运动或者上肢运动，并进行比较，易卜拉欣(Ebrahim)研究发现，步行者仅表现出股骨颈骨密度有较少的下降趋势(−0.25% vs. −2.8%，$p=0.056$)，各组腰椎间无显著性差异。值得注意的是，在步行者中跌倒率有所增加，虽然骨折率相似，但指出了有跌倒相关骨折史的女性只进行有氧运动而并未进行预防跌倒措施(如平衡能力练习或力量练习)可能存在的风险。

(四)冲击性运动

Xu 等(2016)等对运动干预对绝经后女性骨骼状况的影响进行综述和 Meta 分析，探讨是否存在改善或维持女性骨骼质量或骨骼强度的特定运动项目。研究搜索 2009～2015 年文献资料，搜索词为“体力活动”“运动”“骨”“骨健康”“骨强度”“骨结构”“骨代谢”“骨转换”和“骨生物标志物”。筛选女性的系统综述或对女性研究的 Meta 分析。最终 12 篇符合入选标准，并对此分析。结果发现，联合的冲击力运动方案(冲击力与阻力训练)是维持或改善绝经后女性骨密度的最佳选择。全身振动运动对绝经后或老年女性的骨骼没有有益的影响。由此得出结论，终生锻炼，特别是针对特定年龄选取的特定锻炼方法，是维持中老年女性骨健康的有效方法。

在老年女性中，高冲击性运动方案对骨骼健康的理论效用与实验数据并不相符。这可能是由于患有骨关节炎和其他潜在的关节异常的患者更容易受伤，在这种情况下进行高冲击性运动方案较为困难。然而，现在已经进行了一些研究。Bassey 随机选择绝经后的女性并分为抬脚跟运动组(负重是体重的 1.5 倍)和对照组，发现 12 个月后骨密度并未有显著差异，可能是由于这种运动的强度比跳跃运动小。

在绝经前女性，跳跃运动可以增加髋部骨密度，但在绝经后女性并不能有效地改善骨密度，即使是延长锻炼的持续时间。Bassey 和他的同事对 123 名绝经后女性进行同样的跳跃干预(每天 50 次跳跃，每周 6 天)，发现 12 个月的运动不能有效地改善绝经后女性的骨密度，在 18 个月的运动后骨密度也未能得到显著改善。虽然改善效果不显著，但是雌激素治疗的绝经后女性跳跃运动的成骨反应处于未进行雌激素治疗的绝经前和绝经后女性之间。应该指出的是，这项研究中的运动刺激是恒定的，而不是通常规定的渐进式的。而且与儿童和年轻人相比，绝经后的女性似乎不那么健壮，采用的运动强度相对较小。在一项为期 5 年的研究中，一小群绝经后的女性发现，在跳跃活动中穿着 5 kg 重的背心的锻炼者比对照组的人在更大程度上保持了髋关节骨密度。

肖(Shaw)对 40 名绝经后女性进行了一项关于下肢抗阻训练和跳跃训练的随机试验。研究发现，在 9 个月时改善了神经肌肉功能，而不是骨密度。单独的高冲击负荷在 Martyn-St James 的 Meta 分析中并未报道是有益的，但最近在

Marques 的综述中报道其对腰椎和股骨颈骨密度的增加是有效的。Kelley 的 Meta 分析包括 25 项关节或地面反用力练习的试验，虽然只有 4 项试验是单独的冲击训练（跳跃、敏捷训练），但它们对股骨颈和腰椎的影响都不大，也不能产生积极的影响。这可能是需要改变负荷频率或恢复期，或者是老年女性由于骨骼肌萎缩或肌肉无力等原因不能产生充分的肌肉收缩力。穆塔宁（Multanen，2014）等对患有膝骨关节炎的绝经后女性（年龄 50～66 岁）进行每周 3 次、为期 12 个月的逐级递增高冲击性运动。运动组股骨颈骨矿物质含量增加了 0.6%（95%置信区间：−0.2%～1.4%），而对照组下降了 −1.2%（95%置信区间：−2.1%～−0.4%），表明逐级递增高冲击性运动可以增加骨量。可见，高强度的体育活动，由于其能产生较大的重力和肌肉负荷，对骨代谢有较好的改善效应。然而，由于老年人关节活动不很灵活，可能高强度运动并不适合这些人群。

因此，需要更多的研究来证实高冲击性运动对骨骼适应的有效性和可行性。

此外，Sugiyama 等对运动对骨量的影响是否与骨量与骨质量之间的补偿机制有关进行研究。56 名年龄在 50 岁左右的健康女性分为绝经前和早期绝经后（绝经 5 年内）两组，每组再细分为不运动组（对照组）和跳绳练习组。跳绳练习为每周 2～3 天，每天跳绳 100 下，持续 6 个月，共完成 60 组练习。结果显示，在绝经前女性中，运动组髋关节骨密度较对照组显著增加。然而，绝经后女性的骨密度变化在对照组和运动组之间没有显著差异。由此表明，雌激素在高强度运动诱导的骨质增生中起一定作用，骨钙素羧化作用与骨质量有关，骨质量的损害可通过骨质量的增加得到补偿。该研究补偿机制的概念可以为理解骨骼对承重的适应性提供新的见解。

最近的研究发现，雌激素受体拮抗剂削弱了骨细胞对机械应激的反应。这增加了一种可能性，即绝经后雌激素缺乏导致雌激素受体下调，降低了骨对机械负荷的敏感性。的确，有证据表明，在进行激素治疗的绝经后女性中，产生高强度负荷力的运动比未进行激素治疗的女性在增加骨密度方面更有效，尽管这不是一个统一的发现，也不清楚机械应力和激素治疗的影响是否独立，或者激素治疗是否调节骨对机械应力的反应。

综上所述，冲击性运动能够提高绝经后女性髋部、股骨、胫骨、股骨颈、大转子等部位的骨密度，防止骨质流失，从而达到预防及治疗骨质疏松的效果。

（五）振动运动

振动训练是一种新兴的训练方法，是一种治疗年龄相关性骨骼肌功能丧失的有效方法。振动训练已在动物模型上证实其对骨健康的有效性，在人类能够促进骨质生长，增强骨骼形态和强度，是预防及治疗骨质疏松的有效手段。研究表明，低强度高频率的振动可引发骨的直接生骨反应机制，高强度振动通过诱发有力的肌肉收缩来强化骨骼。

一项针对绝经后女性的研究显示，为期 6 个月的振动训练与对照组相比骨密度增加 1%，同时肌力也有所增加。有研究对绝经后骨量减少的女性进行运动干预，并研究其作用效果。研究发现，绝经后骨量减少的女性经过 9 个月每周 2 次抗阻运动联合全身振动训练或额外的平衡训练可增加胫骨远端骨密度。

贝克(Beck)等对短暂的每周两次的低强度或高强度全身振动对绝经后髋部骨折危险因素的影响进行研究。该研究分为两组：每周低强度全身振动组(15 分钟，30 Hz，0.3 g)以及高强度全身振动组(2×3 分钟，12.5 Hz，1 g)。干预时间为期 8 个月。在干预前后测定人体测量学、骨(全身、臀部、脊柱、前臂和脚跟)、肌肉(墙蹲和椅子上升)和平衡(串联和单腿行走姿态)。通过重复测量协方差分析年龄、身高、体重、钙、体力活动、依从性和基线值的控制来检验效果。干预结束后，47 个女性[(71.5±9.0)岁]完成了试验。结果发现，对照组股骨大转子 (6%，$p=0.03$)和腰椎(6.6%，$p=0.02$)均表现出骨量丢失，而全身振动组则没有；全身振动受试者改善了墙壁蹲姿(可达 120%，$p=0.004$)和椅子上升性能(可达 10.5%，$p=0.05$)。由此表明，8 个月高或低强度(12.5 Hz 或30 Hz)、运动频率为每周 2 次的全身振动锻炼都能有效减少绝经后女性腰椎、股骨颈骨密度的流失，并可以有效改善下肢肌肉功能，因此可能会降低摔倒和髋部骨折的风险。

到目前为止，应用全身振动训练治疗骨质疏松症的研究较少，对其作用和不良反应难以下定论，仍需进一步的研究。

(六)太极拳

研究发现，生活方式干预对于维持骨健康起着不可或缺的作用，如身体活动等，并且运动是一种延缓绝经后女性骨质流失，促进骨健康的安全有效的方法。在骨质疏松症管理中，越来越迫切需要找到一种运动方式，既安全、低成本、行之有效，又具有多种益处，如保持身体健康、治疗疾病以及促进和维持全面健康。

因此，人们越来越关注太极拳对骨健康的影响及骨密度的改善效果的研究，尤其是作为骨质疏松症的预防、治疗或维持健康策略的方式。有横断面研究显示，早期绝经女性规律性地练习太极拳超过 3 年且每周超过 3 小时，则表现出神经肌肉功能改善(股四头肌力量更大和单肢平衡能力更长)，以及通过双能 X 射线吸收测定法(DEXA)测量负重骨部位，主要在脊柱、股骨大转子和股骨近端处表现出骨密度更高。随访研究表明，经常练习太极拳可以减缓绝经后骨质流失的速度。这些研究表明，太极拳练习的年限越长，则获得的健康收益越大。同样，宋(Song)等报道，太极拳对老年女性下肢肌肉力量、骨密度和平衡功能有改善效果，且这种改善效果会随着太极拳练习时间的延长而显著增加，持续 8 个月甚至超过 12 个月。研究者认为，太极拳作为一种促进健康的手段，更适合作为

长期的运动，而其短期效果则不太明显。虽然两项随机对照试验表明太极拳可能是一种有效、安全和实用的干预措施，可以维持绝经后女性的骨密度，但并未有治疗效果。对5项随机对照试验研究表明，研究结果尚无定论，需要进行进一步的研究，涉及更多的受试者参与以及更长的随访时间。韦恩等表明，太极拳是预防绝经后骨质疏松症女性跌倒和跌倒相关骨折的潜在有价值的干预措施，并且超越大多数仅针对骨骼的骨折干预。最重要的是，人们一致认为，与药理学方法相比，太极拳的明显安全性表明其适合骨质疏松症的可持续长期管理。

大量研究也显示，太极拳最大的益处是可以预防跌倒，显著减低跌倒风险。2012年，科克伦(Cochrane)对居住在社区的老年人跌倒预防的综述发现，太极拳显著降低了跌倒的风险，整体运动干预显著降低了跌倒相关骨折的风险。相比之下，2012年Cochrane的另一项评价包括两项太极拳研究，两项研究都表明，护理机构和医院中老年人摔倒的风险没有显著差异。这些研究表明太极拳似乎对那些身体不太虚弱且摔倒风险不高的人更有效。许多因素可以影响疗效结果，包括不同类型的太极拳、干预剂量、指导人员的因素(指导者的培训和技能水平)、环境或人口特征(社区与医院或疗养院)、干预持续时间(短期与长期干预)、干预强度、对照人群(运动人群与非运动人群)，以及患者的参与(依从性和偏好)等。

(七)其他运动

其他运动包括广场舞运动、水中运动、户外运动等。

1.广场舞运动

近年来，广场舞逐渐成为中老年女性锻炼身体的方式之一。由于其不受场地、人数、时间的限制，集群众性、娱乐性和健身性于一身，越来越受到中老年女性的喜爱。广场舞作为一种有氧运动方式，对绝经后女性骨密度的影响与其他有氧运动类似。

国内有研究表明，中老年女性骨质疏松患者在每天口服600 mg钙尔奇D的基础上进行广场舞运动(每天1～2小时，每周5天，每次0.5～1小时)6个月后，与干预前以及仅口服600 mg钙尔奇D的患者相比，腰椎L2～L4、股骨颈的骨密度明显升高，Ward’s三角骨密度未有显著变化。由此表明，该强度的广场舞运动能够有效升高骨密度，减缓患有骨质疏松症的绝经后女性骨量丢失。

徐勇灵等研究腰鼓舞运动对46名中老年女性[平均年龄(59±5)岁]骨密度的影响，运动组中老年女性锻炼时间均在1年以上，而对照组没有参加规律性体育锻炼。结果显示，运动组T值高于非运动组。由此表明，腰鼓舞锻炼对中老年女性防止骨量丢失，预防骨质疏松具有积极作用。

综上所述，广场舞运动作为一种有氧运动形式，能部分改善绝经后女性骨密度，是一种切实可行的预防和治疗骨质疏松症的运动方案。

2. 水中运动

莫雷拉(Moreira,2014)等对不同类型的身体运动对绝经后女性骨代谢和身体功能的影响进行综述。研究发现，在水中或地面进行的中到高强度运动，包括高强度间歇运动，都是预防和治疗绝经后骨质疏松方案的一部分。机械振动训练已被证实有利于改善骨微结构、骨密度和骨强度并提高身体功能。虽然冲击性运动有利于刺激骨组织，但其他指标如肌肉力量、肌肉收缩类型、运动的持续时间及强度也是可以诱导绝经后女性骨代谢发生改变的决定因素。因此，在对绝经后女性进行运动推荐时，应不仅推荐促进骨形成的运动，也应鼓励进行锻炼肌肉力量、提高平衡能力以及改善本体感觉功能的运动以预防跌倒和骨折。

3. 户外运动

国内学者孔令红等对户外运动、阿仑膦酸钠对绝经后女性骨密度的影响进行研究。105 例健康绝经后女性(年龄 52.4～59.8 岁)分为运动组、药物组、对照组。运动组午后额外户外运动 2 小时，每周 3 次，强度以微汗为宜；药物组无额外户外运动，服用阿仑膦酸钠每周 70 mg；对照组无额外户外活动。干预时间为 1 年。结果发现，运动干预或药物干预后，L2 及左髋部骨密度显著高于对照组。由此表明，参加户外运动可以有效减缓骨质的丢失。

4. 太极柔力球运动

国内学者杜新星等(2014)对太极柔力球运动对围绝经期女性雌激素水平和骨代谢的影响进行研究。30 名围绝经期女性随机分为太极柔力球组和对照组，太极柔力球组进行 24 周有指导的太极柔力球运动；对照组不运动，保持原有生活方式。结果发现，太极柔力球组雌二醇、黄体酮及睾酮明显升高；脊柱、躯干部的骨矿物质含量显著升高，但全身各部位的骨密度无显著性变化；血钙、血磷、血镁有所提高，但均无显著变化。由此表明，太极柔力球运动可以改善围绝经期女性雌激素水平，对于维持围绝经期女性的骨矿物质含量，保持骨健康具有积极作用。

5. 多种方式组合运动

国内学者杨洪涛等对核心稳定性训练和快走训练对绝经后女性骨密度的影响进行对比研究。研究将 36 名的绝经后女性(绝经 2 年以上)随机分为核心稳定性训练组、快走训练组和对照组，每组 12 人。干预前后测定腰椎 L2～L4、左侧股骨近端骨密度以及血液、尿液生化指标 BGP、Ca、P、ALP、尿吡啶啉(U-Pyd)等。结果发现，干预后核心稳定性训练组、快走训练组腰椎和股骨颈骨密度均有所增加，且核心稳定性训练组腰椎骨密度增加幅度显著高于快走训练组，而对照组有所降低。核心稳定性训练组 BGP 显著高于快走训练组和对照组。由此表明，两种运动方式均能改善绝经后女性骨密度，其中核心稳定性训练能使人体更多部位骨骼得到锻炼，对预防骨质疏松效果更好。

三、对绝经后女性的运动推荐

对于绝经后女性，该阶段的运动应以预防骨质疏松为主。

邹军等在总结大量前人的研究后得出结论，骨质疏松预防主要以有氧运动、传统养生运动为主，低强度抗阻力量训练及低强度冲击性运动为辅；并根据骨质疏松症的临床特征，分为预防老年性骨质疏松及预防绝经性骨质疏松运动方案。具体运动推荐如表 5-3、表 5-4 所示。

表 5-3　中年女性绝经性骨质疏松运动预防方案

阶段及对应人群	推荐项目	具体方案
初级阶段（第 1～3 个月）：长期静坐者、无锻炼经验者、体质较差者、绝经前期及绝经后期女性等，初级阶段持续时间使个体情况而定	A 类：步行、快走、自行车 B 类：踏板操、单足站立、有氧舞蹈 C 类：太极、八段锦、五禽戏	根据个人爱好选择以下两种方式之一（以下同）：①A、B 类中各选择一项运动项目，每周 3 天，每次 20～40 分钟；②C 类每周 4～6 天，若配合 A、B 类运动时适当减少时间，每天总运动时间控制在 30～60 分钟，心率控制在 55％～70％最大心率
中级阶段（第 4～9 个月）：完成初级阶段或有锻炼习惯的人群	A 类：快走、慢跑、自行车、有氧舞蹈 B 类：踏板操、单足站立、低强度抗阻训练（弹力带、小哑铃） C 类：太极、八段锦、五禽戏、太极柔力球	①A、B 类中各选择一项运动项目，每周 3 天，每次 30～45 分钟，低强度抗阻训练主要使用弹力带进行髋部前屈、后伸、外收内展，使用小哑铃进行正握、反握弯举，每个动作 3 组，每组 8～15 次；②C 类每周 5～6 天，若配合 A、B 类运动时适当减少时间，每天总运动时间控制在 40～60 分钟，心率控制在 60％～75％最大心率
高级阶段（第 10～12 个月）：完成中级阶段或有一定运动基础并体质良好的人群	A 类：快走、慢跑、自行车、羽毛球、网球、有氧舞蹈 B 类：负重踏板操、单足站立、低强度抗阻训练（弹力带、小哑铃）、跳绳 C 类：太极、八段锦、五禽戏、太极柔力球	①A、B 类中各选择一项运动项目，每周 4 天，每次 30～50 分钟，跳绳每次 100 下，分 1～3 组完成，负重踏板操负重 4％～8％体重；②C 类每周 6 天，若配合 A、B 类运动时适当减少时间，每天总运动时间控制在 40～80 分钟，心率控制在 65％～85％最大心率

注：运动前须进行体检以确定是否适宜上述运动项目。每次运动以不产生疲劳或轻度疲劳为宜，每次运动前后各做 10 分钟的热身运动及放松运动。初级阶段由专业人士指导，每周至少一次会谈，每月进行健康教育及评估，达标后方可进入下一阶段的训练。

（引自：邹军，章岚，任弘，等. 运动防治骨质疏松专家共识[J]. 中国骨质疏松杂志，2015，21(11)：1291.）

表 5-4　　老年性骨质疏松患者运动预防方案

阶段及对应人群	推荐项目	具体方案
初级阶段(第 1～3 个月):长期静坐者、无锻炼经验者、体质较差者等,初级阶段持续时间视个体情况而定	A 类:步行、快走、自行车 B 类:踏板操、单足站立 C 类:太极、八段锦、五禽戏	根据个人爱好选择以下两种方式之一(以下同):①从 A、B 类中各选择一项运动项目,每周 3 天,每次 20～40 分钟;②C 类每周 4～6 天,若配合 A、B 类运动时适当减少时间,每天运动时间控制在 30～60 分钟,心率控制在 55%～65%最大心率
中级阶段(第 4～9 个月):完成初级阶段或有锻炼习惯的人群	A 类:快走、慢跑、自行车 B 类:踏板操、单足站立、低强度抗阻训练(弹力带) C 类:太极、八段锦、五禽戏、太极柔力球	①A、B 类中各选择一项运动项目,每周 3 天,每次 30～45 分钟,低强度抗阻训练主要利用弹力带进行髋部前屈、后伸、外收内展,每个动作 3 组,每组 8～15 次;②C 类每周 5～6 天,若配合 A、B 类运动时适当减少时间,每天运动时间控制在 40～60 分钟,心率控制在 55%～75%最大心率
高级阶段(第 10～12 个月):完成中级阶段或有一定运动基础并体质良好的人群	A 类:快走、慢跑、自行车 B 类:负重踏板操(负重 4%～8%体重)、单足站立、低强度抗阻训练(弹力带) C 类:太极、八段锦、五禽戏、太极柔力球	①A、B 类中各选择一项运动项目,每周 4 天,每次 30～45 分钟;②C 类每周 6 天,若配合 A、B 类运动时适当减少时间,每天运动时间控制在 40～70 分钟,心率控制在 60%～80%最大心率

注:运动前须进行体检以确定是否适宜上述运动项目。每次运动以不产生疲劳或轻度疲劳为宜,每次运动前后各做 10 分钟的热身运动及放松运动。初级阶段由专业人士指导,每周至少一次会谈(面谈或其他形式的交流皆可),每月进行健康教育及评估,达标后方可进入下一阶段的训练。

(引自:邹军,章岚,任弘,等. 运动防治骨质疏松专家共识[J]. 中国骨质疏松杂志,2015,21(11):1291.)

第五节　男性体力活动对骨健康的影响

由于女性骨质疏松的发病率较高,骨质疏松症曾一度被认为是女性特有的疾病,由此骨质疏松症的预防研究大多集中在女性身上。由于男性骨质疏松性

骨折的发生率直到第八个或第九个10年才会显著增加。因此，相对于女性而言，针对男性的体力活动与骨健康的研究相对较少。但随着老年男性数量的增加以及骨质疏松症在老年男性人群的重要性越来越大，这方面的研究变得越来越重要。此外，髋部骨折的发病率随年龄的增长呈指数增长，老年男性骨折的发生率要高于青春期至中年中期的男性2倍，因此缺乏对老年男性研究的关注是不合理的，也应对老年男性骨健康给予关注。

老年男性群体骨质疏松患病风险增加的因素主要包括：

(1)习惯性的体力活动水平较低。

(2)有酗酒或吸烟史。

(3)性腺功能减退。

(4)使用糖皮质激素治疗慢性肺病、器官移植、免疫抑制等疾病。

(5)慢性肾衰竭。

(6)患有脊髓损伤或其他与活动障碍有关的神经疾病。

(7)患有蛋白质能量不足性营养不良。

一、体力活动可以改善男性骨量

虽然对男性的研究较少，但研究结果与对女性的研究结果基本一致。研究发现，在20～83岁男性，体力活动中的能量消耗与年龄校正的股骨颈骨密度有关，且呈剂量依赖性。在50岁以下的男性，体力活动中的能量消耗与腰椎、股骨各部位有关；当50岁以上的男性单独进行分析时，却未发现两者具有相关性。由此表明，运动可能在男性峰值骨密度中起主要作用。肯尼(Kenny)对83名平均75岁、睾酮水平低的男性以及健康的社区居民进行研究，明确了体力活动对老年男性股骨和全身骨密度相对独立的作用。

研究发现，在4254名年龄在20～59岁的男性中观察到骨密度和慢跑之间有很强的联系。每月慢跑9次或以上的男性比不经常慢跑的男性骨密度更高。在一项针对中老年跑步者的5年前瞻性研究中发现，与对照组相比，跑步者的骨质流失率有所减低。在跑步者中，骨密度下降最明显的是那些跑步量大量减少的男性。对已发表的运动干预研究的Meta分析得出的一般结论是，运动可以改善或维持男性的骨密度。

不同运动形式对男性骨健康状态的影响不同。博勒姆(Bolam)等对负重和耐力运动对中老年男性髋关节和腰椎骨密度的影响进行系统综述，纳入9项研究中的8项试验。干预措施包括步行($n=2$)、阻力训练($n=3$)、步行＋阻力训练($n=1$)、阻力训练＋冲击负荷活动($n=1$)和阻力训练＋太极($n=1$)。运动方案的类型、强度、频率和持续时间存在异质性。研究发现，运动对骨密度的影响在不同的研究中差异很大。6种干预措施对骨密度有积极影响，包括抵抗训练单独或联合冲击负荷活动，这种运动形式最有成骨作用，而2种干预措施没有显著影响，包括2项步行试验研究。由此表明，定期进行抵抗训练和冲击负荷活动是预防中老年男性骨质疏松症的一种策略。但由于各研究的异质性较大，因此，需要高质量的随机对照试验来确定最佳的运动处方。

在健康的老年男性中，与对照组相比，高强度的阻力训练已被证明会增加腰椎和股骨大转子的骨密度，这与老年女性的结果相似。一些研究评估了抗阻训练对老年男性骨量的影响。运动持续时间从3个月到24个月，运动强度从中等到大强度。除了一项研究外，所有的研究都发现抗阻对骨密度有好处，最常见的是在股骨；这项没有发现益处的研究使用了适度的运动强度。尽管研究观察到男性心脏移植患者进行6个月的抗阻运动后，骨密度有较大程度地增加，但一般来说，运动改善男性骨密度的研究结果与对女性研究基本一致。因此，在老年女性有助于保持骨密度的运动在男性似乎也有效。

在为数不多的针对身体虚弱的老年男性和女性的研究中，Kohrt比较了9个月的低强度家庭物理治疗和有指导的高强度阻力训练对老年男性骨密度的影响。研究发现，与低强度组相比，高强度抗阻训练组明显更好改善全身及Ward's三角骨密度。在研究结束时，再次表明集中的运动锻炼更能有效地改善骨健康状态，这已在大多数绝经后女性的研究中得以证实。

Kelley在2013年报道了一项关于老年男性关节或地面反应力锻炼的Meta分析。Kelley指出，经过运动锻炼后，股骨颈和腰椎骨密度得以改善，并具有显著性差异。目前有充分的证据专门比较地面或关节反应力练习对改善和(或)维持男性股骨颈和腰椎骨密度的益处，但还需要更多精心设计的随机对照试验进行进一步研究。

有研究表明，皮质类固醇使用相关的骨质减少似乎通过渐进性抗阻训练可以完全消除，应推荐给所有此类患者。这类健康促进工作的目标群体是患有类固醇依赖性慢性肺病的老年男性，其中肺恶病质、营养不良、烟草使用、类固醇肌病和骨质疏松症共同导致机体出现严重的消瘦、骨质疏松性骨折以及运动耐量受损。有氧训练将改善该临床人群的功能状态，但不足以解决肌肉骨骼的衰退变化。

二、体力活动可以降低骨质疏松性骨折的患病率或发病率

除了对老年人骨密度的影响外，体力活动还与骨质疏松性骨折的患病率或发病率降低有关，尽管并非所有的研究都发现有阳性结果。在帕格尼尼·希尔(Paganini Hill)等的前瞻性研究中发现，每天活动1小时或更长时间的男性与

不活动的男性相比，髋部骨折的风险降低了49%。

Moayyeri(2010)对体力活动与骨质疏松性骨折风险的关系进行前瞻性研究。对14903名受试者研究发现，对于女性，在家庭活动中和休闲活动中进行的中等强度体力活动可以将髋部骨折的风险降低近一半（$HR=0.51$，$p=0.02$；$HR=0.55$，$p=0.03$）。相比之下，对于男性，家庭活动增加了骨折风险（$HR=1.25$；$p=0.008$），而休闲活动降低了髋部骨折风险（$HR=0.58$，$p<0.001$），与女性相似。步行和高冲击活动可以降低骨折的风险，这与骨骼适应特定负荷的实验研究一致，但不包括自由体操、骑自行车或游泳。

同样，Moayyeri(2008)等对13项前瞻性队列研究的Meta分析发现，中等至大强度体力活动水平使髋部骨折风险显著降低，在男性为45%，在女性为38%，但不能通过体力活动水平与骨密度的适度增加来解释。

本章小结

总之，横向和前瞻性队列数据均表明终生体育运动模式与老年骨密度的维持之间具有一定的关系，并且对髋部、肱骨和脊椎骨折具有一定的保护作用。在调整了大多已知的骨质疏松的主要危险因素后，这些骨折风险仍然存在，而不仅仅是骨密度、肌肉力量或跌倒率的改变引起的。

大多数研究认为，绝经后女性进行定期体育锻炼可延缓因雌激素缺乏导致的骨量快速丢失，改善骨密度，减少骨质疏松性骨折的发生。运动还能加强肌肉纤维的力量，同时增强老年人的平衡力，降低了老年人跌倒的危险性，也就降低了骨质疏松性骨折的发生率。另外，适当的运动还能缓解骨质疏松引起的身体疼痛症状，改善绝经后女性的生活质量，同时提高了日常生活活动能力。

第六章　运动对骨质疏松患者的益处

骨质疏松症作为一种慢性病,已成为世界共同面对的问题。骨质疏松症是一种隐匿进展的骨骼疾病,其特点是骨密度低,骨显微结构改变,骨折易感性增加。随着年龄的增加,骨质疏松症的发病率逐年增加。

随着人类寿命的延长和人口老龄化的发展,骨质疏松症的发生率日益上升。有数据表明,美国有5400多万人患有骨质疏松症或骨量低下。我国骨质疏松症的患病率也不容乐观。据统计,在我国,60岁以上人群中约有一半患有骨质疏松症。预计到2020年,我国骨质疏松症患者将增加到近3亿人,占世界骨质疏松症患者一半以上。尤其是女性,骨质疏松症发病率相对更高。据统计,在全球超过2亿的女性患有骨质疏松症。女性骨质疏松症的发病率是男性的6～8倍,每两个女性中就有一个在生命的某个阶段受到骨质疏松症的影响。在我国骨质疏松症患者中,女性占80%以上。由于在女性中的发病率较高,骨质疏松症曾一度被认为是女性的疾病。但目前男性骨质疏松症发病率也逐渐升高,高达15%。

骨质疏松症对个人、家庭和社会带来各方面巨大的负担。骨折,作为骨质疏松症主要并发症之一,会增加残疾和死亡的风险。调查显示,全球由骨质疏松症导致骨折的患者在160万以上,估计每3秒发生一次骨质疏松性骨折。亚洲是骨质疏松症的高发地区。研究表明,与30年前相比,亚洲地区因骨质疏松症所导致的髋部骨折发病率增加了3倍,目前每年约有68万人因骨质疏松症引发髋部骨折。50岁及以上人群大约1/3的女性和1/5的男性将因骨质疏松症而骨折,女性骨质疏松概率并发骨折的概率高于男性10%以上。

在骨质疏松性骨折中,髋部骨折对机体的危害更大。调查显示,女性因骨质疏松导致的原发性髋部骨折已严重影响患者的生活质量,并且在12个月内死亡的概率高达26.4%;老年人在髋部骨折后3个月内,死亡率显著增加,高达5倍,并且髋关节骨折的老年人有20%在12个月内死于与骨折相关的并发症或修复手术。有数据统计,目前在美国,骨质疏松症每年造成200万例骨折和190亿美元的相关费用。专家预测,到2025年,骨质疏松症将造成每年约300万例骨折和253亿美元的费用。我国在2006年治疗髋部骨折的医疗费用达到近6.4

亿元，预计2020年医疗费将达到850亿元左右。

骨质疏松症已严重威胁人类的健康，成为一个全球性的公共和个体健康问题，因此早期预防骨质疏松症以及骨质疏松性骨折具有重要意义。运动疗法是防治骨质疏松的一种非药物疗法，由于其简便、副作用少，近年来备受医患人员的青睐。

本章主要介绍骨质疏松症以及运动对骨质疏松症的益处，并对骨质疏松患者提供改善骨健康的运动推荐。

第一节 骨质疏松症

骨质疏松症(osteporosis，OP)是多种原因引起的一组全身代谢性骨病，以骨密度降低、骨骼疼痛、易于骨折为特征。在多数骨质疏松中，骨组织的减少主要是骨吸收大于骨形成所致。骨质疏松症及其引起的骨折严重影响人的健康状况及生活质量。

一、定义

骨质疏松症是指各种原因引起的，以全身骨量减少、骨组织显微结构破坏、骨脆性增高、骨强度降低为特征的一种系统性、全身性骨病，是严重危害中老年人身心健康的常见病、多发病，其最大的危害是一旦受到少许外力即引发骨折，甚至危及生命。不同组织机构对骨质疏松症的定义略有不同。

世界卫生组织(WHO)定义(1999年)：骨质疏松症是一种以骨量低下、骨微结构损坏，导致骨脆性增加，易发生骨折为特征的全身性骨病。

美国国立卫生研究院(National Institutes of Health，NIH)定义(2001年)：骨质疏松症是以骨强度下降、骨折风险性增加为特征的骨骼系统疾病。骨强度反映骨骼的两个主要方面，即骨密度和骨质量。骨强度＝骨密度(70%)＋骨质量(30%)。其中，骨密度仅能反映70%的骨强度，故评估骨折风险时除考虑骨密度外，还需考虑骨质量。骨质量包括骨微细构造、骨转换率、骨的微小骨折、骨矿化率、骨胶原的特性等。此外，越来越多的文献说明，骨量、骨几何形状、骨骼大小是骨骼强度和骨骼脆性的重要预测因子。

中国老年学会骨质疏松委员会定义(2014年)：骨质疏松症是以骨量减少、骨质量受损及骨强度降低，导致骨脆性增加、易发生骨折为特征的全身性骨病。

二、临床表现

骨质疏松症患者不仅全身疼痛，还伴有身高降低、驼背、脆性骨折及呼吸系统障碍等临床症状，严重地影响着患者的生活质量。

骨质疏松症初期通常没有明显的临床表现，因而被称为“寂静的疾病”或“静悄悄的流行病”。但随着病情进展，骨量不断丢失，骨微结构破坏，患者会出现骨痛；当骨质疏松症影响脊柱的骨骼时，会引起脊柱变形，出现弯腰或驼背的姿势，还会引起患者身高变矮，甚至发生骨质疏松性骨折等后果。

骨折是骨质疏松症的严重并发症，尤其是老年患者。骨质疏松性骨折最容易发生在髋部、脊柱或腕部，其他部位也可能骨折。部分患者可没有临床症状，仅在发生骨质疏松性骨折等严重并发症后才被诊断为骨质疏松症。

三、分类及发病原因

骨质疏松症可发生于任何年龄，但多见于绝经后女性和老年男性。

骨质疏松症可分为三大类：原发性、继发性和特发性骨质疏松症。其中，以原发性骨质疏松症最为常见。

(1)原发性骨质疏松症：与年龄有关，是随着年龄的增长发生的一种生理性退行性病变。原发性骨质疏松症又可分为两种类型：Ⅰ型为绝经后骨质疏松症(postmenopausal osteoporosis，PMOP)，为高转换型；Ⅱ型为老年性骨质疏松症，为低转换型，一般发生在女性 65 岁以上和男性 70 岁以上的老年人(国外把 70 岁以上老年女性骨质疏松列为Ⅱ型骨质疏松症)。

绝经后骨质疏松症是绝经后女性的常见病和多发病，主要是由于绝经后卵巢功能衰退，雌激素水平降低，雌激素对破骨细胞的抑制作用减弱，破骨细胞的数量增加、凋亡减少、寿命延长，导致其骨吸收功能增强。尽管成骨细胞介导的骨形成亦有增加，但不足以代偿过度骨吸收，骨吸收大于骨形成，骨重建活跃和失衡，致使骨小梁变细或断裂，骨皮质孔隙度增加，导致骨强度下降。因此，临床上通过降低骨吸收来治疗骨质疏松症。

老年性骨质疏松症是在增龄衰老过程中发生的一种骨组织的生理性退变，其衰老退变的程度受多种因素的影响，其发生的机理主要是老龄时期破骨细胞骨吸收活性虽仍相对较高，但成骨细胞骨形成活性却明显降低，骨形成能力明显不足，引起骨重建功能呈现显著衰退，致骨量严重丢失、骨质量明显下降。

(2)继发性骨质疏松症：是由其他疾病或药物等因素诱发引起的骨质疏松症，可在任何年龄引起骨量下降。女运动员三联征是继发性骨质疏松症的一个例子，从饮食紊乱开始，紧接着是闭经，然后导致早发性骨质疏松症。

(3)特发性骨质疏松症：主要发生于 8～14 岁的青少年或成人，多半有遗传家庭史，且女性多于男性，病因尚未明。

四、危险因素

骨质疏松症受到多重危险因素的影响，任何影响破骨细胞和成骨细胞数目

和功能的因素均可诱发骨质疏松症，主要包括遗传因素和环境因素等多方面。

一般将危险因素分为可控因素和不可控因素。其中，不可控因素包括种族、年龄、性别（女性）、基因、脆性骨折家族史；可控因素包括饮食营养、生活方式、体成分、影响骨代谢的药物和疾病等。骨质疏松症的危险因素如表 6-1 所示。

表 6-1　　骨质疏松症的危险因素

<table>
<tr><th colspan="2">分类</th><th>危险因素</th></tr>
<tr><td rowspan="5">不可控因素</td><td rowspan="3">一般因素</td><td>种族</td></tr>
<tr><td>年龄</td></tr>
<tr><td>性别(女性)</td></tr>
<tr><td rowspan="2">遗传因素</td><td>基因</td></tr>
<tr><td>脆性骨折史</td></tr>
<tr><td rowspan="19">可控因素</td><td rowspan="4">饮食营养</td><td>营养失衡</td></tr>
<tr><td>蛋白质摄入不足</td></tr>
<tr><td>钙和(或)维生素 D 缺乏</td></tr>
<tr><td>高钠饮食</td></tr>
<tr><td rowspan="4">生活方式</td><td>静坐少动或体力活动少</td></tr>
<tr><td>吸烟</td></tr>
<tr><td>过量饮酒</td></tr>
<tr><td>咖啡因</td></tr>
<tr><td rowspan="3">体成分</td><td>身体质量指数</td></tr>
<tr><td>脂肪量</td></tr>
<tr><td>去脂体重</td></tr>
<tr><td rowspan="4">疾病</td><td>内分泌系统疾病</td></tr>
<tr><td>胃肠道疾病</td></tr>
<tr><td>血液系统疾病</td></tr>
<tr><td>其他疾病</td></tr>
<tr><td rowspan="4">药物</td><td>糖皮质激素</td></tr>
<tr><td>噻唑烷二酮类药物</td></tr>
<tr><td>甲状腺激素</td></tr>
<tr><td>其他药物</td></tr>
</table>

五、诊断原则

骨质疏松症诊断一般以骨量减少、骨密度下降和(或)发生脆性骨折等为依据。发生脆性骨折即可诊断为骨质疏松。骨密度检查结果对于人群的早期诊断比较重要。目前常用的骨密度检查方法主要包括双能 X 线骨密度测量以及定量 CT(QCT)等,具体的诊断标准请参考第三章。

如果你已经 50 岁或以上并且曾发生过骨折,建议你咨询医生或健康保健人员去进行骨密度测试。

鉴别原发性、继发性或特发性骨质疏松,参考年龄、性别、病史、临床表现、实验室检查和影像学检查(X 线平片、CT、MRI、骨密度测量等)。实验室生物化学指标可以反映人体骨形成和骨吸收情况,生化测量本身不能用于诊断骨质疏松,但有助于骨质疏松症的诊断分型和鉴别诊断,以及早期评价对骨质疏松治疗的反应。

六、骨质疏松症的防治

骨质疏松症的防治应贯穿于生命全过程。骨质疏松性骨折会增加致残率或致死率,因此骨质疏松症的预防与治疗同等重要。

(一)防治目标

骨质疏松症的主要防治目标包括改善骨骼生长发育,促进成年期达到理想的峰值骨量,维持骨量和骨质量,预防增龄性骨丢失,避免跌倒和骨折。

(二)防治措施

骨质疏松症的防治措施主要包括基础措施、药物干预和康复治疗。

1. 基础措施

基础措施包括调整生活方式和骨健康基本补充剂。

(1)调整生活方式包括加强营养,均衡膳食,充足日照,规律运动,戒烟,限酒,避免过量饮用咖啡,避免过量饮用碳酸饮料,尽量避免或少用影响骨代谢的药。

(2)骨健康基本补充剂包括钙和维生素 D 等。

2. 抗骨质疏松药物

抗骨质疏松药物包括骨吸收抑制剂、骨形成促进剂、其他机制类药物及传统中药等。

(1)骨吸收抑制剂包括双膦酸盐、降钙素类、绝经激素治疗、选择性雌激素受体调节剂类、RANKL 抑制剂等。

(2)骨形成促进剂包括甲状旁腺激素类似物。

(3)其他机制类药物包括活性维生素 D 及其类似物、维生素 K_2 类、锶盐等。

3.康复治疗

康复治疗包括运动疗法、物理因子治疗、作业疗法及康复工程等。

若想要了解相应的具体治疗方法,可参阅中华医学会骨质疏松和骨矿盐疾病分会制定的《原发性骨质疏松症诊疗指南(2017)》。

一直以来,对于骨质疏松的治疗主要以药物治疗为主。药物治疗能够在一定程度上缓解骨量丢失,却无法治愈,而且许多药物对人体有不同程度的毒副作用。此外,单纯的药物治疗无法提高肌肉力量,无法改善平衡功能和预防跌倒的发生。近年来,越来越多的研究表明运动对骨质疏松有着一定的防治效果。因此,运动预防骨质疏松也一度成为了研究的焦点。而运动也开始成为了临床治疗骨质疏松的一种辅助手段。

第二节 运动对骨质疏松患者的益处

目前,针对骨质疏松治疗还主要靠药物,但长期使用药物的一些副作用使一些患者不愿意采用药物疗法。因此,其治疗和预防目前仍具有挑战,正日益成为一个公众健康问题。运动作为一种重要的非药物手段,是唯一一种能同时改善低骨密度、增加肌肉质量、促进力量增加、改善动态平衡的单一疗法,所有这些都是骨折的独立危险因素。此外,由于其简便、副作用少,在骨质疏松症治疗中的重要性逐渐被认识,近年来备受医患人员的青睐。

一、体力活动对骨质疏松症的影响

(一)体力活动对骨质疏松症骨量的影响

人体的骨量主要是由两方面的因素决定:骨发育成熟时期骨峰值达到的最大程度,以及随后发生的骨量丢失速率。峰值骨量就如同人体内的“骨银行”,年轻时峰值骨量越高,相当于在“银行”中的“储蓄”越多,可供人们日后消耗的骨量就越多。若日后消耗的也少,那么“银行”中的“储蓄”仍较多,则不易引起骨质疏松。由此,防治骨质疏松的主要途径有两点:一是提高青年时期的骨峰值;二是延缓衰老时期的骨量流失。也就是说,预防骨质疏松须着手于使人体骨峰值尽可能地大,骨量维持时间尽可能长或流失速度尽可能慢。

一项绝经后骨质疏松症患者的研究表明,与不运动者相比,运动者脊柱骨丢失平均减少 0.85%,而且比不运动者相比,参与各种类型的运动者脊柱骨丢失

平均减少 3.2%；而对髋部骨密度，运动者的骨丢失比不运动者平均减少 1.03%，而且力量训练者的骨丢失比不运动者平均减少 1.03%。

(二)体力活动对骨结构的作用

汉密尔顿(Hamilton,2010)等就运动和体力活动参与对绝经后女性骨量及骨结构的作用效果进行综述。该综述以绝经后女性为基础，QCT 测试方法为核心，纳入所有相关的随机对照试验、横断面研究以及前瞻性研究，以评价运动对骨量及骨结构的作用效果。研究结果表明，运动效果显示出中等效果，具有骨骼位点特异性，并且优先影响皮质骨而不是骨小梁。高冲击力负重运动对于影响骨量和骨结构具有最突出的作用。对于绝经后女性，运动对骨量及骨结构的影响具有正向作用。然而，进一步的研究需要明确为改善绝经后女性骨量和骨结构所需的最佳的运动方式和运动量，并明确这种改善是否可以预防骨折。

二、不同形式运动对骨质疏松症骨健康的影响

骨质疏松症的预防和治疗策略包括基础措施和药物干预。目前众多研究已证实，运动与骨代谢关系密切。运动作为一种非药物性、非侵入性的预防及干预方式，已成为骨质疏松症防治的重要组成部分，其健骨效应已经成为生命科学研究中颇受关注的热点问题。但不同的运动强度、运动时间及运动方式，对骨代谢具有截然不同的影响效应。有研究表明，在影响骨健康的运动因素中，运动方式是主要的影响因素。

运动干预治疗骨质疏松症的形式多样，包括有氧运动、抗阻运动、冲击性运动、振动训练、平衡和本体感受性训练以及其他运动方式等。不同的运动方式产生的运动负荷不同，对骨骼产生的相应刺激不一样，进而对骨健康的影响也各不相同。

(一)有氧运动

目前，有氧运动是适合骨质疏松人群的锻炼方式之一，可以改善全身状况包括心肺功能、平衡能力、预防跌倒，强度可自行掌握，循序进行。但有氧运动对骨质疏松的防治作用还存在争议，不同研究所持观点并不一致，这可能和不同研究中使用的运动方案不同有关。

钱(Chien)等对有氧高冲击力运动对骨量低下或骨质疏松的绝经后女性(48～65岁)的影响进行研究。运动组进行有氧高冲击力运动，包括 30 分钟的跑步机上步行(强度为 70%最大摄氧量)，随后进行 10 分钟的台阶运动(台阶高度 20 cm)，每周 3 次，共计 24 周。结果发现，运动组可显著增加股骨颈骨密度，增加了 6.8%；腰椎 L2～L4 增加了 2.0%，但未有显著性差异。中等强度有氧运

动结合高冲击力运动可以有效改善股骨颈骨密度，以抵消骨量低下绝经后女性骨密度的下降。

山崎（Yamazaki）等对适量步行运动对绝经后骨质减少或骨质疏松症女性骨代谢的影响进行前瞻性研究。研究招募了50名具有骨质减少或骨质疏松症的绝经后女性，年龄49～75岁。其中，32名女性参加锻炼计划（锻炼组），18名为对照组。运动方案包括每天户外散步，强度为最大耗氧量的50%，持续时间至少1小时，步数超过8000步，每周4天，为期12个月。在干预前及干预后每6个月进行双能X线骨密度仪测定；并在干预前及干预第1、3、6、9和12个月测定血清骨特异性碱性磷酸酶（BAP）和尿Ⅰ型胶原交联氨基末端肽（NTx）水平，对照组每6个月测定一次。干预前，两组患者年龄、身高、体重、骨量指数、绝经年限、腰椎骨密度、尿NTx水平等指标均无显著差异。结果显示，对照组的腰椎骨密度和尿NTx水平无明显变化，但运动组的腰椎骨密度较对照组增加；运动组尿NTx水平在第3个月对步行运动有快速反应，持续到第12个月，随后血清BAP水平下降；运动组在第3个月尿NTx水平的百分比变化与第12个月腰椎骨密度的百分比变化呈中度负相关。由此表明，在绝经后骨量减少及骨质疏松症女性，适量的步行运动似乎可以抑制高转换的骨代谢状态，腰椎骨密度表现出延缓下降的状态，而早期尿NTx水平的变化可能是预测增加腰椎骨密度的长期响应运动，尽管其腰椎骨密度的功效可能相当小。

另有学者对有或无外部负荷的亚最大有氧运动对绝经后骨质疏松症女性骨代谢和平衡的影响进行研究。研究将36例久坐不动的绝经后骨质疏松症患者随机分为有氧运动组、负重背心组和对照组。有氧运动组进行每天30分钟、每周3次、为期6周的亚极量跑步机步行运动；负重背心组穿着一个负重背心（体重的4%～8%）进行运动训练，运动计划与有氧运动组相同。结果发现，两个运动组都能增加骨特异性碱性磷酸酶含量，刺激骨合成（$p \leqslant 0.05$），降低Ⅰ型胶原蛋白含量，降低骨吸收（$p \leqslant 0.05$），并且穿戴负重背心运动对改善平衡功能更有效。由此表明，负重运动较耐力运动更易生骨。

国内有学者对健步走对低骨量者的骨量及平衡能力的影响进行研究。研究表明，15周的健步走（每次60分钟，每周3次）能有效预防和延缓中老年低骨量人群骨量丢失，改善骨健康状况。国外报道显示，12个月快步走能增加绝经后骨量减少或骨质疏松患者骨密度或减少腰椎骨量的流失。

综上所述，在一定的负荷范围内，有氧运动预防骨质疏松的效果与其运动强度及运动量成正比。有氧运动能够提高机体腰椎、股骨颈以及跟骨等部位的骨密度，但是不同研究由于试验对象、运动方案、检测部位以及检测方法的差异，所的结论也不尽相同。同时在这些有氧运动干预方案中，退出率较低，依从性较好。由此表明，有氧运动易于掌握，有较高的执行性。

(二)抗阻运动

抗阻训练能够提高机体的骨密度，防止骨质流失，从而起到预防骨质疏松的作用。为了保持骨骼健康，当前阻力训练越来越流行。

瓜达卢佩(Guadalupe，2009)等对成年人的运动与骨量的关系进行系统综述，概述了迄今为止进行的有关训练对骨量影响的横断面和纵向研究。研究指出，对于骨质疏松症患者，一般建议进行负重运动，特别是抗阻运动，以及旨在改善平衡性、灵活性和姿势的运动，以减少摔倒的可能性及其相关的发病率和死亡率。需要进行额外的随机对照试验，以确定最有效的训练负荷是否取决于年龄、性别、当前的骨量和训练历史，以改善骨量。

另一项研究针对抗阻运动、有氧运动对老年女性身体功能及骨密度的影响进行。研究随机分为抗阻运动组、有氧运动组和对照组，运动干预组分别进行每周 3 次、共持续 8 个月的运动训练。结果显示，仅抗阻运动组表现出骨密度上升，股骨大转子骨密度提高了 2.9%，全髋部骨密度提高了 1.5%，而有氧运动组和对照组均无明显骨密度增加；两个运动组的平衡功能均有所提高。

骨质疏松易引发骨折，而肌肉力量的增加可减少跌倒次数，使骨折发生率下降。Sinaki 等人的研究表明，加强背部伸肌力量的抗阻训练能使绝经后女性身体平衡能力显著加强，结果跌倒次数和骨折发生率显著减少。此外，亨顿(Huntoon)等人的研究还表明，背部伸肌力量的增加能抑制进行过腰椎手术的患者腰椎新骨折的发生。

负重运动如行走，对维持髋部和下肢的骨密度很重要。通过力量训练增加髋周肌肉量可降低骨折风险。在绝经后骨量减少女性中，进行步行锻炼及主要肌群的力量训练联合有氧运动，观察到髋部骨密度增加。

Sinaki 等(2010)对运动治疗骨质疏松的作用进行综述。运动治疗骨质疏松症的目的是通过提高肌肉力量来提高轴向稳定性。因此，一个专门针对肌肉骨骼能力和疼痛的背部伸展运动项目可以在坐着的姿势下进行，然后推进到俯卧的姿势。当脆性被解决时，反拉伸是针对上背部的阻力进行的。为了减少急性椎体骨折的疼痛和固定，使用脊柱矫形器是不可避免的。治疗性运动应处理与骨质疏松症相关的轴位畸形，因为其会增加摔倒和骨折的风险。应加强主要的四肢肌肉，减少虚弱。适当摄入胆骨化醇和钙可增强强化运动的效果。因此，治疗性的运动方案可安全地增加肌肉力量，减少与固定相关的并发症，防治跌倒和骨折。应像药物治疗一样，治疗性运动也应该是个性化的。

尽管目前不同的临床研究结果不尽相同，但这些研究的结果都倾向于阻力和力量锻炼有益于骨代谢。虽然抗阻运动对骨代谢具有较好的锻炼效果，但是由于骨质疏松人群易引发骨折，且通常合并有退变疾病，如关节炎、腰椎间盘突出、椎体骨折等，因此抗阻运动并不都适合该人群。抗阻训练适合于身体状况相对较好的骨质疏松人群，尽管其锻炼效果要显著优于其他锻炼方式，但是其强度较高，限制了部分人群的开展。

（三）冲击性运动

冲击性运动是指在运动过程中受力瞬间，受力点对机体产生冲击性反作用力的运动。这些反作用力的冲击能刺激骨骼，从而促进骨形成，防止骨质流失。

岩本（Iwamoto）等对运动训练和停训对绝经后骨质疏松女性骨密度的影响进行研究。绝经后骨质疏松患者 35 例，年龄 53～77 岁，随机分为 3 组：对照组（20 例）、2 年运动训练组（8 例）、1 年运动训练加 1 年停训组（7 例）。运动训练采用高强度冲击性训练，采用双能 X 线骨密度仪测量骨密度。运动干预 1 年和 2 年后，运动训练组骨密度的平均变化百分比明显高于对照组，表明高冲击强度运动可增加骨密度，对增加骨量尤其有利。干预 2 年后，停训组和对照组骨密度的平均变化百分比没有显著差异，提示停训后骨密度恢复到与对照组没有显著差异的水平。由此表明，增加运动的冲击性强度可增加对骨的效果，但任何获益必须继续运动才能维持。科尔佩莱宁（Korpelainen）等对 160 名绝经后骨量减少的女性进行冲击性运动干预，持续 30 个月后，发现干预结束后，运动组股骨颈和股骨大转子的骨密度并无显著改变，但对照组表现为骨密度显著下降。

综上所述，冲击性运动能够改善绝经后女性骨密度，防止骨质流失，从而达到预防及治疗骨质疏松的效果。

（四）平衡和本体感受性训练

本体感受器是人体用来描述位置感觉和位置变化的感受器，存在于关节、肌腱和韧带中，能将空间位置信息传到中枢神经系统中。本体感受器之所以重要，是因为它是除视觉和听觉以外的帮助调控位置信息的感受器。研究表明，肌肉力量训练和本体感受训练的联合对提高机体灵活性很重要。当腰椎发生骨折时，椎体倒塌，引起躯干摆动，结果失去平衡，加之位于脊椎周围的骨骼肌中的本体感受器对躯体矫正的感觉敏感性减少，使跌倒的风险增加。

由泰克西亚（Teixeria）等人完成的一项研究证实，与对照组比较，18 周抗阻本体感受和平衡训练能减少绝经后女性跌倒数目，提高平衡功能和生活质量（其中训练组跌倒减少 38%，而对照组减少 16%）。采用加强本体感受和动态稳定的运动训练要根据患者的生理条件而使用。佩雷拉（Pereira）等人研究了太极拳(每周3次,共12周)对77名绝经后女性肌肉力量的效应。结果表明,训练组伸肌的力量增加了17.8%,静态平衡增加了26.1%,而对照组无变化。瞿(Chyu)等人比较了24周太极拳锻炼对绝经后骨质疏松女性跌倒风险的影响,得出结论为这种练习能增加患者步态的宽度(对步态的改善很重要)和躯干的稳定性。因此,减少了跌倒的数目。

(五)振动训练

全身振动训练是一种安全的锻炼身体的方法,需在身体保持静态的情况下借助特殊的仪器设备进行锻炼。因为在锻炼时受试者一般处于坐位或者站立位的静止状态,因此该方法适合于大多数骨质疏松人群,可自由调节锻炼的强度和重复次数。

文献中有大量的研究对全身振动训练对于骨质疏松的影响进行了报道。全身振动有利于提高老年人腿部肌肉的力量,可以改善身体状况,缓解下腰痛,改善腰椎和股骨颈的骨密度。目前,振动训练被认为是治疗骨质疏松的药物和饮食疗法以外的补充方案。

劳(Lau,2011)等对全身振动训练对老年女性骨密度和腿部肌肉力量的影响效果进行系统综述和Meta分析,研究纳入13篇随机对照试验(18篇文章)总共896名受试者。Meta分析显示,与未进行干预或运动相对活跃的人群相比,全身振动训练对老年女性的髋部和腰椎骨密度并未有显著效果($p>0.05$)。然而,与未干预人群相比,全身振动训练对老年人膝关节伸肌动态肌力(标准均数差:0.63,$p=0.006$)、腿部伸肌等长肌力(标准均数差:0.57,$p=0.003$)、腿部肌力功能测试,如跳高(标准均数差:0.51,$p=0.010$)、坐立实验的表现(标准均数差:0.72,$p<0.001$)均有显著的治疗效果。由此得出结论,全身振动训练对于加强老年人腿部肌力具有较好的效果。然而,全身振动训练并未对老年女性骨密度起到治疗效果。

西塔(Sitja,2012)等对全身振动训练对老年人的有效性进行系统综述。搜索随机对照试验以评价全身振动训练相对于常规运动或对照组对老年人的有效性和安全性,主要评价指标为平衡能力、肌肉力量、跌倒、骨密度以及不良事件。有16篇随机对照试验纳入标准。结果发现,与对照组相比,全身振动训练显著改善了下肢等长肌力(18.30 N·m, 95%置信区间:7.95~28.65)、肌肉爆发力(10.44 W, 95%置信区间:2.85~18.03)和平衡控制能力(Tinetti测试: 4.5分, 95%置信区间:0.95~8.11)。与常规运动相比,全身振动训练仅对股骨颈骨密度有显著性差异(0.04 g/cm^2, 95%置信区间:0.02~0.07)。在大多研究中均没有发生严重的并发症。由此得出结论,相对于对照组,全身振动训练可以

改善肌肉力量、肌肉爆发力和平衡能力；相对于常规运动组，全身振动训练并未显示出明显的效果。

戴杰等(2016)对60例绝经后骨质疏松患者(年龄49～70岁)进行为期6个月的高频低幅全身机械振动，以观察全身振动训练对绝经后骨质疏松症的临床治疗效果。结果表明，全身振动训练组与阿仑膦酸钠治疗组均可以引起血清骨代谢标志物短期变化；阿仑膦酸钠治疗组可明显增加腰椎骨密度，而全身振动训练对股骨、髋部骨密度改善明显，其中Ward's三角变化最为明显，可以作为机械振动治疗指征和疗效判定指标。提示全身振动训练适用于绝经后骨质疏松治疗；全身振动训练可能通过降低骨转换，保存更多的骨重建单位维持骨量，由此建议可以考虑与抗骨质疏松症药物进行序贯或联合治疗骨质疏松。

扎基(Zaki,2014)等对肥胖绝经后女性进行全身振动训练和抗阻运动干预。结果发现，在干预结束后，振动训练和抗阻运动对各个部位的骨密度具有相同的效应，且各个部位的骨密度与运动时间显著正相关。

三、预防跌倒及相关骨折的发生

跌倒和相关骨折是老年人和社会的主要健康问题。跌倒是严重骨折、损伤、残疾的一个日益重要的原因，在相当多的病例中，会直接造成死亡。跌倒相关骨折也可能发生在骨正常的人，因此问题并不局限于骨质疏松症患者。

跌倒相关的伤害和由此导致的老年人死亡是世界范围内的一个主要的和日益增加的健康问题。大约30%的65岁以上的人每年至少跌倒一次，其中大约一半的人会再次复发。非致命性跌倒可能导致个体大大减少他们的活动，因为害怕未来的跌倒。几乎一半的跌倒者在没有帮助的情况下无法起床。

跌倒可能导致骨折，尤其是老年人。约90%的髋部骨折是由跌倒引起的。在髋部骨折的患者中，12%～20%的病例走向死亡。在非致命的病例中，长期的疼痛、残疾和功能损害常常伴随着巨大的社会经济后果。在美国，与跌倒相关的骨折相关的年度费用估计为100亿美元。此外，即使调整年龄的影响因素，髋部骨折的发病率仍然继续稳步上升。有规律的运动被认为是预防老年人跌倒和跌倒相关骨折的一种方法。

(一)老年人跌倒、骨折及与年龄相关的生理变化

随着年龄的增长，跌倒的发生率逐年增加，因为控制姿势的3种感觉系统逐渐衰退恶化：前庭感觉、视觉和本体感觉。前庭系统提供关于头部位置与重力有关的信息，并且能感测头部的加速度和方向。视觉系统提供关于身体相对于环境的位置信息。本体感觉提供关于身体在空间中的位置的信息，并检测运动觉。

随着年龄的增长，耳石中的感觉细胞、关节位置感觉和周边视觉（在摇摆稳定中重要）都会恶化。

此外，随年龄增大，肌肉和骨骼的变化也会使人发生跌倒和骨折。30～80岁时，肌肉力量和肌肉量减少30%～50%。正常的肌肉量和肌肉力量可防止机体的不稳定和纠正机体的不平衡，并可通过减轻老年人侧向跌倒时髋部的撞击力来保护股骨近端。

研究发现，跌倒的危险因素超过130个。通过最简单的方法将跌倒风险因素归类，将它们分为内在的宿主因素（增加的个人跌倒责任）和外在的环境因素（增加的跌倒机会）。这种分类很重要，因为它包含了在预防跌倒的医学策略中很少注意的外在因素。表6-2总结记录了导致人跌倒的特定障碍和残疾，以及每个风险因素赋予的相对跌倒风险。

表6-2　　跌倒的危险因素及相关风险

跌倒危险因素		各种研究报告的跌倒相关风险（值大于1代表风险增加）
损害	下肢力量	0.5～10.3
	上肢力量	1.5～4.3
	下肢关节活动度	1.9
	感觉	0.6～5.0
	前庭功能	4.0
	视觉	1.3～1.6
	认知	1.2～5.0
残疾	静态平衡	1.5～4.1
	动平衡（步态）	1.6～3.3

跌倒行为包括3个阶段：起始、下降和撞击。由于不同的因素可以在跌倒的每个阶段过程中，这种分类提供了医学干预的几个重点领域。例如，这种方法导致一些研究人员专注于髋关节保护器，以减少跌倒影响，从而降低骨折风险。

（二）运动可以降低跌倒的发生率吗？

这个问题有两个部分，因为体育锻炼可以降低跌倒的风险或降低实际跌倒的发生率。让我们先看一下跌倒风险的相关数据。图6-1介绍了影响跌倒的众多因素之间相互作用的整合模型。而运动干预可改变跌倒的内在危险因素（见表6-3）。在运动干预试验中，肌肉力量、关节活动范围、平衡性、灵活性以及反应时间这些因素最适合改善，以降低老年人跌倒风险。

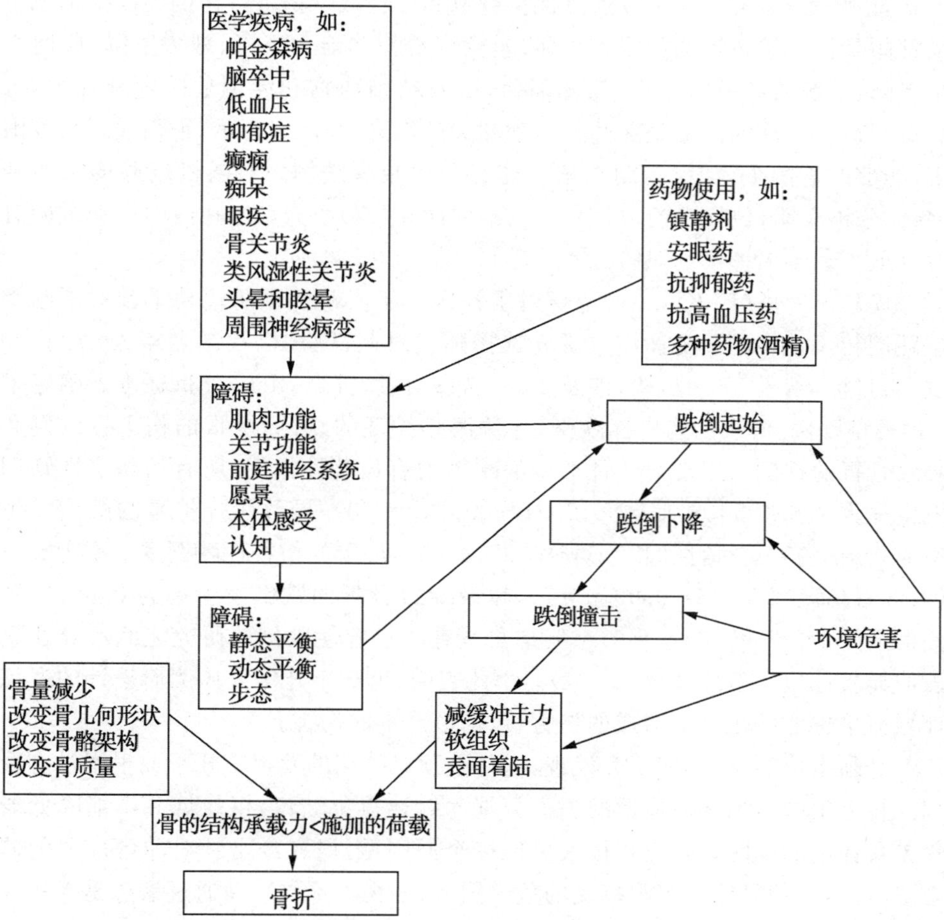

医学疾病，如：
帕金森病
脑卒中
低血压
抑郁症
癫痫
痴呆
眼疾
骨关节炎
类风湿性关节炎
头晕和眩晕
周围神经病变

药物使用，如：
镇静剂
安眠药
抗抑郁药
抗高血压药
多种药物(酒精)

障碍：
肌肉功能
关节功能
前庭神经系统
愿景
本体感受
认知

跌倒起始

跌倒下降

障碍：
静态平衡
动态平衡
步态

跌倒撞击

环境危害

骨量减少
改变骨几何形状
改变骨骼架构
改变骨质量

减缓冲击力
软组织
表面着陆

骨的结构承载力<施加的荷载

骨折

图 6-1　影响跌倒的众多因素之间相互作用的整合模型

表 6-3　运动改善跌倒危险因素的干预研究

跌倒危险因素	改善的平均百分比(%,不同研究的范围)
肌肉力量	6～174
关节活动范围	0.5～18
平衡	−7～53
步态	12～48
反应	0～4

有规律的体育活动可以通过保持骨量和(或)减少伤害性摔倒的发生率来帮助预防骨折。导致摔倒的因素很多,包括姿势控制能力下降、视力下降、肌肉力量下降、下肢活动范围缩小、认知障碍,以及精神药物和绊倒危险等外在因素。只有当运动干预的对象是那些与运动相关的因素(如肌肉力量、平衡或运动范围等)能够改善的个体时,运动干预才能有效地减少跌倒。对随机试验的综述和Meta分析表明,包括平衡、腿部力量、柔韧性和(或)耐力训练在内的运动试验有效降低了老年人摔倒的风险。

埃尔·库里(El Khoury)等探讨了社区老年人跌倒预防运动干预对不同类型跌倒相关伤害的预防作用。研究选择随机对照试验,以社区老年人(大于60岁)为目标,纳入17项试验,涉及4305名参与者,符合Meta分析标准。确定了4种类型跌倒:所有的伤害性跌倒、导致医疗护理的跌倒、严重的伤害性跌倒和导致骨折的跌倒。运动对4种类型的跌倒均有显著性作用,所有的伤害性跌倒发生率为0.63(95%置信区间:0.51～0.77,$n=10$),导致医疗护理的跌倒发生率为0.70(95%置信区间:0.54～0.92,$n=8$),严重的伤害性跌倒发生率为0.57(95%置信区间:0.36～0.90,$n=7$),以及导致骨折的跌倒发生率为0.39(95%置信区间:0.22～0.66,$n=6$)。但是在所有的伤害性跌倒的研究之间都存在显著的异质性($I^2=50\%$, $p=0.04$)。由此表明,为防止老年人摔倒而设计的锻炼计划似乎也能防止摔倒造成的伤害,包括最严重的伤害。

必须指出的是,一些研究发现,运动干预对跌倒的发生率几乎或根本没有影响。科克伦(Cochrane)最近的一份数据库综述得出结论,仅锻炼并不能降低老年男女摔倒的风险。缺乏积极效果的一个原因是,研究经常针对非常虚弱的养老院居民,他们可能有多种摔倒的危险因素(如视力不佳),而通过锻炼是无法改善的。此外,如果运动强度过低(这在对体弱老年人的研究中很常见),那么只有少量的肌肉力量增加,也可能有助于降低摔倒风险。最后,必须认识到,随着人们越来越多地从事体力活动,特别是在社区居住的老年人中,摔倒的机会反而可能会增加。

目前,最可能减少跌倒的运动方案的类型仍不清楚,因为有积极和消极发现的研究在所采用的运动方式(以力量、耐力、平衡或柔韧性为导向)、运动持续时间、运动频率等都有相互重叠的部分。平衡训练似乎是这些项目的一个重要组成部分,应该包括在对有跌倒危险的老年人的运动干预中。提高肌肉力量已被认为是减少老年人跌倒和降低骨折发生率的最有效手段之一,因为它对骨折的多种危险因素,如低骨密度、慢速步行、低吸收能量软组织水平和不活动等有好处。有进一步的研究表明,经过抗阻训练后,功能能力的提高会导致老年人(46人)和敬老院的老年人(25人)自愿体育活动的增加。可以在社区进行增加肌肉

力量、提高功能能力的集中锻炼。尽管具有建立这种社区项目的可行性，但对虚弱老年人的相对较高强度的运动能力可能会被习惯性地低估。

（三）运动可以减少骨折发生吗？

研究表明，50 岁以上的绝经后女性骨折的发生风险可增加 60%。骨质疏松性骨折最常见的部位是桡骨远端、脊柱、股骨颈和股骨粗隆区。目前还没有关于锻炼减少骨折有效性的随机对照试验，而且这种试验进行起来极具挑战性，部分原因是样本量大，需要长时间的观察。对一小部分绝经后女性进行的研究表明，在随后的 8 年中，2 年的背部强化练习减少了脊椎骨折的发生率。然而，在前瞻性试验中几乎没有其他证据表明体育活动可以降低脊椎或手腕骨折的发生率。

流行病学研究表明，缺乏运动是髋关节骨折的危险因素。研究发现，经常运动的人髋部骨折的发生率比久坐的人低 20%～40%。长期不活动的老年人，其髋部骨折的可能性是那些经常运动的人的 2 倍多。一项对 3 万多名丹麦男女进行的前瞻性研究发现，久坐不动的活跃人群髋部骨折的发生率是经常运动人群的 2 倍。在芬兰的双胞胎人群中研究发现，参与剧烈运动的男性比那些没有参加剧烈运动的男性髋部骨折的相对风险低 62%。对 61000 多名绝经后女性进行的健康研究表明，每进行 3 次身体活动（相当于每周步行 1 小时），髋部骨折的相对风险就会降低 6%。有趣的是，与久坐不动的同龄人相比，每天至少步行 4 小时的女性髋部骨折的风险要低 41%。这表明，即使是低强度的负重运动，如步行，也可能有助于降低骨折风险，尽管骨密度的最小变化是可以预期的。

谷（Gu）等对老年人运动预防骨折发生的有效性进行综述，25 项研究被纳入综述进行分析。结果发现，84.0%的研究对象是生活在社区且年龄大于等于 65 岁的老年人。最常见的干预措施是下肢力量和平衡运动，有 43.3%；团体运动有 70.0%；每周 3 次的运动有 60.0%；每次 60 分钟的运动有 36.7%；持续时间 12 周的运动有 23.3%；持续时间 1 年的运动有 23.3%。最常用的结果变量有静态平衡（占 84.0%）、下肢肌力（占 72.0%）、动态平衡（占 56.0%）、跌倒（占 56.0%）。运动干预对预防跌倒的效果不确定，下肢抗阻力量练习可以有效增加肌肉力量，平衡练习与各种运动的平衡力量都能有效地增加平衡能力。由此表明，对于有摔倒危险因素的老年人，建议进行预防摔倒的运动干预，理想的运动干预方式是下肢力量和平衡运动相结合。

运动干预可以减少健康人群的跌倒及其相关的骨折，但对于骨量低下及骨质疏松人群的研究较少。戴（De，2009）等为调查什么运动干预可以减少低骨量人群（骨量低下或骨质疏松症）跌倒及骨折以及跌倒及骨折的危险因素，搜索 1996～2008 年的相关文献研究，对该问题做一综述。研究发现，共有 1369 篇相关文献资料，其中只有 23 篇符合纳入标准。资料表明，在大多数研究中，平衡运

动干预可以有效减少跌倒及其相关骨折的发生,并能改善平衡能力。肌肉力量练习可以有效促进下肢肌力以及后背伸肌肌力;然而,并非所有的随机对照试验都显示阳性效果。当干预时间至少一年时,负重有氧运动有或没有肌力练习均可以改善骨强度。由此得出结论,运动可以减少低骨量人群(骨量低下以及骨质疏松人群)跌倒及其相关骨折的发生以及跌倒相关的危险因素。对于骨质疏松患者,运动干预,包括负重运动、平衡运动和肌力练习,均可以降低跌倒及骨折的风险。

第三节　改善骨质疏松症的运动推荐

最近的研究表明,运动可以延缓骨质疏松症的发生,降低骨折风险。运动对骨健康的益处存在于生命过程中的任何阶段。对于儿童和成人,主要是骨密度、骨体积和骨强度的增加以及增加肌肉力量。对于老年人,运动还能改善老年人的平衡能力,从而降低摔倒和骨质疏松性骨折的风险。因此,运动通常可以被认为是预防骨质疏松症的主要非药物疗法。然而,许多研究已经得出结论,在男性和女性中仍然需要大量随机对照试验来确定预防骨质疏松和骨折的最佳运动方案。

目前,对于患有骨质疏松症或有患骨质疏松症风险的个人来说,几乎没有证据表明最佳的锻炼方式。一般来说,负重有氧运动结合某种形式的高冲击、高速、高强度的阻力训练被认为是任何人群的最佳选择。据此,美国运动医学学会(ACSM)对骨质疏松患者提供了相应的运动推荐,如表 6-4 所示。

表 6-4　　骨质疏松症患者的 FITT(频率、强度、时间、类型)原则

	有氧运动	抗阻运动	柔韧运动
频率	4～5 天/周	起初 1～2 天/周,不连续;逐渐递增至 2～3 天/周	5～7 天/周
强度	中等强度(40%～59% VO_2R 或 HRR)	根据骨骼的承受力,应至少是 2RM。若能承受,则建议高强度训练	拉伸至紧张的程度或感觉轻微不适
时间	以每次 20 分钟开始,逐渐递增至超过 30 分钟(最大 45～60 分钟)	以 1 组 8～12 次重复的抗阻训练开始,2 周后增加至 2 组;每次不多于 8～10 个运动	保持静态拉伸 10～30 秒;每种运动重复 2～4 次

续表

	有氧运动	抗阻运动	柔韧运动
类型	步行、骑自行车或其他适合的有氧运动(指承受体重的运动)	在明确的指导和安全的考虑下可以使用标准设备	所有关节的静态拉伸

注:VO_2R 表示最大摄氧量储备;HRR 表示心率储备。

注意事项:

(1)目前,很难用骨骼受到的负荷强度来量化运动强度。然而,骨受到负荷强度的大小通常会随着常规方法量化的运动强度的增加而增加(如有氧训练可采用%HRR 来量化,阻力训练可采用%1RM 来量化)。建议采用负重有氧和高速阻力训练模式。对于骨质疏松患者,适当的形式比强度更重要,特别是对于有骨折病史的人。

(2)目前,尚无关于骨质疏松患者运动禁忌证指南。一般的建议是进行中等强度的负重运动,以不引起或加重疼痛为基准。应避免进行爆发力运动或高冲击性运动。对于需要过度扭曲、弯曲或压迫脊柱的某些特定的运动(如仰卧起坐、触摸脚尖、挥高尔夫球杆等)或部分团体主导的运动(如瑜伽、普拉提),应该进行仔细评估并避免,尤其是对于脊柱骨密度较低的人群。

(3)骨质疏松症患者摔倒会增加骨折的可能性。对于跌倒风险增加的老年女性和男性,推荐的运动方案中还应包括改善平衡的运动。选取运动方式时需主要考虑加强股四头肌、股后肌群、臀肌和躯干肌肉的锻炼,因为这些肌肉主要负责平衡。

(4)骨关节炎或骨质疏松引起的压缩骨折患者,椎骨的骨密度可能显示正常甚至增高。因此,用髋部骨密度评定骨质疏松风险比椎骨骨密度更可靠。

(5)考虑到固定和卧床可以引起快速、明显的骨丢失,而恢复期重新活动后骨密度恢复不良。因此,即使是最虚弱的老年人也应该在健康状况允许的情况下进行体力活动以保持健康,因为这将更好地保持肌肉骨骼的完整性。在长期患病人群中,即使是短暂的站立或行走也是值得做的。

邹军等在总结大量前人的研究后得出结论,骨质疏松治疗方案主要以有氧运动、传统养生运动为主,低强度抗阻力量训练及低强度冲击性运动为辅;并根据骨质疏松症的临床特征,分为治疗老年性骨质疏松及治疗绝经性骨质疏松运动方案。具体运动推荐如表 6-5、表 6-6 所示。

表 6-5　绝经性骨质疏松患者运动治疗方案

阶段及对应人群	推荐项目	具体方案
初级阶段(第 1～3 个月):绝经性骨质疏松患者	A 类:步行、快走 B 类:踏板操、单足站立 C 类:太极、八段锦、五禽戏	根据个人爱好选择以下两种方式之一(以下同):①A、B 类中各选择一项运动项目,每周 3 天,每次 20～40 分钟;②C 类每周 4～6 天,若配合 A、B 类运动时适当减少时间,每天总运动时间控制在 30～50 分钟,心率控制在 55%～65%最大心率
中级阶段(第 4～9 个月):完成初级阶段且骨量流失停止或减缓的绝经性骨质疏松患者	A 类:快走、有氧舞蹈 B 类:踏板操、单足站立 C 类:太极、八段锦、五禽戏	①A、B 类中各选择一项运动项目,每周 3 天,每次 30～45 分钟;②C 类每周 5～6 天,若配合 A、B 类运动时适当减少时间,每天总运动时间控制在 40～60 分钟,心率控制在 55%～70%最大心率
高级阶段(第 10～12 个月):完成中级阶段且骨密度增加、骨量不再减少的绝经性骨质疏松患者	A 类:快走、慢跑、有氧舞蹈 B 类:踏板操、单足站立、低强度抗阻训练(弹力带、小哑铃) C 类:太极、八段锦、五禽戏	①A、B 类中各选择一项运动项目,每周 4 天,每次 30～50 分钟,低强度抗阻训练主要使用弹力带进行髋部前屈、后伸、外收内展,使用小哑铃进行正握、反握弯举,每个动作 3 组,每组 8～12 次;②C 类每周 6 天,若配合 A、B 类运动时适当减少时间,每天总运动时间控制在 40～70 分钟,心率控制在 60%～80%最大心率

注:每次运动以不产生疲劳或轻度疲劳为宜,每次运动前后各做 10 分钟的热身运动及放松运动。初级阶段由专业人士指导,每周至少一次会谈,每月进行健康教育及评估,达标后方可进入下一阶段的训练。

(引自:邹军,章岚,任弘,等. 运动防治骨质疏松专家共识[J]. 中国骨质疏松杂志,2015,21(11):1291.)

表 6-6 老年性骨质疏松患者运动治疗方案

阶段及对应人群	推荐项目	具体方案
初级阶段(第 1～3 个月):老年性骨质疏松患者	A类:步行 B类:踏板操 C类:太极、八段锦、五禽戏	根据个人爱好选择以下两种方式之一(以下同):①从 A、B类中各选择一项运动项目,每周 3 天,每次 20～30 分钟;②C类每周 4～6 天,若配合 A、B类运动时适当减少时间,每天运动时间控制在 30～50 分钟,心率控制在 50%～65%最大心率
中级阶段(第 4～9 个月):完成初级阶段且骨量流失停止或减缓的老年性骨质疏松患者	A类:快走、步行 B类:踏板操、单足站立 C类:太极、八段锦、五禽戏	①A、B类中各选择一项运动项目,每周 3 天,每次 30～40 分钟;②C类每周 4～6 天,若配合 A、B类运动时适当减少时间,每天运动时间控制在 40～60 分钟,心率控制在 55%～70%最大心率
高级阶段(第 10～12 个月):完成中级阶段且骨密度增加、骨量不再减少的老年性骨质疏松患者	A类:快走、步行、广场舞 B类:踏板操、单足站立、低强度抗阻训练(弹力带) C类:太极、八段锦、五禽戏、太极柔力球	①A、B类中各选择一项运动项目,每周 4 天,每次 30～40 分钟,低强度抗阻训练主要利用弹力带进行髋部前屈、后伸、外收内展,每个动作 3 组,每组 8～10 次;②C类每周 6 天,若配合 A、B类运动时适当减少时间,每天运动时间控制在 40～60 分钟,心率控制在 60%～75%最大心率

注:运动前须进行体检以确定是否适宜上述运动项目。每次运动以不产生疲劳或轻度疲劳为宜,每次运动前后各做 10 分钟的热身运动及放松运动。初级阶段由专业人士指导,每周至少一次会谈(面谈或其他形式的交流皆可),每月进行健康教育及评估,达标后方可进入下一阶段的训练。

(引自:邹军,章岚,任弘,等.运动防治骨质疏松专家共识[J].中国骨质疏松杂志,2015,21(11):1291.)

本章小结

运动被广泛地证明具有骨性效应,即维护和提高骨矿物质密度。选择适宜强度的负重性运动,注意运动持续时间、运动频次并坚持终身运动,对预防和治疗骨质疏松可起到非常关键的作用。运动干预通常指对骨产生应力或者机械负荷(当骨支持体重或抗阻运动),包括有氧运动、力量训练、步行、登山、蹦跳、太极等。同时结合补钙效果更佳,可以增强运动对骨的效果。

主要参考文献

一、外文文献

[1]Adams J E,Engelke K,Zemel B S,et al. Quantitative computer tomography in children and adolescents: The 2013 ISCD pediatric official positions [J]. Journal of Clinical Densitometry,2014,17(2): 258-274.

[2]Ahlborg H G,Johnell O,Turner C H,et al. Bone loss and bone size after menopause[J]. New England Journal of Medicine,2003,349(4):327-334.

[3]Ai M,Holmen S L,Van Hul W,et al. Reduced affinity to and inhibition by DKK1 form a common mechanism by which high bone mass-associated missense mutations in LRP5 affect canonical Wnt signaling[J]. Molecular and Cellular Biology,2005,25(12):4946-4955.

[4]Alghadir A H,Aly F A,Gabr S A. Effect of moderate aerobic training on bone metabolism indices among adult humans[J]. Pakistan Journal of Medical Sciences,2014,30(4):840.

[5]Aloia J F,Cohn S H,Ostuni J A,et al. Prevention of involutional bone loss by exercise[J]. Annals of Internal Medicine,1978,89(3):356-358.

[6]Aloia J F,Vaswani A N,Yeh J K,et al. Premenopausal bone mass is related to physical activity[J]. Archives of Internal Medicine,1988,148(1):121-123.

[7]Alwis G,Linden C,Stenevi-Lundgren S,et al. A school-curriculum-based exercise intervention program for two years in pre-pubertal girls does not influence hip structure[J]. Dynamic Medicine,2008,7(1):8.

[8]Andersen R E,Crespo C J,Bartlett S J,et al. Relationship of physical activity and television watching with body weight and level of fatness among children:results from the Third National Health and Nutrition Examination

Survey[J]. Jama,1998,279(12):938-942.

[9]Anderson F. Nutrition and bone health, with particular reference to calcium and vitamin D[J]. Journal of Human Nutrition & Dietetics,2010,12(5):469-470.

[10]Arem H,Moore S C,Patel A,et al. Leisure time physical activity and mortality:a detailed pooled analysis of the dose-response relationship[J]. JAMA Internal Medicine,2015,175(6):959-967.

[11]Armas L A G, Recker R R. Pathophysiology of osteoporosis: new mechanistic insights[J]. Endocrinology and Metabolism Clinics,2012,41(3):475-486.

[12]Ayuk J,Gittoes N J L. How should hypomagnesaemia be investigated and treated? [J]. Clinical Endocrinology,2011,75(6):743-746.

[13]Babatunde O O, Forsyth J J, Gidlow C J. A meta-analysis of brief high-impact exercises for enhancing bone health in premenopausal women[J]. Osteoporosis International,2012,23(1):109-119.

[14]Babatunde O O,Gidlow C J. A meta-analysis of brief high-impact exercises for enhancing bone health in premenopausal women[J]. Osteoporosis International,2012,23(1):109-119.

[15]Bachrach L K,Hastie T,Wang M C,et al. Bone mineral acquisition in healthy Asian,Hispanic,black,and Caucasian youth:a longitudinal study[J]. The Journal of Clinical Endocrinology & Metabolism, 1999, 84 (12):4702-4712.

[16]Bailey C A,Brooke-Wavell K. Exercise for optimising peak bone mass in women[J]. Proc Nutr Soc,2008,67(1):9-18.

[17]Bailey C A,Brooke-Wavell K. Optimum frequency of exercise for bone health:randomised controlled trial of a high-impact unilateral intervention[J]. Bone,2010,46(4):1043-1049.

[18]Bailey D A,Martin A D,Mckay H A,et al. Calcium accretion in girls and boys during puberty:a longitudinal analysis[J]. Journal of Bone & Mineral Research,2010,15(11):2245-2250.

[19]Bailey D A,Mckay H A,Mirwald R L,et al. A six-year longitudinal study of the relationship of physical activity to bone mineral accrual in growing children:The University of Saskatchewan bone mineral accrual study[J]. Journal of Bone & Mineral Research,2010,14(10):1672-1679.

[20]Bailey D A. The Saskatchewan Pediatric Bone Mineral Accrual Study: bone mineral acquisition during the growing years[J]. International Journal of Sports Medicine,1997,18(S3):191-194.

[21]Bailey D,McCulloch R. Osteoporosis:are there childhood antecedents for an adult health problem[J]. Can J Pediatr,1992,4:130-134.

[22] Ballabriga A. Morphological and physiological changes during growth:an update[J]. European Journal of Clinical Nutrition,2000,54:S1-S6.

[23]Baptista F,Janz K F. Handbook of growth and growth monitoring in health and disease[M]//Preedy V R. Habitual physical activity,bone growth, and development in children and adolescents:a public health perspective. New York:Springer,2012:2395-2411.

[24]BāRard A,Bravo G,Gauthier P. Meta-analysis of the effectiveness of physical activity for the prevention of bone loss in postmenopausal women[J]. Osteoporosis International,1997,7(4):331-337.

[25]Barengolts E I,Curry D J,Bapna M S,et al. Effects of endurance exercise on bone mass and mechanical properties in intact and ovariectomized rats [J]. Journal of Bone & Mineral Research,2010,8(8):937-942.

[26]Barengolts E I,Curry D J,Bapna M S,et al. Effects of two non-endurance exercise protocols on established bone loss in ovariectomized adult rats [J]. Calcified Tissue International,1993,52(3):239-243.

[27]Barker M E,McCloskey E,Saha S,et al. Serum retinoids and β-carotene as predictors of hip and other fractures in elderly women[J]. Journal of Bone and Mineral Research,2005,20(6):913-920.

[28] Barkmann R, Dencks S, Laugier P, et al. Femur ultrasound (FemUS)—first clinical results on hip fracture discrimination and estimation of femoral BMD[J]. Osteoporosis International,2010,21(6):969-976.

[29]Barkmann R,Laugier P,Moser U,et al. A device for in vivo measurements of quantitative ultrasound variables at the human proximal femur[J]. Ultrasonics Ferroelectrics & Frequency Control IEEE Transactions on,2008, 55(6):1197-1204.

[30]Barkmann R,Laugier P,Moser U,et al. In vivo measurements of ultrasound transmission through the human proximal femur[J]. Ultrasound in Medicine & Biology,2008,34(7):1186-1190.

[31]Barry D W,Kohrt W M. BMD decreases over the course of a year in

competitive male cyclists[J]. Journal of Bone and Mineral Research, 2008, 23(4):484-491.

[32]Bass S L, Naughton G, Saxon L, et al. Exercise and calcium combined results in a greater osteogenic effect than either factor alone: a blinded randomized placebo-controlled trial in boys[J]. Journal of Bone and Mineral Research, 2007, 22(3):458-464.

[33]Bass S L, Saxon L, Daly R M, et al. The effect of mechanical loading on the size and shape of bone in pre-, peri-, and postpubertal girls: a study in tennis players[J]. Journal of Bone and Mineral Research, 2002, 17(12): 2274-2280.

[34]Bass S, Delmas P D, Pearce G, et al. The differing tempo of growth in bone size, mass, and density in girls is region-specific[J]. Journal of Clinical Investigation, 1999, 104(6):795-804.

[35]Bass S, Pearce G, Bradney M, et al. Exercise before puberty may confer residual benefits in bone density in adulthood: studies in active prepubertal and retired female gymnasts[J]. Journal of Bone and Mineral Research, 1998, 13(3):500-507.

[36]Bassey E J, Ramsdale S J. Increase in femoral bone density in young women following high-impact exercise[J]. Osteoporosis International, 1994, 4(2):72-75.

[37]Bassey E J, Ramsdale S J. Weight-bearing exercise and ground reaction forces: A 12-month randomized controlled trial of effects on bone mineral density in healthy postmenopausal women[J]. Bone, 1995, 16(4):469-476.

[38]Bassey E J, Rothwell M C, Littlewood J J, et al. Pre- and postmenopausal women have different bone mineral density responses to the same high-impact exercise[J]. Journal of Bone and Mineral Research, 2010, 13(12): 1805-1813.

[39]Bauer A Q, Anderson C C, Holland M R, et al. Bone sonometry: Reducing phase aberration to improve estimates of broadband ultrasonic attenuation[J]. The Journal of the Acoustical Society of America, 2009, 125(1): 522-529.

[40]Bauer J J, Snow C M. What is the prescription for healthy bones? [J]. Journal of Musculoskeletal and Neuronal Interactions, 2003, 3(4): 352-355.

[41]Beck B R, Norling T L. The effect of 8 mos of twice-weekly low-or higher intensity whole body vibration on risk factors for postmenopausal hip fracture[J]. American Journal of Physical Medicine & Rehabilitation, 2010, 89 (12): 997-1009.

[42]Bell T D, Demay M B, Burnettbowie S A M. The biology and pathology of vitamin D control in bone[J]. Journal of Cellular Biochemistry, 2010, 111 (1): 7-13.

[43]Bemben D A, Bemben M G. Dose-response effect of 40 weeks of resistance training on bone mineral density in older adults[J]. Osteoporosis International, 2011, 22(1): 179-186.

[44]Berg K M, Kunins H V, Jackson J L, et al. Association between alcohol consumption and both osteoporotic fracture and bone density[J]. The American Journal of Medicine, 2008, 121(5): 406-418.

[45]Bergström I, Landgren B M, Brinck J, et al. Physical training preserves bone mineral density in postmenopausal women with forearm fractures and low bone mineral density[J]. Osteoporosis International, 2008, 19(2): 177-183.

[46]Bergström I, Parini P, Gustafsson S A, et al. Physical training increases osteoprotegerin in postmenopausal women[J]. Journal of Bone and Mineral Metabolism, 2012, 30(2): 202-207.

[47]Berkner K L. The vitamin K-dependent carboxylase[J]. The Journal of Nutrition, 2000, 130(8): 1877-1880.

[48]Bielemann R M, Martinez-Mesa J, Gigante D P. Physical activity during life course and bone mass: a systematic review of methods and findings from cohort studies with young adults[J]. BMC Musculoskeletal Disorders, 2013, 14 (1): 77.

[49]Bischoff-Ferrari H A, Willett W C, Wong J B, et al. Prevention of nonvertebral fractures with oral vitamin D and dose dependency: a meta-analysis of randomized controlled trials[J]. Archives of Internal Medicine, 2009, 169 (6): 551-561.

[50]Bivi N, Pachecocosta R, Brun L R, et al. Absence of Cx43 selectively from osteocytes enhances responsiveness to mechanical force in mice[J]. Journal of Orthopaedic Research, 2013, 31(7): 1075-1081.

[51]Blaine J, Chonchol M, Levi M. Renal control of calcium, phosphate,

and magnesium homeostasis[J]. Clinical Journal of the American Society of Nephrology,2015,10(7):1257-1272.

[52]Bolam K A,Van Uffelen J G Z,Taaffe D R,et al. The effect of physical exercise on bone density in middle-aged and older men:a systematic review [J]. Osteoporosis International,2013,24(11):2749-2762.

[53]Bolton-Smith C,Mole P A,McMurdo M E T,et al. Two-year intervention with phylloquinone (vitamin K_1),vitamin D and calcium:effect on bone mineral content of older women[J]. Ann Nutr Metab,2001,45(suppl 1):46.

[54]Bonewald L F,Wacker M J. FGF23 production by osteocytes[J]. Pediatric Nephrology,2013,28(4):563-568.

[55]Bonewald L F. Mechanosensation and transduction in osteocytes[J]. BoneKEy-Osteovision,2006,3(10):7-15.

[56]Bonjour J P,Theintz G,Buchs B,et al. Critical years and stages of puberty for spinal and femoral bone mass accumulation during adolescence[J]. The Journal of Clinical Endocrinology & Metabolism,1991,73(3):555-563.

[57]Booth S L,Tucker K L,Chen H,et al. Dietary vitamin K intakes are associated with hip fracture but not with bone mineral density in elderly men and women[J]. American Journal of Clinical Nutrition,2000,71(5):1201-1208.

[58]Borer K T. Physical activity in the prevention and amelioration of osteoporosis in women[J]. Sports Medicine,2005,35(9):779-830.

[59]Borg G. Borg's perceived exertion and pain scales[M]. Human Kinetics,1998.

[60]Bourrin S,Genty C,Palle S,et al. Adverse effects of strenuous exercise:a densitometric and histomorphometric study in the rat[J]. Journal of Applied Physiology,1994,76(5):1999-2005.

[61]Bouxsein M L,Seeman E. Quantifying the material and structural determinants of bone strength[J]. Best Practice & Research Clinical Rheumatology,2009,23(6):741-753.

[62]Bouxsein M L. Determinants of skeletal fragility[J]. Best Practice & Research Clinical Rheumatology,2005,19(6):897-911.

[63]Bouxsein M L. Mechanisms of osteoporosis therapy:a bone strength perspective[J]. Clinical Cornerstone,2003,5:S13-S21.

[64]Boyce B F,Xing L. Biology of RANK,RANKL,and osteoprotegerin [J]. Arthritis Research & Therapy,2007,9(1):S1.

[65]Boyce B F,Xing L. Functions of RANKL/RANK/OPG in bone modeling and remodeling[J]. Archives of Biochemistry and Biophysics,2008,473(2):139-146.

[66]Braam L A,Knapen M H J,Geusens P,et al. Factors affecting bone loss in female endurance athletes[J]. American Journal of Sports Medicine,2003,31(6):889-895.

[67]Bradney M,Karlsson M K,Duan Y,et al. Heterogeneity in the growth of the axial and appendicular skeleton in boys:implications for the pathogenesis of bone fragility in men[J]. Journal of Bone and Mineral Research,2000,15(10):1871-1878.

[68]Braith R W,Mills R M,Welsch M A,et al. Resistance exercise training restores bone mineral density in heart transplant recipients[J]. Journal of the American College of Cardiology,1996,28(6):1471-1477.

[69]Brochu M,Starling R D,Tchernof A,et al. Visceral adipose tissue is an independent correlate of glucose disposal in older obese postmenopausal women[J]. J Clin Endocrinol Metab,2000,85(7):2378-2384.

[70]Brooke-Wavell K,Jones P R M,Hardman A E. Brisk walking reduces calcaneal bone loss in post-menopausal women[J]. Clinical Science,1997,92(1):75-80.

[71]Brown E M,Chen C J. Calcium,magnesium and the control of PTH secretion[J]. Bone and Mineral,1989,5(3):249-257.

[72]Brown J P,Malaval L,Chapuy M C,et al. Serum bone Gla-protein:a specific marker for bone formation in postmenopausal osteoporosis[J]. The Lancet,1984,323(8386):1091-1093.

[73]Brunkow M E,Gardner J C,Van Ness J,et al. Bone dysplasia sclerosteosis results from loss of the SOST gene product,a novel cystine knot-containing protein[J]. American Journal of Human Genetics,2001,68(3):577-589.

[74]Burr D B,Robling A G,Turner C H. Effects of biomechanical stress on bones in animals[J]. Bone,2002,30(5):781-786.

[75]Cadore E L,Rodríguez-Mañas L,Sinclair A,et al. Effects of different exercise interventions on risk of falls,gait ability,and balance in physically frail older adults: a systematic review[J]. Rejuvenation Research,2013,16(2):105-114.

[76]Cadore E L,Rodríguez-Mañas L,Sinclair A,et al. Effects of different

exercise interventions on risk of falls, gait ability, and balance in physically frail older adults: a systematic review[J]. Rejuvenation Research, 2013, 16(2): 105-114.

[77]Calbet J A, Dorado C, Diaz-Herrera P, et al. High femoral bone mineral content and density in male football (soccer) players[J]. Medicine and Science in Sports and Exercise, 2001, 33(10): 1682-1687.

[78]Cameron I D, Murray G R, Gillespie L D, et al. Interventions for preventing falls in older people in nursing care facilities and hospitals[J]. Orthopaedic Nursing, 2012, 33(1): 48-49.

[79]Carlson K J, Judex S. Increased non-linear locomotion alters diaphyseal bone shape[J]. Journal of Experimental Biology, 2007, 210(17): 3117-3125.

[80]Cassell C, Benedict M, Specker B. Bone mineral density in elite 7- to 9-yr-old female gymnasts and swimmers[J]. Medicine & Science in Sports & Exercise, 1996, 28(10): 1243.

[81]Cavanaugh D J, Cann C E. Brisk walking does not stop bone loss in postmenopausal women[J]. Bone, 1988, 9(4): 201-204.

[82]Chang J T, Morton S C, Rubenstein L Z, et al. Interventions for the prevention of falls in older adults: systematic review and meta-analysis of randomised clinical trials[J]. Bmj British Medical Journal, 2004, 328(7441): 680-683.

[83]Chapuy M C, Arlot M E, Duboeuf F, et al. Vitamin D_3 and calcium to prevent hip fractures in elderly women[J]. New England Journal of Medicine, 1992, 327(23): 1637-1642.

[84]Chastin S F M, Mandrichenko O, Helbostadt J L, et al. Associations between objectively-measured sedentary behaviour and physical activity with bone mineral density in adults and older adults, the NHANES study[J]. Bone, 2014, 64: 254-262.

[85]Chastin S F M, Mandrichenko O, Skelton D A. The frequency of osteogenic activities and the pattern of intermittence between periods of physical activity and sedentary behaviour affects bone mineral content: the cross-sectional NHANES study[J]. BMC Public Health, 2014, 14(1): 4.

[86]Chen N. Ca^{2+} regulates fluid shear-induced cytoskeletal reorganization and gene expression in osteoblasts[J]. American Journal of Physiology Cell Physiology, 2000, 278(5): C989.

[87] Cheng M Z, Rawlinson S C F, Pitsillides A A, et al. Human osteoblasts' proliferative responses to strain and 17β-estradiol are mediated by the estrogen receptor and the receptor for insulin-like growth factor Ⅰ[J]. Journal of Bone & Mineral Research, 2010, 17(4): 593-602.

[88] Cheng S, Sipilä S, Taaffe D R, et al. Change in bone mass distribution induced by hormone replacement therapy and high-impact physical exercise in post-menopausal women[J]. Bone, 2002, 31(1): 126-135.

[89] Chien M Y, Wu Y T, Hsu A T, et al. Efficacy of a 24-week aerobic exercise program for osteopenic postmenopausal women[J]. Calcified Tissue International, 2000, 67(6): 443-448.

[90] Chilibeck P D, Sale D G, Webber C E. Exercise and bone mineral density[J]. Sports Medicine, 1995, 19(2): 103-122.

[91] Chung M, Lee J, Terasawa T, et al. Vitamin D with or without calcium supplementation for prevention of cancer and fractures: an updated meta-analysis for the US Preventive Services Task Force[J]. Annals of Internal Medicine, 2011, 155(12): 827-838.

[92] Clark E M, Ness A R, Bishop N J, et al. Association between bone mass and fractures in children: a prospective cohort study[J]. Journal of Bone and Mineral Research, 2006, 21(9): 1489-1495.

[93] Clarke B. Normal bone anatomy and physiology[J]. Clinical Journal of the American Society of Nephrology, 2008, 3(Supplement 3): 131-139.

[94] Consensus N I H. Development panel on osteoporosis prevention[J]. Diagnosis and Therapy JAMA, 2001, 28(5): 785-795.

[95] Coupland C, Wood D, Cooper C. Physical inactivity is an independent risk factor for hip fracture in the elderly[J]. Journal of Epidemiology and Community Health, 1993, 47(6): 441-443.

[96] Courteix D, Jaffre C, Lespessailles E, et al. Cumulative effects of calcium supplementation and physical activity on bone accretion in premenarchal children: a double-blind randomised placebo-controlled trial[J]. International Journal of Sports Medicine, 2005, 26(05): 332-338.

[97] Courteix D, Lespessailles E, Peres S L, et al. Effect of physical training on bone mineral density in prepubertal girls: A comparative study between impact-loading and non-impact-loading sports[J]. Osteoporosis International, 1998, 8(2): 152-158.

[98]Craciun A M,Wolf J,Knapen M H J,et al. Improved bone metabolism in female elite athletes after vitamin K supplementation[J]. International Journal of Sports Medicine,1998,19(07):479-484.

[99]Cullen D M,Smith R T,Akhter M P. Bone-loading response varies with strain magnitude and cycle number[J]. Journal of Applied Physiology,2001,91(5):1971-1976.

[100]Cummings S R,Melton L J. Epidemiology and outcomes of osteoporotic fractures[J]. Lancet,2002,359(9319):1761-1767.

[101]Cummings S R,Nevitt M C,Browner W S,et al. Risk factors for hip fracture in white women. Study of Osteoporotic Fractures Research Group[J]. N Engl J Med,1995,332(12):767-773.

[102]Currey J D. The mechanical adaptations of bones[J]. Journal of Anatomy,2014,143(4):216.

[103]Cussler E C,Lohman T G,Going S B,et al. Weight lifted in strength training predicts bone change in postmenopausal women[J]. Medicine & Science in Sports & Exercise,2003,35(1):10-17.

[104]Dabash R,Blum J,Raghavan S,et al. Misoprostol for the management of postpartum bleeding:A new approach[J]. International Journal of Gynecology & Obstetrics,2012,119(3):210-212.

[105]Dallas S L,Bonewald L F. Dynamics of the transition from osteoblast to osteocyte[J]. Annals of the New York Academy of Sciences,2010,1192(1):437-443.

[106]Daly R M,Duckham R L,Gianoudis J. Evidence for an interaction between exercise and nutrition for improving bone and muscle health[J]. Current Osteoporosis Reports,2014,12(2):219-226.

[107]Damilakis J,Perisinakis K,Gourtsoyiannis N. Imaging ultrasonometry of the calcaneus:optimum T-score thresholds for the identification of osteoporotic subjects[J]. Calcified Tissue International,2001,68(4):219-224.

[108]Dawson-Hughes B,Heaney R P,Holick M F,et al. Estimates of optimal vitamin D status[J]. Osteoporosis International,2005,16(7):713-716.

[109]De Baaij J H F,Hoenderop J G J,Bindels R J M. Magnesium in man:implications for health and disease[J]. Physiological Reviews,2015,95(1):1-46.

[110]De Kam D,Smulders E,Weerdesteyn V,et al. Exercise interventions

to reduce fall-related fractures and their risk factors in individuals with low bone density:a systematic review of randomized controlled trials[J]. Osteoporosis International,2009,20(12):2111-2125.

[111]Delany A M, Hankenson K D. Thrombospondin-2 and SPARC/osteonectin are critical regulators of bone remodeling[J]. Journal of Cell Communication & Signaling,2009,3(3-4):227-238.

[112]Deleze M,Cons-Molina F,Villa A R,et al. Geographic differences in bone mineral density of Mexican women[J]. Osteoporosis International,2000,11(7):562-569.

[113]Dermience M,Lognay G,Mathieu F,et al. Effects of thirty elements on bone metabolism[J]. Journal of Trace Elements in Medicine and Biology,2015,32:86-106.

[114]Detter F T L,Rosengren B E,Dencker M,et al. A 5-year exercise program in pre- and peripubertal children improves bone mass and bone size without affecting fracture risk[J]. Calcified Tissue International,2013,92(4):385-393.

[115]Detter F,Rosengren B E,Dencker M,et al. A 6-year exercise program improves skeletal traits without affecting fracture risk:a prospective controlled study in 2621 children[J]. Journal of Bone and Mineral Research,2014,29(6):1325-1336.

[116]Devine A,Dick I M,Islam A F M,et al. Protein consumption is an important predictor of lower limb bone mass in elderly women[J]. American Journal of Clinical Nutrition,2005,81(6):1423-1428.

[117]Devine A,Rosen C,Mohan S,et al. Effects of zinc and other nutritional factors on insulin-like growth factor Ⅰ and insulin-like growth factor binding proteins in postmenopausal women[J]. American Journal of Clinical Nutrition,1998,68(1):200-206.

[118]Dionyssiotis Y,Paspati I,Trovas G,et al. Association of physical exercise and calcium intake with bone mass measured by quantitative ultrasound [J]. BMC Women's Health,2010,10(1):12.

[119]Dobbins M,Husson H,DeCorby K,et al. School-based physical activity programs for promoting physical activity and fitness in children and adolescents aged 6 to 18[J]. The Cochrane Database of Systematic Reviews,2010,4(4):1452-1561.

[120]Donaldson C L, Hulley S B, Vogel J M, et al. Effect of prolonged bed rest on bone mineral[J]. Metabolism-clinical & Experimental, 1970, 19(12): 1071-1084.

[121]Drinkwater B L, Nilson K, Bremner W J, et al. Bone mineral content of amenorrheic and eumenorrheic athletes[J]. N Engl J Med, 1985, 40(5): 277-281.

[122]Duan Y, Beck T J, Wang X F, et al. Structural and biomechanical basis of sexual dimorphism in femoral neck fragility has its origins in growth and aging[J]. Journal of Bone and Mineral Research, 2003, 18(10): 1766-1774.

[123]Ducher G, Daly R M, Bass S L. Effects of repetitive loading on bone mass and geometry in young male tennis players: a quantitative study using MRI[J]. Journal of Bone and Mineral Research, 2009, 24(10): 1686-1692.

[124]Ducher G, Eser P, Hill B, et al. History of amenorrhoea compromises some of the exercise-induced benefits in cortical and trabecular bone in the peripheral and axial skeleton: a study in retired elite gymnasts[J]. Bone, 2009, 45(4): 760-767.

[125]Ducy P, Desbois C, Boyce B, et al. Increased bone formation in osteocalcin-deficient mice[J]. Nature, 1996, 382(6590): 448-452.

[126]Ducy P, Karsenty G. Two distinct osteoblast-specific cis-acting elements control expression of a mouse osteocalcin gene[J]. Molecular and Cellular Biology, 1995, 15(4): 1858-1869.

[127]Dumith S C, Gigante D P, Domingues M R, et al. Physical activity change during adolescence: a systematic review and a pooled analysis[J]. International Journal of Epidemiology, 2011, 40(3): 685-698.

[128]Duncan C S, Blimkie C J R, Kemp A, et al. Mid-femur geometry and biomechanical properties in 15-to 18-yr-old female athletes[J]. Medicine & Science in Sports & Exercise, 2002, 34(4): 673-681.

[129]Ebrahim S, Thompson P W, Baskaran V, et al. Randomized placebo-controlled trial of brisk walking in the prevention of postmenopausal osteoporosis[J]. Age & Ageing, 1997, 26(4): 253-260.

[130]Econs M J. Genetic diseases resulting from disordered FGF23/klotho biology[J]. Bone, 2017, 100: 56-61.

[131]Ekelund U, Luan J, Sherar L B, et al. Moderate to vigorous physical activity and sedentary time and cardiometabolic risk factors in children and ado-

lescents[J]. Jama,2012,307(7):704-712.

[132]Elati A,Weeks A. Risk of fever after misoprostol for the prevention of postpartum hemorrhage: a meta-analysis [J]. Obstetrics & Gynecology, 2012,120(5):1140-1148.

[133]Elder C J,Bishop N J. Rickets[J]. The Lancet,2014,383(9929): 1665-1676.

[134]El-Khoury F,Cassou B,Charles M A,et al. The effect of fall prevention exercise programmes on fall induced injuries in community dwelling older adults:systematic review and meta-analysis of randomised controlled trials[J]. BMj,2015,347:f6234.

[135]Elliot E,Erwin H,Hall T,et al. Comprehensive school physical activity programs:helping all students achieve 60 minutes of physical activity each day[J]. Journal of Physical Education Recreation & Dance,2013,84(9):9-15.

[136]Engelke K,Adams J E,Armbrecht G,et al. Clinical use of quantitative computed tomography and peripheral quantitative computed tomography in the management of osteoporosis in adults:the 2007 ISCD official positions[J]. Journal of Clinical Densitometry,2008,11(1):123-162.

[137]Engelke K,Lang T,Khosla S,et al. Clinical use of quantitative computed tomography (QCT) of the hip in the management of osteoporosis in adults:the 2015 ISCD official positions-part Ⅰ[J]. Journal of Clinical Densitometry,2015,18(3):338-358.

[138]Erlandson M C,Kontulainen S A,Chilibeck P D,et al. Higher premenarcheal bone mass in elite gymnasts is maintained into young adulthood after long-term retirement from sport: a 14-year follow-up[J]. Journal of Bone and Mineral Research,2012,27(1):104-110.

[139]Ernst E. Exercise for female osteoporosis. A systematic review of randomised clinical trials[J]. Sports Medicine,1998,25(6):359-368.

[140]Fang Y,Hu C,Tao X,et al. Effect of vitamin K on bone mineral density:a meta-analysis of randomized controlled trials[J]. Journal of Bone and Mineral Metabolism,2012,30(1):60-68.

[141]Fehling P C,Alekel L,Clasey J,et al. A comparison of bone mineral densities among female athletes in impact loading and active loading sports[J]. Bone,1995,17(3):205-210.

[142]Feskanich D,Singh V,Willett W C,et al. Vitamin A intake and hip

fractures among postmenopausal women[J]. Jama,2002,287(1):47-54.

[143]Feskanich D,Willett W,Colditz G. Walking and leisure-time activity and risk of hip fracture in postmenopausal women[J]. Jama,2002,288(18):2300-2306.

[144]Fitzpatrick L,Heaney R P. Got soda? [J]. Journal of Bone and Mineral Research,2003,18(9):1570-1572.

[145]Forwood M R. Inducible cyclo-oxygenase (COX-2) mediates the induction of bone formation by mechanical loading in vivo[J]. J Bone Miner Res,1996,11:1688-1693.

[146]Friedlander A L,Genant H K,Sadowsky S,et al. A two-year program of aerobics and weight training enhances bone mineral density of young women[J]. Journal of Bone & Mineral Research,2010,10(4):574-585.

[147]Frost H M,Schönau E. The "muscle-bone unit" in children and adolescents:a 2000 overview[J]. Journal of Pediatric Endocrinology and Metabolism,2000,13(6):571-590.

[148]Frost H M. Bone "mass" and the "mechanostat":a proposal[J]. Anatomical Record,1987,219(1):1-9.

[149]Frost H M. Why do marathon runners have less bone than weight lifters? A vital-biomechanical view and explanation[J]. Bone,1997,20(3):183-189.

[150]Frost H M. Wolff's law and bone's structural adaptations to mechanical usage:an overview for clinicians[J]. The Angle Orthodontist,1994,64(3):175-188.

[151]Frost H M. Skeletal structural adaptations to mechanical usage (SATMU):1. Redefining Wolff's law:the bone modeling problem[J]. Anat Rec,1990,226:403-413.

[152]Fuchs R K,Bauer J J,Snow C M. Jumping improves hip and lumbar spine bone mass in prepubescent children:a randomized controlled trial[J]. Journal of Bone & Mineral Research,2010,16(1):148-156.

[153]Fujiwara S. Epidemiology of respiratory diseases and osteoporosis [J]. Clinical Calcium,2016,26(10):1387-1392.

[154]Fung T T,Arasaratnam M H,Grodstein F,et al. Soda consumption and risk of hip fractures in postmenopausal women in the Nurses' Health Study [J]. American Journal of Clinical Nutrition,2014,100(3):953-958.

[155]Gabel L,Macdonald H M,McKay H A. Sex differences and growth-related adaptations in bone microarchitecture,geometry,density,and strength from childhood to early adulthood:a mixed longitudinal HR-pQCT study[J]. Journal of Bone and Mineral Research,2017,32(2):250-263.

[156]Gabel L,Macdonald H M,Nettlefold L,et al. Physical activity,sedentary time,and bone strength from childhood to early adulthood:a mixed longitudinal HR-pQCT study[J]. Journal of Bone and Mineral Research,2017,32(7):1525-1536.

[157]Gafni R I,Baron J. Childhood bone mass acquisition and peak bone mass may not be important determinants of bone mass in late adulthood[J]. Pediatrics,2007,119 Suppl 2(3):S131.

[158]Gardner M M,Robertson M C,Campbell A J. Exercise in preventing falls and fall related injuries in older people:a review of randomised controlled trials[J]. British Journal of Sports Medicine,2000,34(1):7-17.

[159]Gebel K,Ding D,Chey T,et al. Effect of moderate to vigorous physical activity on all-cause mortality in middle-aged and older Australians[J]. JAMA Internal Medicine,2015,175(6):970-977.

[160]Geller S,Carnahan L,Akosah E,et al. Community-based distribution of misoprostol to prevent postpartum haemorrhage at home births:results from operations research in rural Ghana[J]. Bjog An International Journal of Obstetrics & Gynaecology,2014,121(3):319-326.

[161]Giangregorio L M,McGill S,Wark J D,et al. Too fit to fracture:outcomes of a Delphi consensus process on physical activity and exercise recommendations for adults with osteoporosis with or without vertebral fractures[J]. Osteoporosis International,2015,26(3):891-910.

[162]Giangregorio L,Blimkie C J R. Skeletal adaptations to alterations in weight-bearing activity[J]. Sports Medicine,2002,32(7):459-476.

[163]Gillespie L D,Gillespie W J,Robertson M C,et al. Interventions for preventing falls in elderly people[M]//The Cochrane Library. John Wiley & Sons,Ltd,2003:CD000340.

[164]Gilsanz V,Boechat M I,Roe T F,et al. Gender differences in vertebral body sizes in children and adolescents[J]. Radiology,1994,190(3):673-677.

[165]Gilsanz V,Wren T A,Sanchez M,et al. Low-level,high-frequency

mechanical signals enhance musculoskeletal development of young women with low BMD[J]. Journal of Bone & Mineral Research,2010,21(9):1464-1474.

[166]Gleeson P B,Protas E J,Leblanc A D,et al. Effects of weight lifting on bone mineral density in premenopausal women[J]. Maturitas, 1990, 12(4):367.

[167]Going S B,Farr J N. Exercise and bone macro-architecture:is childhood a window of opportunity for osteoporosis prevention? [J]. International Journal of Body Composition Research,2010,8:1.

[168]Golub E E. Role of matrix vesicles in biomineralization[J]. Biochim Biophys Acta,2009,1790(12):1592-1598.

[169]Gómez-Bruton A, Gónzalez-Agüero A, Gómez-Cabello A, et al. Is bone tissue really affected by swimming? A systematic review[J]. PLoS One, 2013,8(8):e70119.

[170]Gómez-Bruton A, Matute-Llorente A, González-Agüero A, et al. Plyometric exercise and bone health in children and adolescents:a systematic review[J]. World Journal of Pediatrics,2017,13(2):112-121.

[171]Gómez-Bruton A, Montero-Marín J, González-Agüero A, et al. The effect of swimming during childhood and adolescence on bone mineral density: a systematic review and meta-analysis[J]. Sports Medicine, 2016, 46(3): 365-379.

[172]Gómez-Cabello A,Ara I,González-Agüero A,et al. Effects of training on bone mass in older adults[J]. Sports Medicine,2012,42(4):301-325.

[173]Gordon C M,Zemel B S,Wren T A L,et al. The determinants of peak bone mass[J]. The Journal of Pediatrics,2017,180:261-269.

[174]Gotden M H. Exercise training and nutritional supplementation for physical frailty in very elderly people[J]. N Engl J Med, 1994, 330(25): 1769-1775.

[175]Gracia-Marco L,Rey-López J P,Santaliestra-Pasías A M,et al. Sedentary behaviours and its association with bone mass in adolescents:the HELENA cross-sectional study[J]. BMC Public Health,2012,12(1):971.

[176]Gracia-Marco L, Vicente-Rodriguez G, Casajus J A, et al. Effect of fitness and physical activity on bone mass in adolescents:the HELENA study [J]. European Journal of Applied Physiology,2011,111(11):2671-2680.

[177]Greendale G A,Barrett-Connor E,Edelstein S,et al. Lifetime leisure

exercise and osteoporosis. The Rancho Bernardo study[J]. Am J Epidemiol, 1995,141:951-959.

[178]Greene D A, Naughton G A, Briody J N, et al. Bone strength index in adolescent girls: does physical activity make a difference? [J]. British Journal of Sports Medicine, 2005, 39(9): 622-627.

[179]Greenleaf J E, Kozlowski S. Physiological consequences of reduced physical activity during bed rest[J]. Exercise & Sport Sciences Reviews, 1982, 10(3): 84-119.

[180]Gregg E W, Cauley J A, Seeley D G, et al. Physical activity and osteoporotic fracture risk in older women. Study of Osteoporotic Fractures Research Group[J]. Annals of Internal Medicine, 2012, 129(2): 81-88.

[181]Gregg E W, Pereira M A, Caspersen C J. Physical activity, falls, and fractures among older adults: a review of the epidemiologic evidence[J]. Journal of the American Geriatrics Society, 2000, 48(8): 883-893.

[182]Gregory P, Kraemer E, Zurcher G, et al. GPI-specific phospholipase D(GPI-PLD) is expressed during mouse development and is localized to the extracellular matrix of the developing mouse skeleton[J]. Bone, 2005, 37(2): 139-147.

[183]Grisso J A, Kelsey J L, Strom B L, et al. Risk factors for falls as a cause of hip fracture in women. The Northeast Hip Fracture Study Group. [J]. New England Journal of Medicine, 1991, 324(19): 1326.

[184]Gu M O, Jeon M Y, Kim H J, et al. A review of exercise interventions for fall prevention in the elderly[J]. Journal of Korean Academy of Nursing, 2005, 35(6): 1101-1112.

[185]Guadalupe-Grau A, Fuentes T, Guerra B, et al. Exercise and bone mass in adults[J]. Sports Medicine, 2009, 39(6): 439-468.

[186]Gunter K, Baxter-Jones A D G, Mirwald R L, et al. Jump starting skeletal health: a 4-year longitudinal study assessing the effects of jumping on skeletal development in pre and circum pubertal children[J]. Bone, 2008, 42(4): 710-718.

[187]Hãldrup S, SãRensen T I, StrãGer U, et al. Leisure-time physical activity levels and changes in relation to risk of hip fracture in men and women [J]. American Journal of Epidemiology, 2001, 154(1): 60-68.

[188] Haapasalo H, Kontulainen S, Sievänen H, et al. Exercise-induced

bone gain is due to enlargement in bone size without a change in volumetric bone density: a peripheral quantitative computed tomography study of the upper arms of male tennis players[J]. Bone, 2000, 27(3): 351-357.

[189]Haentjens P, Magaziner J, Colón-Emeric C S, et al. Meta-analysis: excess mortality after hip fracture among older women and men[J]. Annals of Internal Medicine, 2010, 152(6): 380-390.

[190]Hagberg J M, Zmuda J M, Mccole S D, et al. Moderate physical activity is associated with higher bone mineral density in postmenopausal women [J]. Journal of the American Geriatrics Society, 2010, 49(11): 1411-1417.

[191]Häkkinen A, Sokka T, Kotaniemi A, et al. A randomized two-year study of the effects of dynamic strength training on muscle strength, disease activity, functional capacity, and bone mineral density in early rheumatoid arthritis[J]. Arthritis & Rheumatism, 2010, 44(3): 515-522.

[192]Hamilton C J, Swan V J D, Jamal S A. The effects of exercise and physical activity participation on bone mass and geometry in postmenopausal women: a systematic review of pQCT studies[J]. Osteoporosis International, 2010, 21(1): 11-23.

[193]Hans D, Krieg M A. Quantitative ultrasound for the detection and management of osteoporosis[J]. Salud Pública de México, 2009, 51: s25-s37.

[194]Hara K, Akiyama Y, Tomiuga T, et al. Influence of vitamin D_3 on inhibitory effect of vitamin K_2 on bone loss in ovariectomized rats[J]. Nihon Yakurigaku Zasshi, 1994, 104(2): 101-109.

[195]Hatori M, Hasegawa A, Adachi H, et al. The effects of walking at the anaerobic threshold level on vertebral bone loss in postmenopausal women [J]. Calcified Tissue International, 1993, 52(6): 411-414.

[196]Hausdorff J M, Nelson M E, Kaliton D, et al. Etiology and modification of gait instability in older adults: a randomized controlled trial of exercise [J]. Journal of Applied Physiology, 2001, 90(6): 2117-2129.

[197]Heaney R P, Abrams S, Dawsonhughes B, et al. Peak bone mass. [J]. Osteoporosis International, 2000, 11(12): 985-1009.

[198]Heaney R P, Layman D K. Amount and type of protein influences bone health [J]. American Journal of Clinical Nutrition, 2008, 87 (5): 1567-1570.

[199]Heidemann M, Malene C, Husby S, et al. The intensity of physical

activity influences bone mineral accrual in childhood: the childhood health, activity and motor performance school (the CHAMPS) study, Denmark[J]. BMC Pediatrics, 2013, 13(1): 32.

[200] Heidi H M D, Kannus P, Sievänen H, et al. Effect of long-term unilateral activity on bone mineral density of female junior tennis players[J]. Journal of Bone and Mineral Research, 2010, 13(2): 310-319.

[201] Heikkinen J, Kyllönen E, Kurttila-Matero E, et al. HRT and exercise: effects on bone density, muscle strength and lipid metabolism. A placebo controlled 2-year prospective trial on two estrogen-progestin regimens in healthy postmenopausal women[J]. Maturitas, 1997, 26(2): 139-149.

[202] Heinonen A, Kannus P, Sievänen H, et al. Randomised controlled trial of effect of high-impact exercise on selected risk factors for osteoporotic fractures[J]. Lancet, 1996, 348(9038): 1343.

[203] Heinonen A, Oja P, Sievänen H, et al. Effect of two training regimens on bone mineral density in healthy perimenopausal women: a randomized controlled trial [J]. Journal of Bone and Mineral Research, 2010, 13 (3): 483-490.

[204] Heinonen A, Sievänen H, Kannus P, et al. High-impact exercise and bones of growing girls: a 9-month controlled trial[J]. Osteoporosis International, 2000, 11(12): 1010-1017.

[205] Heinonen A, Sievänen H, Kannus P, et al. Site-specific skeletal response to long-term weight training seems to be attributable to principal loading modality: a pQCT study of female weightlifters[J]. Calcified Tissue International, 2002, 70(6): 469-474.

[206] Hernandez C J, Beaupre G S, Carter D R. A theoretical analysis of the relative influences of peak BMD, age-related bone loss and menopause on the development of osteoporosis[J]. Osteoporosis International, 2003, 14(10): 843-847.

[207] Hind K, Burrows M. Weight-bearing exercise and bone mineral accrual in children and adolescents: a review of controlled trials[J]. Bone, 2007, 40(1): 14-27.

[208] Howe T E, Shea B, Dawson L J, et al. Exercise for preventing and treating osteoporosis in postmenopausal women[J]. Cochrane Database Syst Rev, 2011, 6(7): CD000333.

[209]Hsieh Y F, Turner C H. Effects of loading frequency on mechanically induced bone formation[J]. Journal of Bone and Mineral Research, 2001, 16(5): 918-924.

[210]Huddleston A L, Rockwell D, Kulund D N, et al. Bone mass in lifetime tennis athletes[J]. Jama, 1980, 244(10): 1107-1109.

[211]Hugo O, Alejandro G A, Moreno L A, et al. Cycling and bone health: a systematic review[J]. BMC Medicine, 2012, 10(1): 168.

[212]Humphries B, Newton R U, Bronks R, et al. Effect of exercise intensity on bone density, strength, and calcium turnover in older women[J]. Medicine & Science in Sports & Exercise, 2000, 32(6): 1043-1050.

[213]Hwang D K, Choi H J. The relationship between low bone mass and metabolic syndrome in Korean women[J]. Osteoporosis International, 2010, 21(3): 425-431.

[214]Hyun T H, Barrett-Connor E, Milne D B. Zinc intakes and plasma concentrations in men with osteoporosis: the Rancho Bernardo Study[J]. The American Journal of Clinical Nutrition, 2004, 80(3): 715-721.

[215]Ishikawa S, Kim Y, Kang M, et al. Effects of weight-bearing exercise on bone health in girls: a meta-analysis[J]. Sports Medicine, 2013, 43(9): 875-892.

[216]Iuliano-Burns S, Saxon L, Naughton G, et al. Regional specificity of exercise and calcium during skeletal growth in girls: a randomized controlled trial[J]. Journal of Bone and Mineral Research, 2003, 18(1): 156-162.

[217]Ivuškāns A, Mäestu J, Jürimäe T, et al. Sedentary time has a negative influence on bone mineral parameters in peripubertal boys: a 1-year prospective study[J]. Journal of Bone and Mineral Metabolism, 2015, 33(1): 85-92.

[218]Iwamoto J, Takeda T, Ichimura S. Effect of exercise training and detraining on bone mineral density in postmenopausal women with osteoporosis[J]. Journal of Orthopaedic Science, 2001, 6(2): 128-132.

[219]Iwamoto J, Takeda T, Sato Y. Effects of vitamin K_2 on osteoporosis[J]. Current Pharmaceutical Design, 2004, 10(21): 2557-2576.

[220]Jackson R D, LaCroix A Z, Gass M, et al. Calcium plus vitamin D supplementation and the risk of fractures[J]. New England Journal of Medicine, 2006, 354(7): 669-683.

[221]Jansen J H W, Eijken M, Jahr H, et al. Stretch-induced inhibition of

Wnt/β-catenin signaling in mineralizing osteoblasts[J]. Journal of Orthopaedic Research,2010,28(3):390-396.

[222]Janssen I,LeBlanc A G. Systematic review of the health benefits of physical activity and fitness in school-aged children and youth[J]. International Journal of Behavioral Nutrition and Physical Activity,2010,7(1):40.

[223]Janz K F,Burns T L,Torner J C,et al. Physical activity and bone measures in young children:the Iowa bone development study[J]. Pediatrics,2001,107(6):1387-1393.

[224]Janz K F,Gilmore J M,Burns T L,et al. Physical activity augments bone mineral accrual in young children:the Iowa bone development study[J]. The Journal of Pediatrics,2006,148(6):793-799.

[225]Jessop H L,Sjöberg M,Cheng M Z,et al. Mechanical strain and estrogen activate estrogen receptor alpha in bone cells[J]. Journal of Bone and Mineral Research,2010,16(6):1045-1055.

[226]Johnell O,Kanis J A,Oden A,et al. Predictive value of BMD for hip and other fractures[J]. Journal of Bone and Mineral Research,2005,20(7):1185-1194.

[227]Johnson B A,Salzberg C L,Stevenson D A. A systematic review:plyometric training programs for young children[J]. The Journal of Strength & Conditioning Research,2011,25(9):2623-2633.

[228]Joy E A,Campbell D. Stress fractures in the female athlete[J]. Current Sports Medicine Reports,2005,4(6):323-328.

[229]Julián-Almárcegui C,Gómez-Cabello A,Huybrechts I,et al. Combined effects of interaction between physical activity and nutrition on bone health in children and adolescents:a systematic review[J]. Nutrition Reviews,2015,73(3):127-139.

[230]Jung C,Ou Y,Yeung F,et al. Osteocalcin is incompletely spliced in non-osseous tissues[J]. Gene,2001,271(2):143-150.

[231]Jutberger H,Lorentzon M,Barrett-Connor E,et al. Smoking predicts incident fractures in elderly men:Mr OS Sweden[J]. Journal of Bone and Mineral Research,2010,25(5):1010-1016.

[232]Kalkwarf H J,Zemel B S,Gilsanz V,et al. The bone mineral density in childhood study:bone mineral content and density according to age,sex,and race[J]. The Journal of Clinical Endocrinology & Metabolism,2007,92(6):

2087-2099.

[233]Kanis J A,Bianchi G,Bilezikian J P,et al. Towards a diagnostic and therapeutic consensus in male osteoporosis[J]. Osteoporosis International, 2011,22(11):2789-2798.

[234]Kanis J A,Harvey N C,Cooper C,et al. A systematic review of intervention thresholds based on FRAX[J]. Archives of Osteoporosis,2016,11(1):25.

[235]Kanis J A,Johnell O,Odén A,et al. Smoking and fracture risk:a meta-analysis[J]. Osteoporosis International,2005,16(2):155-162.

[236]Kannus P,Haapasalo H,Sankelo M,et al. Effect of starting age of physical activity on bone mass in the dominant arm of tennis and squash players[J]. Annals of Internal Medicine,1995,123(1):27-31.

[237]Karlsson M K,Linden C,Karlsson C,et al. Exercise during growth and bone mineral density and fractures in old age[J]. Lancet,2000,355(9202):469-470.

[238]Karlsson M,Bass S,Seeman E. The evidence that exercise during growth or adulthood reduces the risk of fragility fractures is weak[J]. Best Practice & Research Clinical Rheumatology,2001,15(3):429-450.

[239]Kearns A E,Khosla S,Kostenuik P J. Receptor activator of nuclear factor κB ligand and osteoprotegerin regulation of bone remodeling in health and disease[J]. Endocrine Reviews,2007,29(2):155-192.

[240]Kelley G A. Aerobic exercise and bone density at the hip in postmenopausal women: a meta-analysis[J]. Preventive Medicine, 1998, 27(6): 798-807.

[241]Kelley G A. Aerobic exercise and lumbar spine bone mineral density in postmenopausal women:a meta-analysis[J]. Journal of the American Geriatrics Society,1998,46(2):143-152.

[242]Kelley G A. Exercise and regional bone mineral density in postmenopausal women:a meta-analytic review of randomized trials[J]. Am J Phys Med Rehabil,1998,77(77):76-87.

[243]Kelley G A,Kelley K S. Exercise and bone mineral density at the femoral neck in postmenopausal women:a meta-analysis of controlled clinical trials with individual patient data[J]. Am J Obstet Gynecol, 2006, 194: 760-767.

[244]Kelley G A, Kelley K S. Exercise and bone mineral density at the femoral neck in postmenopausal women: a meta-analysis of controlled clinical trials with individual patient data[J]. American Journal of Obstetrics & Gynecology, 2006, 194(3): 760-767.

[245]Kelley G A, Kelley K S. Dropouts and compliance in exercise interventions targeting bone mineral density in adults: a meta-analysis of randomized controlled trials[J]. Journal of Osteoporosis, 2013, 2013(7): 250423.

[246]Kelley G A, Kelley K S, Tran Z V. Resistance training and bone mineral density in women: a meta-analysis of controlled trials[J]. Am J Phys Med Rehabil, 2001, 80(1): 65-77.

[247]Kelley G A, Kelley K S, Kohrt W M. Exercise and bone mineral density in premenopausal women: a meta-analysis of randomized controlled trials [J]. International Journal of Endocrinology, 2013, 2013(5): 1730-1736.

[248]Kelley G A, Kelley K S, Kohrt W M. Effects of ground and joint reaction force exercise on lumbar spine and femoral neck bone mineral density in postmenopausal women: a meta-analysis of randomized controlled trials[J]. BMC Musculoskelet Disord, 2012, 13: 177.

[249]Kelley G A, Kelley K S, Kohrt W M. Exercise and bone mineral density in men: a meta-analysis of randomized controlled trials[J]. Bone, 2013, 53: 103-111.

[250]Kelley G A, Kelley K S, Tran Z V. Exercise and lumbar spine bone mineral density in postmenopausal women: a meta-analysis of individual patient data[J]. J Gerontol A Biol Sci Med Sci, 2002, 57: M599-604.

[251]Kemmler W, Häberle L, Von S S. Effects of exercise on fracture reduction in older adults: a systematic review and meta-analysis[J]. Osteoporosis International, 2013, 24(7): 1937-1950.

[252]Kenny A M, Prestwood K M, Marcello K M, et al. Determinants of bone density in healthy older men with low testosterone levels[J]. Journals of Gerontology, 2000, 55(9): M492.

[253]Kerr D, Ackland T, Maslen B, et al. Resistance training over 2 years increases bone mass in calcium-replete postmenopausal women†[J]. Journal of Bone and Mineral Research, 2010, 16(1): 175-181.

[254]Kerr D, Morton A, Dick I, et al. Exercise effects on bone mass in postmenopausal women are site-specific and load-dependent[J]. Journal of Bone

and Mineral Research,2010,11(2):218-225.

[255]Khan K M,Bennell K L,Hopper J L,et al. Self-reported ballet classes undertaken at age 10-12 years and hip bone mineral density in later life[J]. Osteoporos Int,1998,8(2):165-173.

[256]Knapp K M,Blake G M,Spector T D,et al. Can the WHO definition of osteoporosis be applied to multi-site axial transmission quantitative ultrasound? [J]. Osteoporosis International,2004,15(5):367-374.

[257]Khan K M,Liu-Ambrose T,Sran M M,et al. New criteria for female athlete triad syndrome? [J]. British Journal of Sports Medicine,2002,36(1):10-13.

[258]Koh L K H,Sedrine W B,Torralba T P,et al. A simple tool to identify Asian women at increased risk of osteoporosis[J]. Osteoporosis International,2001,12(8):699-705.

[259]Kohrt W M,Ehsani A A,Birge Jr S J. Effects of exercise involving predominantly either joint-reaction or ground-reaction forces on bone mineral density in older women[J]. J Bone Miner Res,1997,12:1253-1261.

[260]Kohrt W M,Ehsani A A,Jr B S. HRT preserves increases in bone mineral density and reductions in body fat after a supervised exercise program [J]. Journal of Applied Physiology,1998,84(5):1506-1512.

[261]Kontulainen S,Kannus P,Haapasalo H,et al. Good maintenance of exercise-induced bone gain with decreased training of female tennis and squash players:a prospective 5-year follow-up study of young and old starters and controls[J]. Journal of Bone and Mineral Research,2010,16(2):195-201.

[262]Kontulainen S,Sievänen H,Kannus P,et al. Effect of long-term impact-loading on mass,size,and estimated strength of humerus and radius of female racquet-sports players: a peripheral quantitative computed tomography study between young and old starters and controls[J]. Journal of Bone and Mineral Research,2003,18(2):352-359.

[263]Korpelainen R,Keinanenkiukaanniemis S,Heikkinen J,et al. Effect if impact exercise in bine mineral density in elderly women with low BMD:a population based randomized controlled 30-month intervertion[J]. Osteoporos Int,2006,17(1):109-118.

[264]Krall E A,Dawson-Hughes B. Walking is related to bone density and rates of bone loss[J]. American Journal of Medicine,1994,96(1):20-26.

[265]Krebs-Smith S M,Guenther P M,Subar A F,et al. Americans do not meet federal dietary recommendations[J]. Journal of Nutrition,2010,140(10):1832-1838.

[266]Krieger I,Odrowaz-syoniewska G. Osteoprotegerin[J]. Ortop Traumatol Rehabil,2004,6(1):123-129.

[267]Kujala U M,Kaprio J,Kannus P,et al. Physical activity and osteoporotic hip fracture risk in men[J]. Archives of Internal Medicine,2000,160(5):705-708.

[268]Kumar G,Narayan B. Regulation of bone formation by applied dynamic loads[J]. Journal of Bone & Joint Surgery American Volume,1984,66(3):397-402.

[269]Lanyon L E,Goodship A E,Pye C J,et al. Mechanical adaptive bone remodeling[J]. Journal of Biomechanics,1982,15:142-154.

[270]Lappe J M,Watson P,Gilsanz V,et al. The longitudinal effects of physical activity and dietary calcium on bone mass accrual across stages of pubertal development[J]. Journal of Bone and Mineral Research,2015,30(1):156-164.

[271]Lau E M,Donnan S P. Falls and hip fracture in Hong Kong Chinese[J]. Public Health,1990,104(2):117-121.

[272]Lau R W K,Liao L R,Yu F,et al. The effects of whole body vibration therapy on bone mineral density and leg muscle strength in older adults:a systematic review and meta-analysis[J]. Clinical Rehabilitation,2011,25(11):975-988.

[273]Lauritzen J B,Mcnair P A,Lund B. Risk factors for hip fractures. A review[J]. Danish Medical Bulletin,1993,40(4):479.

[274]Lean J M,Jagger C J,Chambers T J,et al. Increased insulin-like growth factor Ⅰ mRNA expression in rat osteocytes in response to mechanical stimulation[J]. American Journal of Physiology,1995,268(1):318-327.

[275]Leblond C P. Synthesis and secretion of collagen by cells of connective tissue, bone, and dentin[J]. The Anatomical Record, 1989, 224(2):123-138.

[276]Lee E J,Long K A,Risser W L,et al. Variations in bone status of contralateral and regional sites in young athletic women[J]. Medicine and Science in Sports and Exercise,1995,27(10):1354-1361.

[277]Lee K C L, Lanyon L E. Mechanical loading influences bone mass through estrogen receptor α[J]. Exercise and Sport Sciences Reviews, 2004, 32(2): 64-68.

[278]Lee M S, Pittler M H, Shin B C, et al. Tai chi for osteoporosis: a systematic review[J]. Osteoporosis International, 2008, 19(2): 139-146.

[279]Lee N K, Kim S, Lee J W, et al. Postpartum hemorrhage: Clinical and radiologic aspects[J]. European Journal of Radiology, 2010, 74(1): 50-59.

[280]Lee S H, Dargent M P, Breart G. Risk factors for fractures of the proximal humerus: results from the EPIDOS prospective study[J]. Journal of Bone and Mineral Research, 2010, 17(5): 817-825.

[281]Lee Y M, Osumi-Yamashita N, Ninomiya Y, et al. Retinoic acid stage-dependently alters the migration pattern and identity of hindbrain neural crest cells[J]. Development, 1995, 121(3): 825-837.

[282]Li X, Liu P, Liu W, et al. Dkk2 has a role in terminal osteoblast differentiation and mineralized matrix formation[J]. Nature Genetics, 2005, 37(9): 945.

[283]Li X, Ominsky M S, Niu Q T, et al. Targeted deletion of the sclerostin gene in mice results in increased bone formation and bone strength[J]. Journal of Bone and Mineral Research, 2008, 23(6): 860-869.

[284]Lim J, Grafe I, Alexander S, et al. Genetic causes and mechanisms of osteogenesis imperfecta[J]. Bone, 2017, 102: 40-49.

[285]Lin X, Xiong D, Peng Y Q, et al. Epidemiology and management of osteoporosis in the People's Republic of China: current perspectives[J]. Clinical Interventions in Aging, 2015, 10: 1017.

[286]Linden C, Ahlborg H G, Besjakov J, et al. A school curriculum-based exercise program increases bone mineral accrual and bone size in prepubertal girls: two-year data from the pediatric osteoporosis prevention (POP) study[J]. Journal of Bone and Mineral Research, 2006, 21(6): 829-835.

[287]Liney G P, Bernard C P, Manton D J, et al. Age, gender, and skeletal variation in bone marrow composition: a preliminary study at 3.0 Tesla[J]. Journal of Magnetic Resonance Imaging, 2007, 26(3): 787-793.

[288]Listed N. NIH consensus development panel on osteoporosis prevention, diagnosis, and therapy, March 7-29, 2000: highlights of the conference[J]. Southern Medical Journal, 2001, 94(6): 569-573.

[289]Liu G,Peacock M,Eilam O,et al. Effect of osteoarthritis in the lumbar spine and hip on bone mineral density and diagnosis of osteoporosis in elderly men and women[J]. Osteoporos Int,1997,7(6):564-569.

[290]Löfgren B,Detter F,Dencker M,et al. Influence of a 3-year exercise intervention program on fracture risk,bone mass,and bone size in prepubertal children[J]. Journal of Bone and Mineral Research,2011,26(8):1740-1747.

[291]Lohman T,Going S,Hall M,et al. Effects of resistance training on regional and total bone mineral density in premenopausal women:A randomized prospective study[J]. Journal of Bone and Mineral Research,2010,10(7):1015-1024.

[292]Lord S R,Sinnett P F. Femoral neck fractures:admissions,bed use,outcome and projections[J]. Medical Journal of Australia,1986,145(10):493-496.

[293]Lord S R,Ward J A,Williams P,et al. The effect of a 12-month exercise trial on balance,strength,and falls in older women:a randomized controlled trial[J]. Journal of the American Geriatrics Society,1995,43(11):1198-1206.

[294]Loucks A B,Vaitukaitis J,Cameron J L,et al. The reproductive system and exercise in women[J]. Medicine & Science in Sports & Exercise,1992,24(6):288-293.

[295]Lui P P Y,Qin L,Chan K M. Tai Chi Chuan exercises in enhancing bone mineral density in active seniors[J]. Clinics in Sports Medicine,2008,27(1):75-86.

[296]Ma D,Jones G. Television,computer,and video viewing; physical activity; and upper limb fracture risk in children:a population-based case control study[J]. Journal of Bone and Mineral Research,2010,18(11):1970-1977.

[297]Ma D,Wu L,He Z. Effects of walking on the preservation of bone mineral density in perimenopausal and postmenopausal women:a systematic review and meta-analysis[J]. Menopause,2013,20(11):1216-1226.

[298]Macdonald H M,Kontulainen S A,Khan K M,et al. Is a school-based physical activity intervention effective for increasing tibial bone strength in boys and girls? [J]. Journal of Bone and Mineral Research,2007,22(3):434-446.

[299]Macdonald H M,Kontulainen S A,Petit M A,et al. Does a novel school-based physical activity model benefit femoral neck bone strength in pre-and early pu-

bertal children? [J]. Osteoporosis International,2008,19(10):1445.

[300]Mackelvie K J,Mckay H A,Petit M A,et al. Bone mineral response to a 7-month randomized controlled,school-based jumping intervention in 121 prepubertal boys:associations with ethnicity and body mass index[J]. Journal of Bone and Mineral Research,2010,17(5):834-844.

[301]MacKelvie K J,Khan K M,McKay H A. Is there a critical period for bone response to weight-bearing exercise in children and adolescents? A systematic review[J]. British Journal of Sports Medicine,2002,36(4):250-257.

[302]Mackelvie K J,Khan K M,Petit M A,et al. A school-based exercise intervention elicits substantial bone health benefits:a 2-year randomized controlled trial in girls[J]. Pediatrics,2003,112(1):e447.

[303]Mackelvie K J,Mckay H A,Khan K M,et al. A school-based exercise intervention augments bone mineral accrual in early pubertal girls[J]. Journal of Pediatrics,2001,139(4):501-508.

[304]MacKelvie K J,Petit M A,Khan K M,et al. Bone mass and structure are enhanced following a 2-year randomized controlled trial of exercise in prepubertal boys[J]. Bone,2004,34(4):755-764.

[305]Maddalozzo G F,Snow C M. High intensity resistance training:effects on bone in older men and women[J]. Calcified Tissue International,2000,66(6):399.

[306]Majumdar S,Link T M,Augat P,et al. Trabecular bone architecture in the distal radius using magnetic resonance imaging in subjects with fractures of the proximal femur[J]. Osteoporosis International,1999,10(3):231-239.

[307]Malina R M,Spirduso W W,Tate C,et al. Age at menarche and selected menstrual characteristics in athletes at different competitive levels and in different sports[J]. Med Sci Sports,1978,10(3):218-222.

[308]Malone A M D,Anderson C T,Tummala P,et al. Primary cilia mediate mechanosensing in bone cells by a calcium-independent mechanism[J]. Proceedings of the National Academy of Sciences,2007,104(33):13325-13330.

[309]Manolagas S C. Birth and death of bone cells:basic regulatory mechanisms and implications for the pathogenesis and treatment of osteoporosis[J]. Endocrine Reviews,2000,21(2):115-137.

[310]Marcus R,Kosek J,Pfefferbaum A,et al. Age-related loss of trabecu-

lar bone in premenopausal women:a biopsy study[J]. Calcified Tissue International,1983,35(1):406-409.

[311]Marks R,Allegrante J P,Mackenzie C R,et al. Hip fractures among the elderly: causes, consequences and control[J]. Ageing Research Reviews, 2003,2(1):57-93.

[312]Marques E A,Mota J,Carvalho J. Exercise effects on bone mineral density in older adults: a meta-analysis of randomized controlled trials[J]. AGE,2012,34(6):1493-1515.

[313]Marques E A,Wanderley F,Machado L,et al. Effects of resistance and aerobic exercise on physical function, bone mineral density, OPG and RANKL in older women[J]. Experimental Gerontology,2011,46(7):524-532.

[314]Martyn-St J M, Carroll S. High-intensity resistance training and postmenopausal bone loss: a meta-analysis [J]. Osteoporosis International, 2006,17(8):1225-1240.

[315]Martyn-St J M,Carroll S. Meta-analysis of walking for preservation of bone mineral density in postmenopausal women[J]. Bone, 2008, 43 (3): 521-531.

[316]Martyn-St J M, Carroll S. A meta-analysis of impact exercise on postmenopausal bone loss:the case for mixed loading exercise programmes[J]. Br J Sports Med,2009,43(12):898-908.

[317]Martyn-St J M,Carroll S. Effects of different impact exercise modalities on bone mineral density in premenopausal women: a meta-analysis[J]. Journal of Bone & Mineral Metabolism,2010,28(3):251-267.

[318]Matsuo K. Cross-talk among bone cells[J]. Current Opinion in Nephrology and Hypertension,2009,18(4):292-297.

[319]Maurel D B,Boisseau N,Benhamou C L,et al. Alcohol and bone: review of dose effects and mechanisms[J]. Osteoporosis International, 2012, 23 (1):1-16.

[320]Mayer-Davis E J,Lawrence J M,Dabelea D,et al. Incidence trends of type 1 and type 2 diabetes among youths,2002-2012[J]. New England Journal of Medicine,2017,376(15):1419-1429.

[321]Mazess R B. On aging bone loss[J]. Clin Orthop, 1982, 165(165): 239-252.

[322]Mazess R B, Whedon G D. Immobilization and bone[J]. Calcified

Tissue International,1983,35(1):265-267.

[323]Mccartney N,Hicks A L,Martin J,et al. Long-term resistance training in the elderly: effects on dynamic strength, exercise capacity, muscle, and bone[J]. Journals of Gerontology,1995,50(2):B97.

[324]Mckay H A,Bailey D A,Mirwald R L,et al. Peak bone mineral accrual and age at menarche in adolescent girls:a 6-year longitudinal study[J]. J Pediatr,1998,133(5):682-687.

[325]McKay H A,MacLean L,Petit M,et al. "Bounce at the Bell":a novel program of short bouts of exercise improves proximal femur bone mass in early pubertal children[J]. British Journal of Sports Medicine,2005,39(8):521-526.

[326]McKay H A,Petit M A,Schutz R W,et al. Augmented trochanteric bone mineral density after modified physical education classes: a randomized school-based exercise intervention study in prepubescent and early pubescent children[J]. The Journal of Pediatrics,2000,136(2):156-162.

[327]McLean R R,Jacques P F,Selhub J,et al. Homocysteine as a predictive factor for hip fracture in older persons[J]. New England Journal of Medicine,2004,350(20):2042-2049.

[328]Mcmurdo M E,Mole P A,Paterson C R. Controlled trial of weight bearing exercise in older women in relation to bone density and falls[J]. Bmj, 1997,314(7080):569.

[329]Mcnitt-Gray J L. Kinetics of the lower extremities during drop landings from three heights[J]. Journal of Biomechanics,1993,26(9):1037-1046.

[330]Menkes A,Mazel S,Redmond R A,et al. Strength training increases regional bone mineral density and bone remodeling in middle-aged and older men[J]. Journal of Applied Physiology,1993,74(5):2478-2484.

[331]Michel B A,Lane N E,BjãRkengren A,et al. Impact of running on lumbar bone density:a 5-year longitudinal study[J]. Journal of Rheumatology, 1992,19(11):1759-1763.

[332]Mikosch P. Alcohol and bone[J]. Wiener Medizinische Wochenschrift,2014,164(1-2):15-24.

[333]Milliken L A,Going S B,Houtkooper L B,et al. Effects of exercise training on bone remodeling,insulin-like growth factors,and bone mineral density in postmenopausal women with and without hormone replacement therapy [J]. Calcified Tissue International,2003,72(4):478.

[334]Min J Y,Min K B,Paek D,et al. Age curves of bone mineral density at the distal radius and calcaneus in Koreans[J]. Journal of Bone and Mineral Metabclism,2010,28(1):94.

[335]Mizokami A,Kawakubo-Yasukoçhi T,Hirata M. Osteocalcin and its endocrine functions[J]. Biochemical Pharmacology,2017,132:1-8.

[336]Moayyeri A,Besson H,Luben R N,et al. The association between physical activity in different domains of life and risk of osteoporotic fractures [J]. Bone,2010,47(3):693-700.

[337]Moayyeri A. The association between physical activity and osteoporotic fractures:a review of the evidence and implications for future research[J]. Annals of Epidemiology,2008,18(11):827-835.

[338]Moreira L D F,Oliveira M L,Lirani-Galvão A P,et al. Physical exercise and osteoporosis:effects of different types of exercises on bone and physical function of postmenopausal women[J]. Arquivos Brasileiros de Endocrinologia & Metabologia,2014,58(5):514-522.

[339]Morris F L,Naughton G A,Gibbs J L,et al. Prospective ten-month exercise intervention in premenarcheal girls:positive effects on bone and lean mass[J]. Journal of Bone & Mineral Research,2010,12(9):1453-1462.

[340]Morris J N,Fiatarone M,Kiely D K,et al. Nursing rehabilitation and exercise strategies in the nursing home[J]. J Gerontol A Biol Sci Med Sci, 1999,54(10):M494.

[341]Morris M S,Jacques P F,Selhub J. Relation between homocysteine and B-vitamin status indicators and bone mineral density in older Americans [J]. Bone,2005,37(2):234-242.

[342]Mulrow C D,Gerety M B,Kanten D,et al. A randomized trial of physical rehabilitation for very frail nursing home residents[J]. Jama,1994,271 (7):519-524.

[343]Multanen J,Nieminen M T,Häkkinen A,et al. Effects of high-impact training on bone and articular cartilage:12-month randomized controlled quantitative MRI study[J]. Journal of Bone and Mineral Research,2014,29(1): 192-201.

[344]Mura G,Rocha N B F,Helmich I,et al. Physical activity interventions in schools for improving lifestyle in European countries[J]. Clinical Practice and Epidemiology in Mental Health:Cp & Emh,2015,11(Suppl 1 M5):77-

101.

[345]Mussolino M E,Looker A C,Orwoll E S. Jogging and bone mineral density in men: results from NHANES Ⅲ [J]. American Journal of Public Health,2001,91(7):1056-1059.

[346]Nader P R,Bradley R H,Houts R M,et al. Moderate-to-vigorous physical activity from ages 9 to 15 years[J]. Jama,2008,300(3):295-305.

[347]Nayak S,Edwards D L,Saleh A A,et al. Systematic review and meta-analysis of the performance of clinical risk assessment instruments for screening for osteoporosis or low bone density[J]. Osteoporosis International,2015,26(5):1543-1554.

[348]Need A G,Wishart J M,Scopacasa F,et al. Effect of physical activity on femoral bone density in men[J]. Bmj British Medical Journal,1995,310(6993):1501-1502.

[349]Nelson M E,Fiatarone M A,Morganti C M,et al. Effects of high-intensity strength training on multiple risk factors for osteoporotic fractures. A randomized controlled trial[J]. JAMA,1994,272:1909-1914.

[350]Nelson M E,Fisher E C,Dilmanian F A,et al. A 1-y walking program and increased dietary calcium in postmenopausal women:effects on bone[J]. Am J Clin Nutr,1991,53:1304-1311.

[351]Nichols J F,Rauh M J,Barrack M T,et al. Bone mineral density in female high school athletes:interactions of menstrual function and type of mechanical loading[J]. Bone,2007,41(3):371-377.

[352]Nikander R,Sievänen H,Heinonen A,et al. Femoral neck structure in adult female athletes subjected to different loading modalities[J]. Journal of Bone and Mineral Research,2010,20(3):520-528.

[353]Nikander R,Sievänen H,Heinonen A,et al. Targeted exercise against osteoporosis:a systematic review and meta-analysis for optimising bone strength throughout life[J]. BMC Medicine,2010,8(1):47.

[354]Niu K,Ahola R,Guo H,et al. Effect of office-based brief high-impact exercise on bone mineral density in healthy premenopausal women:the Sendai Bone Health Concept Study[J]. Journal of Bone and Mineral Metabolism,2010,28(5):568-577.

[355]Nogueira R C,Weeks B K,Beck B R. Exercise to improve pediatric bone and fat:a systematic review and meta-analysis[J]. Medicine & Science in

Sports & Exercise Official Journal of the American College of Sports Medicine,2014,46(3):610-621.

[356]Nordström A,Karlsson C,Nyquist F,et al. Bone loss and fracture risk after reduced physical activity[J]. Journal of Bone and Mineral Research,2005,20(2):202-207.

[357]Notomi T,Lee S J,Okimoto N,et al. Effects of resistance exercise training on mass,strength,and turnover of bone in growing rats[J]. European Journal of Applied Physiology,2000,82(4):268-274.

[358]Novack D V,Mbalaviele G. Osteoclasts,key players in skeletal health and disease[J]. Microbiology Spectrum,2016,4(3).

[359]Nuka S,Zhou W,Henry S P,et al. Phenotypic characterization of epiphycan-deficient and epiphycan/biglycan doubledeficient mice[J]. Osteoarthritis Cartilage,2010,18(1):88-96.

[360]O'donovan G,Lee I M,Hamer M,et al. Association of "weekend warrior" and other leisure time physical activity patterns with risks for all-cause,cardiovascular disease,and cancer mortality[J]. JAMA Internal Medicine,2017,177(3):335-342.

[361]Obermayer-Pietsch B M,Bonelli C M,Walter D E,et al. Genetic predisposition for adult lactose intolerance and relation to diet,bone density,and bone fractures[J]. Journal of Bone and Mineral Research,2004,19(1):42-47.

[362]Ogden C L,Carroll M D,Lawman H G,et al. Trends in obesity prevalence among children and adolescents in the United States,1988-1994 through 2013-2014[J]. Jama,2016,315(21):2292-2299.

[363]Olshansky S J,Passaro D J,Hershow R C,et al. A potential decline in life expectancy in the United States in the 21st century[J]. New England Journal of Medicine,2005,352(11):1138-1145.

[364]Orwoll E S,Bevan L,Phipps K R. Determinants of bone mineral density in older men[J]. Osteoporos Int,2000,11(10):815-821.

[365]Orwoll E S,Ferar J,Oviatt S K,et al. The relationship of swimming exercise to bone mass in men and women[J]. Archives of Internal Medicine,1989,149(10):2197-2200.

[366]Paganinihill A,Chao A,Ross R K,et al. Exercise and other factors in the prevention of hip fracture: the Leisure World study[J]. Epidemiology,1991,2(1):16-25.

[367]Pajamäki I,Kannus P,Vuohelainen T,et al. The bone gain induced by exercise in puberty is not preserved through a virtually life-long deconditioning:a randomized controlled experimental study in male rats[J]. Journal of Bone and Mineral Research,2003,18(3):544-552.

[368]Patsch J M,Deutschmann J,Pietschmann P. Gender aspects of osteoporosis and bone strength[J]. Wiener Medizinische Wochenschrift,2011,161(5-6):117-123.

[369]Pearson O M,Lieberman D E. The aging of Wolff's "law":ontogeny and responses to mechanical loading in cortical bone[J]. American Journal of Physical Anthropology,2004,125(S39):63-99.

[370]Petit M A,McKay H A,MacKelvie K J,et al. A randomized school-based jumping intervention confers site and maturity-specific benefits on bone structural properties in girls:a hip structural analysis study[J]. Journal of Bone and Mineral Research,2002,17(3):363-372.

[371]Polidoulis I,Beyene J,Cheung A M. The effect of exercise on pQCT parameters of bone structure and strength in postmenopausal women—a systematic review and meta-analysis of randomized controlled trials[J]. Osteoporosis International,2012,23(1):39-51.

[372]Pollock N K,Laing E M,Modlesky C M,et al. Former college artistic gymnasts maintain higher BMD:a nine-year follow-up[J]. Osteoporosis International,2006,17(11):1691-1697.

[373]Price P A,Parthemore J G,Deftos L J. New biochemical marker for bone metabolism. Measurement by radioimmunoassay of bone GLA protein in the plasma of normal subjects and patients with bone disease[J]. Journal of Clinical Investigation,1980,66(5):878-883.

[374]Province M A,Hadley E C,Hornbrook M C,et al. The effects of exercise on falls in elderly patients:a preplanned meta-analysis of the FICSIT trials[J]. Jama,1995,273(17):1341-1347.

[375]Qin Y X,Rubin C T,Mcleod K J. Nonlinear dependence of loading intensity and cycle number in the maintenance of bone mass and morphology [J]. Journal of Orthopaedic Research,1998,16(4):482-489.

[376]Rantalainen T,Weeks B K,Nogueira R C,et al. Effects of bone-specific physical activity,gender and maturity on tibial cross-sectional bone material distribution:a cross-sectional pQCT comparison of children and young adults

aged 5-29 years[J]. Bone,2015,72:101-108.

[377]Rapuri P B, Gallagher J C, Kinyamu H K, et al. Caffeine intake increases the rate of bone loss in elderly women and interacts with vitamin D receptor genotypes[J]. American Journal of Clinical Nutrition, 2001, 74(5): 694-700.

[378]Rauch F, Schoenau E. Changes in bone density during childhood and adolescence: an approach based on bone's biological organization[J]. Journal of Bone and Mineral Research, 2001, 16(4): 597-604.

[379]Rd C C. Is osteoporosis a pediatric disease? Peak bone mass attainment in the adolescent female[J]. Public Health Reports (1974-), 1989, 104 (Suppl): 50-54.

[380]Rd C J, Little K D. The interaction between regular exercise and selected aspects of women's health[J]. American Journal of Obstetrics & Gynecology, 1995, 173(1): 2.

[381]Recker R R, Davies K M, Hinders S M, et al. Bone gain in young adult women[J]. Jama, 1992, 268(17): 2403.

[382]RECORD Trial Group. Oral vitamin D_3 and calcium for secondary prevention of low-trauma fractures in elderly people (Randomised Evaluation of Calcium Or vitamin D, RECORD): a randomised placebo-controlled trial[J]. The Lancet, 2005, 365(9471): 1621-1628.

[383]Rhodes E, Martin A, Taunton J, et al. Effects of one year of resistance training on the relation between muscular strength and bone density in elderly women[J]. British Journal of Sports Medicine, 2000, 34(1): 18.

[384]Riggs B L, Melton L J, Robb R A, et al. Population-based study of age and sex differences in bone volumetric density, size, geometry, and structure at different skeletal sites[J]. Journal of Bone and Mineral Research, 2004, 19 (12): 1945-1954.

[385]Riggs B L, Wahner H W, Dunn W L, et al. Differential changes in bone mineral density of the appendicular and axial skeleton with aging: relationship to spinal osteoporosis[J]. Journal of Clinical Investigation, 1981, 67 (2): 328-335.

[386]Rittweger J. Can exercise prevent osteoporosis? [J]. Journal of Musculoskeletal and Neuronal Interactions, 2006, 6(2): 162.

[387]Rizzoli R, Bianchi M L, Garabédian M, et al. Maximizing bone miner-

al mass gain during growth for the prevention of fractures in the adolescents and the elderly[J]. Bone,2010,46(2):294-305.

[388]Rizzoli R. Nutrition:its role in bone health[J]. Best Practice & Research Clinical Endocrinology & Metabolism,2008,22(5):813-829.

[389]Robling A G,Burr D B,Turner C H. Recovery periods restore mechanosensitivity to dynamically loaded bone[J]. Journal of Experimental Biology, 2001,204(19):3389-3399.

[390]Robling A G,Hinant F M,Burr D B,et al. Improved bone structure and strength after long-term mechanical loading is greatest if loading is separated into short bouts[J]. Journal of Bone and Mineral Research,2002,17(8): 1545-1554.

[391]Robling A G,Hinant F M,Burr D B,et al. Shorter,more frequent mechanical loading sessions enhance bone mass[J]. Medicine and Science in Sports and Exercise,2002,34(2):196-202.

[392]Rockwell J C,Sorensen A M,Baker S,et al. Weight training decreases vertebral bone density in premenopausal women:a prospective study[J]. Journal of Clinical Endocrinology & Metabolism,1990,71(4):988-993.

[393]Roghani T,Torkaman G,Movasseghe S,et al. Effects of short-term aerobic exercise with and without external loading on bone metabolism and balance in postmenopausal women with osteoporosis[J]. Rheumatology International,2013,33(2):291-298.

[394]Ruff C B,Trinkaus E,Walker A,et al. Postcranial robusticity in Homo. Ⅰ:Temporal trends and mechanical interpretation[J]. American Journal of Physical Anthropology,1993,91(1):21-53.

[395]Ruppel M E,Burr D B,Miller L M. Chemical makeup of microdamaged bone differs from undamaged bone[J]. Bone,2006,39(2):318-324.

[396]Russell R G G. Bisphosphonates:the first 40 years[J]. Bone,2011,49 (1):2-19.

[397]Ryan A S,Treuth M S,Rubin M A,et al. Effects of strength training on bone mineral density:hormonal and bone turnover relationships[J]. Journal of Applied Physiology,1994,77(4):1678.

[398]Sano G,Matsuo K. Assessment of bone quality. Bone remodeling and bone quality[J]. Clinical Calcium,2008,18(3):315-320.

[399]Scerpella T A,Dowthwaite J N,Rosenbaum P F. Sustained skeletal

benefit from childhood mechanical loading[J]. Osteoporosis International, 2011,22(7):2205-2210.

[400]Schellinger D,Lin C S,Lim J,et al. Bone marrow fat and bone mineral density on proton MR spectroscopy and dual-energy X-ray absorptiometry: their ratio as a new indicator of bone weakening[J]. American Journal of Roentgenology,2004,183(6):1761-1765.

[401]Schmitt H,Friebe C,Schneider S,et al. Bone mineral density and degenerative changes of the lumbar spine in former elite athletes[J]. International Journal of Sports Medicine,2005,26(06):457-463.

[402]Seeman E. An exercise in geometry[J]. Journal of Bone and Mineral Research,2002,17(3):373-380.

[403]Sharir A,Stern T,Rot C,et al. Muscle force regulates bone shaping for optimal load-bearing capacity during embryogenesis[J]. Development, 2011,138(15):3247-3259.

[404]Sharma D, Singhal S R, Poonam, et al. Comparison of mifepristone combination with misoprostol and misoprostol alone in the management of intrauterine death[J]. Taiwanese Journal of Obstetrics & Gynecology, 2011, 50 (3):322-325.

[405]Sharratt C L,Gilbert C J,Cornes M C,et al. EDTA sample contamination is common and often undetected,putting patients at unnecessary risk of harm[J]. International Journal of Clinical Practice,2009,63(8):1259-1262.

[406]Shaw J M,Snow C M. Weighted vest exercise improves indices of fall risk in older women[J]. Journals of Gerontology,1998,53(1):M53-58.

[407]Shimada T,Hasegawa H,Yamazaki Y,et al. FGF-23 is a potent regulator of vitamin D metabolism and phosphate homeostasis[J]. Journal of Bone and Mineral Research,2004,19(3):429-435.

[408]Silva I,Branco J. Rank/Rankl/opg: literature review[J]. Acta Reumatologica Portuguesa,2011,36(3):209-218.

[409]Sinaki M,Itoi E,Wahner H W,et al. Stronger back muscles reduce the incidence of vertebral fractures: a prospective 10 year follow-up of postmenopausal women[J]. Bone,2002,30(6):836-841.

[410]Sinaki M,Pfeifer M,Preisinger E,et al. The role of exercise in the treatment of osteoporosis[J]. Current Osteoporosis Reports, 2010, 8(3): 138-144.

[411]Sinaki M, Wahner H W, Bergstralh E J, et al. Three-year controlled, randomized trial of the effect of dose-specified loading and strengthening exercises on bone mineral density of spine and femur in nonathletic, physically active women[J]. Bone, 1996, 19(3): 233-244.

[412]Singh J A, Schmitz K H, Petit M A. Effect of resistance exercise on bone mineral density in premenopausal women[J]. Joint Bone Spine, 2009, 76(3): 273-280.

[413]Singh M A. Exercise comes of age: rationale and recommendations for a geriatric exercise prescription[J]. Journals of Gerontology, 2002, 57(5): M262.

[414]Singh R, Umemura Y, Honda A, et al. Maintenance of bone mass and mechanical properties after short-term cessation of high impact exercise in rats[J]. International Journal of Sports Medicine, 2002, 23(02): 77-81.

[415]Sitja-Rabert M, Rigau D, Fort Vanmeerghaeghe A, et al. Efficacy of whole body vibration exercise in older people: a systematic review[J]. Disability and Rehabilitation, 2012, 34(11): 883-893.

[416]Smith E L, Gilligan C. Physical activity effects on bone metabolism[J]. Calcified Tissue International, 1991, 49(1): S50.

[417]Snow C M. Exercise and bone mass in young and premenopausal women[J]. Bone, 1996, 18(1 Suppl): 51S.

[418]Snow C M, Shaw J M, Winters K M, et al. Long-term exercise using weighted vests prevents hip bone loss in postmenopausal women[J]. J Gerontol A Biol Sci Med Sci, 2000, 55(9): M489.

[419]Snow C M, Williams D P, Lariviere J, et al. Bone gains and losses follow seasonal training and detraining in gymnasts[J]. Calcified Tissue International, 2001, 69(1): 7-12.

[420]Snow-Harter C. Bone health and prevention of osteoporosis in active and athletic women[J]. Clin Sports Med, 1994, 13: 389-404.

[421]Snow-Harter C, Bouxsein M L, Lewis B T, et al. Effects of resistance and endurance exercise on bone mineral status of young women: a randomized exercise intervention trial[J]. Journal of Bone and Mineral Research, 1992, 7(7): 761-769.

[422]Snow-Harter C, Whalen R, Myburgh K, et al. Bone mineral density, muscle strength, and recreational exercise in men[J]. Journal of Bone and Min-

eral Research,2010,7(11):1291-1296.

[423]Song Q H,Zhang Q H,Xu R M,et al. Effect of Tai-chi exercise on lower limb muscle strength,bone mineral density and balance function of elderly women[J]. International Journal of Clinical and Experimental Medicine, 2014,7(6):1569-1576.

[424]Sonneville K R,Gordon C M,Kocher M S,et al. Vitamin D,calcium, and dairy intakes and stress fractures among female adolescents[J]. Archives of Pediatrics & Adolescent Medicine,2012,166(7):595-600.

[425]Specker B,Binkley T. Randomized trial of physical activity and calcium supplementation on bone mineral content in 3-to 5-year-old children[J]. Journal of Bone and Mineral Research,2003,18(5):885-892.

[426]Specker B,Thiex N W,Sudhagoni R G. Does exercise influence pediatric bone? A systematic review[J]. Clinical Orthopaedics and Related Research,2015,473(11):3658-3672.

[427]Spence L A,Weaver C M. New perspectives on dietary protein and bone health:Preface[J]. The Journal of Nutrition,2003,133(3):850S-851S.

[428]Srinivasan S,Weimer D A,Agans S C,et al. Low-magnitude mechanical loading becomes osteogenic when rest is inserted between each load cycle [J]. Journal of Bone and Mineral Research,2002,17(9):1613-1620.

[429]Starrs A,Winikoff B. Misoprostol for postpartum hemorrhage:Moving from evidence to practice[J]. International Journal of Gynecology & Obstetrics,2012,116(1):1-3.

[430]Stengel S V,Kemmler W,Pintag R,et al. Power training is more effective than strength training for maintaining bone mineral density in postmenopausal women[J]. Journal of Applied Physiology,2005,99(1):181-188.

[431]Stevens J A,Powell K E,Smith S M,et al. Physical activity,functional limitations,and the risk of fall-related fractures in community-dwelling elderly[J]. Annals of Epidemiology,1997,7(1):54-61.

[432] Stoffel W, Jenke B, Blöck B, et al. Neutral sphingomyelinase 2 (smpd3) in the control of postnatal growth and development[J]. Proceedings of the National Academy of Sciences of the United States of America,2005,102 (12):4554-4559.

[433]Stolzenberg N,Belav D L,Beller G,et al. Bone strength and density via pQCT in post-menopausal osteopenic women after 9 months resistive exer-

cise with whole body vibration or proprioceptive exercise[J]. Journal of Musculoskeletal and Neuronal Interactions,2013,13(1):66-76.

[434]Suda T,Takahashi N,Martin T J. Modulation of osteoclast differentiation[J]. Endocrine Reviews,1992,13(1):66-80.

[435]Sugiyama T,Yamaguchi A,Kawai S. Effects of skeletal loading on bone mass and compensation mechanism in bone:a new insight into the "mechanostat" theory[J]. Journal of Bone and Mineral Metabolism,2002,20(4):196-200.

[436]Szulc P,Munoz F,Duboeuf F,et al. Low width of tubular bones is associated with increased risk of fragility fracture in elderly men—the MINOS study[J]. Bone,2006,38(4):595-602.

[437]Ta D A,Zhou G H,Wang W Q,et al. Measurement of spectral maximum shift of ultrasonic backscatter signals in cancellous bone[J]. Conf Proc IEEE Eng Med Biol Soc,2005,3:2703-2706.

[438]Ta D,Wang W,Huang K,et al. Analysis of frequency dependence of ultrasonic backscatter coefficient in cancellous bone[J]. Journal of the Acoustical Society of America,2008,124(6):4083-4090.

[439]Taaffe D R,Snow-Harter C,Connolly D A,et al. Differential effects of swimming versus weight-bearing activity on bone mineral status of eumenorrheic athletes[J]. J Bone Miner Res,1995,10:586-593.

[440]Tallarida G,Peruzzi G,Castrucci F,et al. Dynamic and static exercises in the countermeasure programmes for musculo-skeletal and cardiovascular deconditioning in space[J]. Physiologist,1991,34(1 Suppl):S114-S117.

[441]Talmage R V,Stinnett S S,Landwehr J T,et al. Age-related loss of bone mineral density in non-athletic and athletic women[J]. Bone Miner,1986,1(2):115-125.

[442]Tan V P S,Macdonald H M,Kim S J,et al. Influence of physical activity on bone strength in children and adolescents:a systematic review and narrative synthesis[J]. Journal of Bone and Mineral Research,2014,29(10):2161-2181.

[443]Teppo L. N. Järvinen,Pekka Kannus,Harri Sievänen,et al. Randomized controlled study of effects of sudden impact loading on rat femur[J]. Journal of Bone and Mineral Research,2010,13(9):1475-1482.

[444]Tobias J H,Steer C D,Mattocks C G,et al. Habitual levels of physi-

cal activity influence bone mass in 11-year-old children from the United Kingdom:findings from a large population-based cohort[J]. Journal of Bone and Mineral Research,2007,22(1):101-109.

[445]Tremblay M S,Gray C E,Akinroye K,et al. Physical activity of children:a global matrix of grades comparing 15 countries[J]. Journal of Physical Activity and Health,2014,11(s1):S113-S125.

[446]Turner C H. Toward a mathematical description of bone biology:the principle of cellular accommodation[J]. Calcif Tissue Int,1999,65:466-471.

[447]Turner C H,Forwood M R,Otter M W. Mechanotransduction in bone:do bone cells act as sensors of fluid flow? [J]. Faseb Journal Official Publication of the Federation of American Societies for Experimental Biology,1994,8(11):875-878.

[448]Turner C H,Hsieh Y F,Müller R,et al. Genetic regulation of cortical and trabecular bone strength and microstructure in inbred strains of mice[J]. Journal of Bone and Mineral Research,2000,15(6):1126-1131.

[449]Turner C H,Robling A G. Designing exercise regimens to increase bone strength[J]. Exercise and Sport Sciences Reviews,2003,31(1):45-50.

[450]Turner C H. Three rules for bone adaptation to mechanical stimuli[J]. Bone,1998,23(5):399-407.

[451]Tveit M,Rosengren B E,Nilsson J Å,et al. Bone mass following physical activity in young years:a mean 39-year prospective controlled study in men[J]. Osteoporosis International,2013,24(4):1389-1397.

[452]Ulrich C M,Georgiou C C,Snow-Harter C M,et al. Bone mineral density in mother-daughter pairs:relations to lifetime exercise,lifetime milk consumption,and calcium supplements[J]. American Journal of Clinical Nutrition,1996,63(1):72-79.

[453]Urakawa I,Yamazaki Y,Shimada T,et al. Klotho converts canonical FGF receptor into a specific receptor for FGF23[J]. Nature,2006,444(7120):770-774.

[454]Vainionpää A,Korpelainen R,Leppäluoto J,et al. Effects of high-impact exercise on bone mineral density:a randomized controlled trial in premenopausal women[J]. Osteoporosis International,2005,16(2):191-197.

[455]Vainionpää A,Korpelainen R,Sievänen H,et al. Effect of impact exercise and its intensity on bone geometry at weight-bearing tibia and femur[J].

Bone,2007,40(3):604-611.

[456]Vainionpää A,Korpelainen R,Väänänen H K,et al. Effect of impact exercise on bone metabolism[J]. Osteoporosis International,2009,20(10):1725-1733.

[457]Vaitkeviciute D,Lätt E,Mäestu J,et al. Physical activity and bone mineral accrual in boys with different body mass parameters during puberty:a longitudinal study[J]. PLoS One,2014,9(10):e107759.

[458]Valdimarsson Ö,Alborg H G,Düppe H,et al. Reduced training is associated with increased loss of BMD[J]. Journal of Bone and Mineral Research,2005,20(6):906-912.

[459]Valdimarsson Ö,Linden C,Johnell O,et al. Daily physical education in the school curriculum in prepubertal girls during 1 year is followed by an increase in bone mineral accrual and bone width—data from the prospective controlled Malmö pediatric osteoporosis prevention study[J]. Calcified Tissue International,2006,78(2):65-71.

[460]Vanderschueren D,Venken K,Ophoff J,et al. Sex steroids and the periosteum—reconsidering the roles of androgens and estrogens in periosteal expansion[J]. The Journal of Clinical Endocrinology & Metabolism,2006,91(2):378-382.

[461]Verschueren S M P,Roelants M,Delecluse C,et al. Effect of 6-month whole body vibration training on hip density,muscle strength,and postural control in postmenopausal women:a randomized controlled pilot study[J]. Journal of Bone and Mineral Research,2004,19(3):352-359.

[462]Vicente-Rodríguez G. How does exercise affect bone development during growth? [J]. Sports Medicine,2006,36(7):561-569.

[463]Vuillemin A,Guillemin F,Jouanny P,et al. Differential influence of physical activity on lumbar spine and femoral neck bone mineral density in the elderly population[J]. J Gerontol A Biol Sci Med Sci,2001,56(6):B248.

[464]Vuori I M. Dose-response of physical activity and low back pain,osteoarthritis,and osteoporosis[J]. Med Sci Sports Exerc,2001,33(6):609-610.

[465]Vuori I,Heinonen A,Sievänen H,et al. Effects of unilateral strength training and detraining on bone mineral density and content in young women:a study of mechanical loading and deloading on human bones[J]. Calcified Tissue International,1994,55(1):59-67.

[466]Wade-Gueye N M,Boudiffa M,Laroche N,et al. Mice lacking bone sialoprotein(BSP) lose bone after ovariectomy and display skeletal site-specific response to intermittent PTH treatment[J]. Endocrinology,2010,151(11):5103.

[467]Wallace B A,Cumming R G. Systematic review of randomized trials of the effect of exercise on bone mass in pre- and postmenopausal women[J]. Calcified Tissue International,2000,67(1):10-18.

[468]Walter T,Quint A,Fischer K,et al. Active movement warm-up routines[J]. Journal of Physical Education, Recreation & Dance, 2011, 82 (3): 23-31.

[469]Warburton D E R,Nicol C W,Bredin S S D. Health benefits of physical activity:the evidence[J]. Canadian Medical Association Journal,2006,174(6):801-809.

[470]Ward K,Alsop C,Caulton J,et al. Low magnitude mechanical loading is osteogenic in children with disabling conditions[J]. Journal of Bone and Mineral Research,2004,19(3):360-369.

[471]Ward K A,Roberts S A,Adams J E,et al. Bone geometry and density in the skeleton of pre-pubertal gymnasts and school children[J]. Bone,2005,36(6):1012-1018.

[472]Ward L M,Konji V N,Ma J. The management of osteoporosis in children[J]. Osteoporosis International,2016,27(7):2147-2179.

[473]Warden S J,Fuchs R K,Castillo A B,et al. Exercise when young provides lifelong benefits to bone structure and strength[J]. Journal of Bone and Mineral Research,2007,22(2):251-259.

[474]Warden S J,Galley M R,Hurd A L,et al. Elevated mechanical loading when young provides lifelong benefits to cortical bone properties in female rats independent of a surgically induced menopause[J]. Endocrinology,2013,154(9):3178-3187.

[475]Warden S J,Galley M R,Hurd A L,et al. Cortical and trabecular bone benefits of mechanical loading are maintained long term in mice independent of ovariectomy[J]. Journal of Bone and Mineral Research,2014,29(5):1131-1140.

[476]Warden S J,Hurst J A,Sanders M S,et al. Bone adaptation to a mechanical loading program significantly increases skeletal fatigue resistance[J]. Journal of Bone and Mineral Research,2005,20(5):809-816.

[477]Warden S J,Roosa S M M,Kersh M E,et al. Physical activity when young provides lifelong benefits to cortical bone size and strength in men[J]. Proceedings of the National Academy of Sciences,2014,111(14):5337-5342.

[478]Warden S J,Weatherholt A M,Gudeman A S,et al. Progressive skeletal benefits of physical activity when young as assessed at the midshaft humerus in male baseball players[J]. Osteoporosis International, 2017, 28(7): 2155-2165.

[479]Watts N B. Bone quality:Getting closer to a definition[J]. Journal of Bone & Mineral Research,2010,17(7):1148-1150.

[480]Wayne P M,Kiel D P,Buring J E,et al. Impact of Tai Chi exercise on multiple fracture-related risk factors in post-menopausal osteopenic women: a pilot pragmatic, randomized trial[J]. BMC Complementary and Alternative Medicine,2012,12(1):7.

[481]Wayne P M,Kiel D P,Krebs D E,et al. The effects of Tai Chi on bone mineral density in postmenopausal women: a systematic review[J]. Archives of Physical Medicine and Rehabilitation,2007,88(5):673-680.

[482]Weaver C M,Gordon C M,Janz K F,et al. The National Osteoporosis Foundation's position statement on peak bone mass development and lifestyle factors:a systematic review and implementation recommendations[J]. Osteoporosis International,2016,27(4):1281-1386.

[483]Weaver C M, Teegarden D, Lyle R M, et al. Impact of exercise on bone health and contraindication of oral contraceptive use in young women[J]. Medicine & Science in Sports & Exercise,2001,33(6):873.

[484]Weber P. Vitamin K and bone health[J]. Nutrition, 2001, 17(10): 880-887.

[485]Weeks B K,Young C M,Beck B R. Eight months of regular in-school jumping improves indices of bone strength in adolescent boys and girls: the POWER PE study[J]. Journal of Bone and Mineral Research, 2008, 23(7): 1002-1011.

[486]Weinbaum S,Cowin S C,Zeng Y. A model for the excitation of osteocytes by mechanical loading-induced bone fluid shear stresses[J]. Journal of Biomechanics,1994,27(3):339-360.

[487]White K E,Carn G,Lorenz-Depiereux B,et al. Autosomal-dominant hypophosphatemic rickets (ADHR) mutations stabilize FGF-23[J]. Kidney In-

ternational,2001,60(6):2079-2086.

[488]White L,Farmer M,Brody J. Who is at risk? Hip fracture epidemiology report[J]. Journal of Gerontological Nursing,1984,10(10):26-30.

[489] Whyte M P. Paget's disease of bone and genetic disorders of RANKL/OPG/RANK/NF-κB signaling[J]. Annals of the New York Academy of Sciences,2006,1068(1):143-164.

[490] Whyte M P. Hypophosphatasia: an overview for 2017[J]. Bone, 2017,102:15-25.

[491]Whyte M P,Obrecht S E,Finnegan P M,et al. Osteoprotegerin deficiency and juvenile Paget's disease[J]. New England Journal of Medicine,2002, 347(3):175-184.

[492]Winters K M,Snow C M. Detraining reverses positive effects of exercise on the musculoskeletal system in premenopausal women[J]. Journal of Bone and Mineral Research,2010,15(12):2495-2503.

[493]Witzke K A,Snow C M. Effects of polymetric jump training on bone mass in adolescent girls[J]. Medicine and Science in Sports and Exercise,2000, 32(6):1051-1057.

[494]Wolff I,Croonenborg J J V,Kemper H C G,et al. The effect of exercise training programs on bone mass: a meta-analysis of published controlled trials in pre- and postmenopausal women[J]. Osteoporosis International,1999, 9(1):1-12.

[495]Wolff J. Das gesetz der transformation der knochen[J]. A Hirschwald, 1892,1:1-152.

[496]Wysocki A,Butler M,Shamliyan T,et al. Whole-body vibration therapy for osteoporosis: state of the science[J]. Annals of Internal Medicine,2011, 155(10):680-686.

[497]Xiao Z,Zhang S,Malios J,et al. Cilia-like structures and polycystin-1 in osteoblasts/osteocytes and associated abnormalities in skeletogenesis and Runx2 expression[J]. Journal of Biological Chemistry,2006.

[498]Xu J,Lombardi G,Jiao W,et al. Effects of exercise on bone status in female subjects, from young girls to postmenopausal women: an overview of systematic reviews and meta-analyses[J]. Sports Medicine, 2016, 46(8): 1165-1182.

[499]Xu Y,Guo B,Gong J,et al. The correlation between calcaneus stiff-

ness index calculated by QUS and total body BMD assessed by DXA in Chinese children and adolescents[J]. Journal of Bone and Mineral Metabolism,2014,32(2):159-166.

[500]Yamazaki S,Ichimura S,Iwamoto J,et al. Effect of walking exercise on bone metabolism in postmenopausal women with osteopenia/osteoporosis[J]. Journal of Bone and Mineral Metabolism,2004,22(5):500-508.

[501]Yang L C,Zhang Q,Piao J H,et al. Association of estrogen receptor-α gene pvuⅡ polymorphisms with the effect of calcium supplementation on skeletal development in Chinese pubertal girls[J]. Biomedical and Environmental Sciences,2009,22(6):480-487.

[502]Yarasheski K E,Campbell J A,Kohrt W M. Effect of resistance exercise and growth hormone on bone density in older men[J]. Clinical Endocrinology,2010,47(2):223-229.

[503]Yoshimura N,Muraki S,Nakamura K,et al. Epidemiology of the locomotive syndrome:the research on osteoarthritis/osteoporosis against disability study 2005-2015[J]. Modern Rheumatology,2017,27(1):1-7.

[504]Zaki M E. Effects of whole body vibration and resistance training on bone mineral density and anthropometry in obese postmenopausal women[J]. Osteoporos,2014,2014:702589.

[505]Zebaze R M D,Ghasem-Zadeh A,Bohte A,et al. Intracortical remodelling and porosity in the distal radius and post-mortem femurs of women:a cross-sectional study[J]. Lancet,2010,375(9727):1729-1736.

[506]Zehnacker C H,Bemis-Dougherty A. Effect of weighted exercises on bone mineral density in post menopausal women a systematic review[J]. Journal of Geriatric Physical Therapy,2007,30(2):79-88.

[507]Zhang Z,Ou Y,Sheng Z,et al. How to decide intervention thresholds based on FRAX in central south Chinese postmenopausal women[J]. Endocrine,2014,45(2):195-197.

[508]Zhao R,Zhao M,Zhang L. Efficiency of jumping exercise in improving bone mineral density among premenopausal women:a meta-analysis[J]. Sports Medicine,2014,44(10):1393-1402.

二、中文文献

[1]刘忠厚.骨质疏松诊断[M].北京:中国现代文艺出版社,2011.

[2]刘忠厚.骨内科学[M].北京:化学工业出版社,2015.

[3]肖建德,阎德文.实用骨质疏松学[M].北京:科学出版社,2012.

[4]陈晓丽.健步走对中老年女性低骨密度者的骨密度和平衡能力干预效果的研究[D].成都:成都体育学院,2012.

[5]戴杰.机械振动治疗绝经后骨质疏松临床研究[D].广州:广州中医药大学,2016.

[6]李荀.运动经雌激素-受体途径对骨量的影响效应及其机制[D].北京:首都体育学院,2012.

[7]刘文亚.新疆汉维哈三个民族人群骨密度定量CT测量及其影响因素的相关研究[D].乌鲁木齐:新疆医科大学,2002.

[8]白路,杜军.对骨质疏松症可控危险因素的探讨[J].中国临床康复,2003,7(17):2512.

[9]卜淑敏,韩天雨,郭盖,等.绝经后骨质疏松运动疗法的研究进展[J].现代生物医学进展,2016,16(18):3586-3588.

[10]陈晓红,郑陆.运动、骨代谢、细胞因子研究进展[J].中国运动医学杂志,2008,27(6):784-788.

[11]陈晓红,郑陆,王智强.过度运动致骨量降低动物模型的建造[J].中国运动医学杂志,2009 (6):660-664.

[12]冬梅,金淑霞,韩杏梅.呼和浩特地区人群中应用FRAX骨折风险预测工具进行骨折风险评估的临床研究[J].中国骨质疏松杂志,2017,23(08):1067-1070.

[13]杜新星,张明军,苟波,等.太极柔力球运动对围绝经期女性雌激素及骨代谢指标的影响[J].西安体育学院学报,2014,31(04):459-463.

[14]段云波.骨量、骨大小、骨密度和骨结构[J].中国骨质疏松杂志.2000,6(2):64-72.

[15]付蕾,柯丹丹,张玲莉,等.运动与骨代谢:骨密度、骨生物力学及生化指标的评价[J].中国组织工程研究,2014,18(46):7487-7491.

[16]高丽,郑陆,李晓霞,等.运动性动情周期抑制雌性大鼠的骨结构与骨组织OPG mRNA、OPGL mRNA的表达[J].天津体育学院学报,2005,20(6):22-25.

[17]高丽,郑陆,李晓霞,等.运动性动情周期抑制雌性大鼠骨变化的实验研究[J].武汉体育学院学报,2005,39(11):58-62.

[18]黄淑纾,林华,朱秀芬,等.骨质量与骨质疏松性骨折[J].中华骨质疏松和骨矿盐疾病杂志,2013,5(4):285-291.

[19]江帆.儿童及青少年期钙营养及运动对成年期骨健康的影响[J].中国实用儿科杂志,2012,27(3):174-178.

[20]孔令红,文应峰,李吴忌.户外运动、阿仑膦酸钠对绝经后女性骨密度影响及护理干预[J].中国妇幼保健,2013,28(33):5587-5588.

[21]李超,齐青,董健.定量超声在骨质疏松中的应用及评价[J].中国骨质疏松杂志,2011,17(10):933-936.

[22]李朵,魏启幼.骨微结构与骨质疏松性骨折[J].中国骨质疏松杂志,2004,10(4):519-522.

[23]李培红,王梅.中国儿童青少年身体活动现状及相关影响因素[J].中国学校卫生,2016,37(6):805-809.

[24]李荀,陈晓红,郑陆,等.中等强度跑台运动经 Wnt/β-catenin 途径对骨量的影响效应[J].上海体育学院学报,2016,40(5):57-62.

[25]李燕云,丁绍红,高远,等.各地区 FRAX 干预阈值在无锡地区骨质疏松防治中的临床应用[J].中国骨质疏松杂志,2016,22(04):458-462.

[26]娜苏,杨丽娟,翟美琴.鄂尔多斯高原农牧区蒙汉族骨密度测定 288 例报道[J].内蒙古医学杂志,1999(6):361-362.

[27]牛鑫鑫,任园春.成年女性骨健康管理研究进展[J].中国康复理论与实践,2014,20(6):540-542.

[28]秦晋泽,荣晓旭,朱国兴,等.广场舞对绝经期后骨质疏松患者的骨密度和骨转换指标影响的研究[J].中国骨质疏松杂志,2017,23(01):43-46.

[29]孙荣鑫.有氧运动对绝经后女性骨密度及激素水平影响的临床观察[J].中国妇幼保健,2012,27(01):127-129.

[30]他得安,王威琪,汪源源,等.基于超声背散射信号分析松质骨中的声阻抗[J].中国生物医学工程学报,2007,26(4):487-492.

[31]汪德华,龚敏.影响老年性骨质疏松症发生的多因素探讨[J].中国组织工程研究,2003,7(30):4150.

[32]王健,肖军.运动与骨健康[J].咸宁学院学报,2007(03):136-138.

[33]王俊,王雪君,方贞.宁波市城区中老年人骨质疏松症患者骨折风险评价工具评估干预阈值探索[J].中国预防医学杂志,2017,18(7):512-516.

[34]王小华,王宇强,陈长香,等.老年人群骨质疏松的影响因素分析[J].中国骨质疏松杂志,2015(9):1107-1111.

[35]吴华,吴纪饶.绝经女性骨质疏松的运动干预[J].中国临床康复,2005,9(4):168-169.

[36]吴康敏.我国儿童骨健康的研究现状与发展[J].中国儿童保健杂志,2011,19(4):297-298.

[37]吴梦.退役绝经女性运动员与普通女性骨质的比较分析[J].当代体育科技,2016,6(19):141-142.

[38]吴文苑.骨型碱性磷酸酶的检测方法和临床应用[J].国际检验医学杂志,1999(2):64-65.

[39]熊恩富,廖芳丽.运动不足性骨发育不良与骨质疏松[J].生物医学工程学杂志,2000,17(3):366-368.

[40]徐勇灵,赵广才.中国传统腰鼓舞运动对中老年女性骨密度影响的研究[J].吉林体育学院学报,2010 (1):70-71.

[41]许灿,李明清,王成功,等.骨微结构与微损伤检测方法的研究与进展[J].中国组织工程研究,2016,20(44):6673-6681.

[42]杨洪涛.两种运动方式对绝经后女性密度的影响[J].体育研究与教育,2015,30(02):122-125.

[43]杨金秋,姜小鹰.骨质疏松的危险因素及其评估[J].福建医科大学学报,2005,39(2):237-239.

[44]张会丰,王卫平.儿童、青少年骨健康:骨纵向生长、骨塑造和骨再造[J].中国儿童保健杂志,2011,19(4):299-300.

[45]张萌萌.中国老年学学会骨质疏松委员会骨代谢生化指标临床应用专家共识[J].中国骨质疏松杂志,2014,20(11):1263-1272.

[46]张云婷,马生霞,陈畅,等.中国儿童青少年身体活动指南[J].中国循证儿科杂志,2017,12(6):401-409.

[47]张智海,刘忠厚,李娜.中国人骨质疏松症诊断标准专家共识(第三稿· 2014 版)[J].中国骨质疏松杂志,2014,20(9):1007-1010.

[48]章振林,金小岚,夏维波.原发性骨质疏松症诊疗指南(2017 版)要点解读[J].中华骨质疏松和骨矿盐疾病杂志,2017,10(5):411-412.

[49]赵仁清.运动对青少年骨骼生长发育的影响及机制[J].体育与科学,2009 (1):69-72.

[50]郑陆,潘力平,隋波,等.运动性动情周期紊乱动物模型的建立[J].山东

体育学院学报，2005，21(2)：46-49.

[51]郑陆，王智强. 运动与骨骼的力学信号转导[J]. 山东体育学报，2009，25(2)：40-44.

[52]中国老年学学会骨质疏松委员会，"手册"编写专家组. 中国人群骨质疏松诊疗手册(2007 年版)[J]. 中国骨质疏松杂志，2007(S1)：1-67.

[53]中华医学会骨质疏松和骨矿盐疾病分会. 原发性骨质疏松症诊疗指南(2017)[J]. 中华骨质疏松和骨矿盐疾病杂志，2017，20(5)：413-443.

[54]邹军，章岚，任弘，等. 运动防治骨质疏松专家共识[J]. 中国骨质疏松杂志，2015，21(11)：1291.